心、この未知なるもの

——智慧の未来——

木下清一郎

まえがき

私の心のなかに、三人の自分がいる。一人めの自分は言語を操り、論理によってものの成り立ちを考えている。この自分は心を冷静に保たせ、精緻な判断をもたらす存在として、みずからも頼りにしている。それが外に向かえば「法則性」のかたちをとり、科学へと結実していくのであろう。このはたらきを「理性」の名でよぼう。

二人めの自分は言葉と論理を超え、みずからが貴しとする境遇に没入してそこで安らいでいる。この自分はみずからの心を熱くし、情操を豊かにする存在として、つねづね親しんでいる。それが外に向かえば「価値性」のかたちをとり、芸術へと結実していくのであろう。このはたらきを「感性」の名でよぼう。

三人めの自分は上の二つの心のいとなみを見守りながら、それを超絶したさらなる領域を求めて模索している。この自分は冷静な判断でもなく、といって熱い情熱でもなく、そのいずれをも超絶したところを目指して、さらに高く昇っていこうとする。それは外に向かうことなく、もっぱら心の内ではたらき、もっとも広い意味での「宗教性」へと昇華し、哲学に結実していくのであろう。言うまでもないことながら、ここでは特定の宗教を意味していない。このはたらきを「霊性」と名づけよう。

この三人の自分が心のなかでいつも語らいあっている。私たちの心は何処へ行こうとしているのか。心の未来には何が待っているのか。その語らいがこの書物になった。

心の未来を探るとなれば、最後の霊性にはとりわけ興味が湧いてくる。だが、それは超越の領域にあって、すぐさま手をつけるわけにはいかない。その前に、理性、感性という二つの異なったはたらきが、なぜ生まれてきたのかを知らねばならなかったし、さらにそれらが霊性とどういう関係におかれているのかも、明らかにしておかねばならなかった。そのことが「Ⅰ 心の未来」で述べられている。

つぎに理性と感性の二つのはたらきは、どういうものであるかという問題に入る。理性と感性とはどういう構成をなしているか、また、そこでどういう原理がはたらいているかを探るという作業である。理性と感性を知らずして、霊性には入れない。それが「Ⅱ 理性、分析し理解する心」と「Ⅲ 感性、受容し総合する心」の章で述べてある。

最後に理性と感性から超越した心のあり方について考える。だが、そこは未知の領域であって、道しるべもない遠く長い道程であり、まったくの手探りとなった。その顛末が「Ⅳ 霊性、超越し止揚する心」に記してある。

この論考は理学的探究や、文学的探求とは別の道を行くものとしての、心の探索である。あえていうなら、理学や文学にできることは何であり、できないことが何であるかを見定めて、その先に拡がる未知の領域を探ろうとしている。このような企てがたやすく成就するとは毛頭思っていないが、誰かが始めなければならないことだけは確かであろう。何よりも〝心の未来〟のために。

著者

もくじ

Ⅲ　感性、受容し総合する心

カバー：如拙・瓢鮎図（部分）　京都 退蔵院

如拙は室町時代の応永年間に京都相国寺で活躍した画僧だが、その生没年は不詳である。この画はときの将軍足利義持の命で画かれた一幅の書画図の一部で、〝すべすべの丸い瓢箪で、ぬめぬめの素早い鮎（なまず）を捕えるには如何〟という禅の公案を示している。

ここには見えないが図の上部に大きくとられた余白には、当時の五山を代表する禅僧三一名がそれぞれに詩をよせている。そこに何が書かれているか、一つずつ読んでみたい気がするが、まだその機会を得ない。

有限の智慧で無限の可能性をもった心のすがたを捉えようとするのは、ここにみえる愚かしい男の所業に似ているようで、この論考の著者のすがたに重なってみえる。

I

智慧の未来

心は創造物である。この地上に生息している生物のすべてが、心をもっているわけではない。とするなら、私たちが心とよぶものは、生物が生きてきた長い歴史のなかで、生物体そのものよって創造されたのであろう。つまり、心は創造物である。

その生物もまた創造物である。生物をして生物たらしめている生命は、もとからあったものではない。原始の地球には物質しか存在しなかった。とするならば、その物質世界のなかで、物質自身の力によって生命は創造されたに違いない。つまり、生物は創造物ということになる。

ところが、物質もまた創造物である。最近の宇宙論によれば、宇宙そのものが量子論的真空とよばれる一種の「無」から創造され、そのとき素粒子が生まれ、そこから物質がつくられたとされている。こうして物質までもが創造物になってしまった。宇宙論的「無」から数えると、一度や二度ならず、三度までも創造をくり返した末に、やっとあらわれてきた創造物が心の世界である。これで世界は三つあることになった。

「入れ子」の函にたとえるなら、心の世界という函は、生物世界の函のなかに入っており、それがさらに物質世界の函に入っているから、あわせて二重に囲われている。こういう構造になっているならば、函を一つずつ開いていかなければ、最深奥にある心の世界の函にたどりつけない。

ここで奇妙なことがおこる。いま三つの世界を考えているのは、いちばん奥にあったはずの、心の世界であって、それがなければ、物質世界も、生物世界も、心の世界さえもあらわれない。物質世界のなかに生物世界があり、またそのなかに心の世界があると思っていたら、それはあべこべであって、心の世界のなかに物質世界と生物世界があったことになる。三つ重なった「入れ子」は、突如として内と外が反転してしまった。これは心が心を考えるという自己言及からくる矛盾である。

こういう矛盾は、自分を尻尾から呑み込もうとする蛇の姿を髣髴とさせる。だが、いまは矛盾を矛盾のままにしておこう。なぜなら、私たちは心によって考えるよりほかに、世界のありようを探る手立てをもたないからである。ともあれ、こういう矛盾をかかえながら、これからの考察に入っていこう。

1　智慧ある人

ホモ・サピエンス

智慧とは何か
智慧についての思索
（1）古代の先賢たち
（2）近世の賢人たち
智慧の危機

智慧とは何か

生物種としてのヒト　生物種としてのヒトは〝ホモ・サピエンス〟(Homo sapiens：〝賢い人〟、あるいは〝智慧ある人〟)と名づけられている。生物学で命名された種名のなかに〝賢い〟とか〝智慧〟という言葉が入っているのは、いささか不似合いにもみえるが、そこには何か深い意味合いがありそうだ。

ヒトにこの種名をあたえたのは、分類学の祖といわれるカール・フォン・リンネ（1707～1778）だが、彼はこの種名を選んだとき、その註に〝汝自身を知れ〟という文言を付記したといわれる。リンネが何を思ってこの註を添えたのかは伝えられていないが、ヒトは〝智慧〟に頼る以外に生き残るすべのないことを、彼は見抜いていたのではないか。

そのように考える理由はこうである。生物の生存という観点からすれば、この地球は有限の環境であって、すべての生物種がそろって生き延び、そろって殖えつづけるだけの食料などの資源を、十分に提供することはできない。そこで生物たちはそれぞれの種の存続をかけて互いに鎬を削りあい、他の種を追い落とそうと図る。これが生物界を支配する生存競争という冷厳な掟となってあらわれている。こういう場におかれた生物は、自分のもつ特性を武器とし、それを鋭利に研ぎ澄ますことによって、みずからを存続させねばならない。他にまさるほどに秀でた武器をもたなかったなら、その生物は滅びるほかはない。

こういう目でヒトという生物種をみるとどうであろう。自衛や攻撃に役立つ能力といえばまことに貧弱で、鋭い爪や牙をもつではなし、といって逃げ足もすこぶる遅いとあっては、身体的能力からみれば甚だ劣っているといわざるを得ない。それを補うものとして、心的能力としての智慧のほかに何があろう。ヒトにおいては賢さや智慧が生き残るための武器であったし、未来においてもそうでありつづけるというのが、リンネの洞察ではなかったか。

もし、この推測が正しいとするなら、私たちのもっている智慧は、人間が生き残るためにあたえられた唯一の頼れる命綱である。とすれば、智慧のつかい方一つで人間の未来は明るくもなれば暗くもなる。これほどにも大切な智慧の本質はいったい何であるのか、ヒトという生物種として生きていく私たちは、それを知っておかねばならない。

人類はこの智慧をはたらかせて、きびしい生存競争を勝ちぬき、めざましい発展と長足の進歩を遂げたことは、何よりも事実が示している。それはそれとして、智慧はしだいに変貌し、生存競争を戦う武器である以上の意味をもつようになった。後に述べるように、これは智慧にとっての危機であり、同時に人類にとっての危機でもあるとすれば、これは見逃すわけにいかない。

智慧の変貌　智慧が変貌していったことは、智慧にあたえられた動かしがたい運命でもあった。というのは、智慧はものごとを詮索せずにはおれないという性質を、その本性としてもっており、その性質を自分自身にも向けたために、智慧のあり方が智慧自身によって変えられていったからである。こうして智慧は必然的に変貌せざるを得ず、その結果として智慧本来の役割から逸脱していくことになる。

（a）**第一の変貌**　智慧の発達にともなう第一の変貌は、智慧のはたらきが分化したことである。私たちが自然に向き合って考えをめぐらすとき、智慧が二つに分かれてはたらいていることに気づく。一つのはたらきは、自然を分析することによって、これを理解しようとする。ここではたらくものは理知（ロジック）である。もう一つのはたらきは、対象をそのままのすがたで受容することによって、これと一体化しようとする。ここではたらくものは情感（パッション）である。こうして智慧は理知と情感の二つのはたらきをもつことになった。理知はやがて理性のかたちをとって発展し、情感はやがて感性のかたちをとって発展していく。

　智慧が二つに分かれたとき、それぞれのはたらきにはやむを得ない欠損がおこる。まず、理知がはたらくときには、ものごとの秩序を重んずるあまり、理知によって理解できないものを排除して、秩序の維持を優先させる。そのために理知的な智慧はいくらか痩せたものとなる。理知から発展していった理性にもこの欠落はつきまとう。また、情感がはたらくとき、あるがままの対象を損なうまいとするあまり、頑なな理屈は斥けられる。そのために、ここでも智慧はいくぶんか痩せたものとなる。情感から発展していった感性にもこの欠落は避けられない。

理知と情感の両者がそれぞれにこういう欠落をもち、その結果として、互いに対蹠的な性格を帯びるようになっているのであれば、両者のはたらきが互いに相補われない限り、まったき智慧が完成し得ないことは自明であろう。だが、現実には必ずしもそうはなっていないどころか、理知と情感が相克の関係に陥ることさえある。これは私たちに一抹の不安を覚えさせずにはおかない。

さらに、理知と情感の二つによって、万有のすべてが把握されているかと問うてみると、この不安はさらに大きくなる。自然のなかには理知と情感では掬いきれない何ものかが、まだ残っていることを、私たちは仄かな気配として感じとることができる。その何ものかを、いまは一種の畏れとして感じとることしかできない。しかし、理知と情感だけでは足りず、さらにそのほかに、それを超越した未知のはたらきが加わったとき、智慧ははじめてその十全のはたらきを回復するなら、せめてその片鱗だけでも知りたい。だが、いまそれを語るのはまだ早い。もう少し先へいってからの問題としよう。

（b）第二の変貌　智慧が二つのはたらきに分化した後、智慧には第二の変貌がおこった。人はそれまで智慧を外界に向けてはたらかせていたが、それを反転させて、内界に向けるようになる。そこで人は自分がなぜここにいるのかを問いはじめる。さらには、この世界がなぜ存在するのかを問うまでになっていく。このとき、智慧は単に生き延びる手段であることを超えて、思索のための道具となった。これは智慧の変貌というより、むしろ変容とよぶほうが相応しいであろう。

智慧がこれほどに変容してしまっても、智慧としてのはたらきをなお維持できるのかと問うてみると、智慧が発展したことへの悦びよりも、智慧の未来への不安のほうが勝ってくる。なぜなら、人には問うことのできる問いもあれば、問うても無駄な問い、あるいは問うことを許されない問いもある。この世界が開かれたそもそもの原因などは、問うても無駄であろうし、自分がいまここにいる理由が理知と情感によって明らかにされるとは限らない。迂闊に限界を超えたなら、人は深い昏迷に沈むことになる。かつて釈迦はこれを〝無記〟とよんで、そこに踏み入ることを戒めた。この戒めを認めると、理知と情感を超えた智慧を知りたいということの論考の望みを捨てねばならないが、そのことを知りつつも、許される限り智慧の未来のすがたを得たいと願って、いまこの考察を進めようとしている。

智慧についての思索

ヒトという生物種の生存のための武器として生まれたはずの智慧が、長い歴史を経てここまで変容してしまい、他の生物には見られない独自のものとなった。智慧がここまで変貌して、変容とよぶほうが相応しいほどに変わってしまうと、このような智慧がヒトという生物種の生存になお資するものでありつづけられるかについては、深刻な疑問を抱かずにはいられない。それどころかこれほどに変容してしまった智慧が、ヒトという種の生存を脅かし、危うくすることになりはしないかという懼れさえ感じさせる。

だが、それゆえになおさらのこと、私たちは未来に求めるべき智慧のすがた、究極の智慧のあるべきすがたとは、どういうものであるかを知りたいという願いが強くなっていく。これは智慧の木の実を食べてしまった人間にとっては業（ごう）というものであろう。

ともあれ、漫然と智慧のありようを見ているだけでは、智慧の未来を知ることはできない。私たちは智慧が未来にあるべきすがたを求めて、これから長い遍歴の旅に出ようと思う。まず、智慧について先人たちはどういう思索をめぐらせてきたか、また、これまで理性と感性の概念は、歴史的にどういう変遷を経てきたかを、西欧と東洋についてみていくことからはじめよう。

(1) 古代の先賢たち

(i) 西欧の哲人

古代ギリシャでの自然の捉え方　まず、西欧文明の曙とされる古代ギリシャではどうであったかをみよう。自然の真只中におかれたとき、ギリシャの人々は人智のおよぶ限りのあらゆる対象を、部分に分かつことなく全体として捉え、この全体を指してピュシス（physis）とよんだ（この語は後にラテン語に移されてナトゥーラ natura となる）。ピュシスの語が〝生まれ出る〟という動詞に由来することからもわかるとおり、この語はこの世に〝あらわれ出た〟もののすべてを全体として捉え、人の心までもひっくるめた森羅万象を意味していた。それを分析しようとか、そのまま受容しようとかいう分別は、ここではたらかない。ピュシスのなかには人自身も含まれているから、主観と客観の区別もあらわれない。

これが原初のピュシスであり、広義のピュシスである。したがって、原初のピュシスは自然を包括的に捉えてはいたが、それはまた一種の混沌状態でもあったことは否めない。そのなかには神秘的なものや、いまからみれば迷妄といわれるようなものも含まれていたであろう。しかし、人々はこの混沌に対してむげに抗わず、長いあいだ素朴に向き合ってきた。それは混沌にはそれなりに深い意味が含まれていることを、人々がひそかに感じとっていたからではないか。これが原初の智慧のすがたであり、ある意味では欠けるところのない十全の智慧でもあった。そういう時代はギリシャの人々にとっては、一種のアルカディア（理想郷）であったろう。

ロゴスとパトス

だが、ピュシスに向き合う態度は、必然的に二つに分かれるべき運命にある。それが先にふれた智慧の分化としてあらわれる。分かれた智慧の一つが理知であり、もう一つが情感であった。ギリシャの人々はこれをロゴス（logos）とパトス（pathos）として捉えている。

まずロゴスはどのように捉えられていたかをみよう。ロゴスの語が〝拾い集める〟という動詞に由来することからもみてとれるが、ロゴスは自然のなかでさまざまのものを拾い集め、そこから自然を支配する秩序を見出そうとするはたらきとして捉えられる。そこではたらくものは理知であり、それによって見出されるものは自然界にあらわれた法則性である。

ギリシャの人々もはじめから、このように截然と智慧を分けていたわけではなかったし、ロゴスの語もそのつかわれはじめには、自然をきわめて幅広く捉えていたようである。たとえば、ピュタゴラス（前590～？）はその霊魂論のなかで、ロゴスが単に秩序をあらわすのみではなく、それを超えたさらに大きなものまで含まれるものとしている。これをみると、この時代には〝拾い集める〟というロゴスの原義がよく保存されていたと思われる。

だが、やがてロゴスの語はその意味をやや狭められ、秩序を偏重するようになった。その源流はアナクサゴラス（前500頃～前428頃）にあるといわれる。彼は〝自然を秩序づけ、万物の原因となるもの〟を指して理性（ヌースnous）と名づけた。この言葉が示すように、ここでは理性の目標は世界の秩序を求めることであった。

この後、理性の意味はさらに狭まる。ソクラテス（前470／469～前399）やプラトン（前428／427～前348／347）によってイデア（idea：ものの真実在の意）の概念が生まれると、その真実在を求める役割が理性にあたえられる。さらに時代が下ってアリストテレス（前384～322）になると、はじめは智慧を直覚知と分別知の二つに分けて語っていたが、やがて直覚知についての言及は途絶えてしまい、分別知が理性の地位を独占するにいたる。こうしてギリシャを源流とする西欧思想では、理性が人知の最高の地位を占めることになった。だが、智慧としての理性がその地位を獲得した陰で、ある種の欠落をともなうという犠牲をはらっていたことには、ほとんど気づかれなかった。このことは現代にまでその影響を及ぼしている。

つぎにパトスはどうであったか。パトスの語が〝蒙る〟という動詞に由来することからわかるように、パトスは自然のなかにみずからを没入させ、すべてを受け入れようとするはたらきとして、ギリシャの人々に捉えられていた。ここではたらくものは情感であり、それによって見出されるものは自然界にあらわれる意味性であり、価値性である。パトスのこのはたらきは、やがて感性のかたちに結実する。しかし、その際にパトスにも偏重がおこる。パトスの目で見る自然は調和そのものであって、調和を乱すものは排除されてしまうからである。この態度はロゴスとは相容れない。

理性を優位におこうとするギリシャは、こういう事情のもとにあった。そこでパトスが孤立を深めていったとしても、それはやむを得ない仕儀であったといえよう。感性の重要さを指摘したギリシャの哲人があまり多くないのは、このことのためでもあろうか。

西欧思潮の特徴　ロゴスは外界の事象に因果関係を見出し、そこに法則性を設定する。すべての人が同じロゴスを共有しているから、ロゴスによって見出された結果は普遍性をもつことができる。それに加えて、ロゴスという技法は他者のロゴスによって練磨されるので、ロゴスはますます鋭利さを増していく。ロゴスのもつ普遍性と鋭利さは、ロゴスを基本に据える理性にそのまま受け継がれる。理性とは努力によって磨かれる才能であるといえよう。

だが、感性を支えているパトスでは、まったく事情が異なる。パトスはそもそも技法ではなく、個人に属する一種の状態である。すべての人が同じパトスをもつことはないし、他者のパトスによって個人のパトスが練磨される機会はそれほど多くはない。パトスのもつ非技法性と孤高性は、パトスを基本に据える感性にそのまま受け継がれる。理性が努力によって磨かれる才能であるとすれば、感性は天賦の個別的で個性的な才能である。

では、ロゴスに比してパトスは劣るのかといえば、そうとばかりはいえないであろう。パトスがロゴスに対して優位を占めるとすれば、それはその独自性であり、孤立性である。孤立するがゆえにこそ、パトスの独自性はいっそう研ぎ澄まされていく。ただそれには理性とは異なった別種の才能が必要である。ロゴスがもっとも厭うものは矛盾であり、矛盾律を立てて命題の矛盾を排除する。これに対してパトスは矛盾をも厭わず、むしろ新たな命題を創出する源泉として受け容れる。そのための寛容さが要請されるのである。寛容さを保ちつづけるのは、一種の才能であろう。このことはそのまま感性に受け継がれる。豊かな感性をもつには、ここでも才能を必要とするのだが、その才能は理性の場合とは異なる。

ロゴスが無矛盾であることから生ずるその普遍性は、数学や科学の領域では必須の要件であるが、芸術や宗教の領域になると、ことはそれほど簡単でなくなり、むしろ矛盾を許容するパトスが前面に出てくる。だが、いまはこの問題に深入りするのは早すぎる。後にもう一度とり上げる機会をもちたい。

(ii)　東洋の哲人

古代東洋での自然の捉え方　東洋思想を一つにまとめることはむずかしいが、古くから思想的発展を遂げた古代中国や古代インドを例にとり上げてみると、そこには共通した性格がみられる。すなわち、自然を分析するのではなく、それをそのままに受容しようとする態度である。なかには狭い意味での理性を説いたものも見受けられるが、その多くは議論のための道具としてあつかわれ（たとえば古代インドのニヤーヤ学派など）、あるいは道徳の立場からの教説として述べられている（たとえば古代中国の名家たち）。自然の摂理を解明しようとし、理性の限界を見極めようとするような視点は、そこにはほとんど見あたらない。

これは東洋の古代文明が花開いた地域では、豊かな自然に抱擁されていたために、その恵みに浴して自然と一体化することが、ごく当然のなりゆきであったろうし、自然に対立して立ち向かうという態度をとることが難しく、また尠なかったことによるのであろう。それに代わって東洋思想に顕著なのは、自然を部分として捉えることを不可とし、全体の優越性を説くホーリズム（全体論と訳される）である。

そのことを反映して、東洋思想の特色はむしろ感性にあらわれている。ただ、東洋思想の特徴として、その言説は羅列的であることが多く、体系的に述べられることは稀である。そこに一貫しているものをあえて求めるなら、それは人間と自然とを一体と見ることに徹し、自然を人間から切り離して捉えることを峻拒する態度であろう。したがって、人間であれ、自然であれ、それを要素に還元して理解することを拒否する。

こういう思想はその本性からしても、体系化することは難しく、その説くところを真に会得するには、ある種の心的技術が必要とされる。これが多くの東洋思想を理解する上での難点になっている。そういう思想を説明することもまた困難であるが、その困難は十分に知りつつも、古代の中国とインドの思想、それに現代にも生きている仏教思想をここで一瞥してみたい。

（a）古代中国　古代の中国思想を通観すると、古くは老荘思想にも、またそれに連なる儒教思想にも、西欧の〝自然〟に相当する概念は見出せない。それに代わって〝天〟の概念がおかれ、天を媒介として人間と万物とは一体化している。当然のことながら、人の心もまた天に包摂されているので、天や万物を対象化して、それに向き合って対峙しようとする態度は、ここからは生まれてこなかった。

万物を支配するものは陰陽の対立概念であり、それがまた万物の生成原理にもなっているので、そのまま心の活動原理にも通じている。そこに生ずるものは天に対する順応でしかなく、そのあらわれの一つが、たとえば老子（生没年不詳）にみるように、無為をもって最善の行為とし、あるいは孔子（前552/1～前579）にみるように天命を知ることをもって、人生の目的とするという態度であった。これが東洋的感性の一つの典型である。

（b）古代インド　古代のインドには、ヴェーダを中心としたヒンドゥー思想が展開しているが、ここにも西欧の〝自然〟に対応する概念は見出せない。それに代わるものとして〝梵〟（ブラフマン）の概念がある。梵とは宇宙の最高原理を意味し、そのなかに個我の本質である〝我〟（アートマン）が包摂されており、梵と我との関係が心のあり方を規定すると説かれる。そういう立場では、梵と我のいずれかが対象化されるということはあり得ない。

したがって、ここでも自然や自我に向き合う態度をとる必要性は生じてこなかった。むしろ、二者の対立を超越した〝梵我一如〟という境地が最高の理想とされ、そこでは思弁が害あって益なきものとなり果て、拒否されてしまう。つまり理屈のためになされる煩瑣な理屈は、この立場では排除されてしまうのである。極端なほど煩瑣にみえるインド論理学は、これとは矛盾するようだが、ここで扱われる論理は考えの道すじを整理するためのもので、自然や自我に向き合うものではなかった。

（c）中国とインド思想の融合としての大乗仏教　はじめインドに興った仏教は、中国に入って独自の発展を遂げ、そこにはインド思想と中国思想の一種の融合が見られる、その一つが大乗の教説である。なかでも唐代に法蔵（643～712）らによって大成された華厳の教えは、思想の純化がその頂点に達したものといえよう。

華厳の教えでは、多様な事象のかたちであらわれる個別の自然事象と、それを支配する法則とは、その本性からしてもともと渾然一体のものであり、事象を離れた法則も、法則を離れた事象も、ともに不具の存在でしかないと説かれる。だが、人は往々にして法則性の見事さに目を奪われて、事象そのものの存在をなおざりにし、あるいは事象の華やかさに酔い痴れて、それを支えている法則性の重要さを忘れる。華厳の教えは理性と感性のいずれかにあまりに偏ることの危うさを戒めているのである。

華厳の立場に立つと、目の前に現前している自然をあるがままにみて、そこに調和を感得することしか、私たちには許されておらず、またそのことが理想であるとされる。もしいずれかに偏したならば、それは本来統合されている自然を解体し、破壊するに等しく、それは悟りにとってむしろ邪魔になるとさえいうのである。

大乗の思想では、心の理解もこういう線に沿ってなされるほかない。つまり、私たちにあたえられているものは、思弁によって毒された不純で不完全な心である。したがって、それを純化するために修養を必要とする心であり、さらには純化の極にある「梵我一如」を目指すべき心となり、「事事無礙」（あるがままの事象を実相と観ずる境地の華厳的表現、事とは事象をいう）の悟りを求める心となる。

この道を歩む限り、心も含めて自然の要素はすべて等しいものとなり、これらの要素が統合された自然を、そのままに受容しようとするのであれば、これに対立して向き合う心の姿は消え去ってしまい、もはやどこにも見出せない。これはすでに理性とか感性とかいう分別を超えてしまった境地であろう。

古代の中国思想やインド思想に発し、大乗の境地に結実した東洋思想は、選ばれた賢人の思索にはじまり、高踏の思弁に終始したために、その思想がたとえ前人未踏の境地に達したとしても、これが普遍化することは望むべくもなかった。それはごく一部の優れた人の悟りとしてしか、開花しなかったといえよう。それ以外の人々は見放されたままになった恨みの残るのは、いかんともし難い。

東洋思潮の特徴　感性に特有の性格からくるのでやむを得ないのだといえばそれまでだが、あまりにも感性の特性に固執して、これを発揮しようとすると、ややもすれば独善的となり、神秘の海に溺れてしまう危険性がある。

中国思想の〝天〟やヒンドゥー思想の〝梵〟を例にとってみると、それをどう捉えるかはまったくそれに向き合う個人の自由に任されている。つまり、わかるものにはわかるが、わからぬものにはわからぬといっているようで、独善的とか神秘的といわれても止むを得ない面がある。

このように感性が主観に依存するところが大きく、これに対して理性は客観に依存するところが大きいとすれば、両者の対立は客観性と主観性との対立とならざるを得ない。以前にも述べたが、客観性は万人に共通する論理によって支えられているため、それはおのずから妥当性をもち、普遍的になることができる。しかし、その性格に固執し過ぎれば、概念の表面的な分析に終始して、経験の内部に潜むものを見逃す惧れなしとしない。他方、主観性は個人の人格に依存するところが大きいため、容易に独断に陥る側面をもっている。したがって、あまりに主観に徹すれば、神秘的体験を語るだけの個人的告白にとどまるという結果をまねく。

東洋の哲人たちは早くにそのことに気づき、たとえば華厳の教えにみるように、理性と感性を分かつことを思いとどまったのかもしれない。だが、そこからどこへ飛躍しようとするのかが、見てとれないもどかしさがある。こうして古代の東洋思想は主観的・個別的な瞑想にとどまり、客観的・普遍的な哲学へ脱皮していくことはなかった。東洋思想の子の傾向は、近世に入ってもそのままひきずられていく。

（2）近世の賢人たち

理性と感性の概念は、近世に入るとさまざまの変遷を経て、現代にいたっている。この間に東洋思想に関して語るべきことの、あまりにも少ないのに驚かされる。もっぱら西欧思想の導入に専念しているかにもみえるほどである。もともと東洋思想が理性と感性を分かつことを厭い、これを避けてきたこともその一因であろうが、人類の智慧が昏迷ともいえる状態にあるとき、長い伝統をもつ東洋思想からの寄与が、いまこそなされねばならないのではないか、という反省を禁じえない。

西欧における理性概念の変遷　順序としてまず理性について述べるが、その記述はいきおい西欧に偏ることになったのは、上に記したような事情からである。話はルネッサンス時代からはじまる。

（a）ルネッサンスの理性礼賛期　西欧ではルネッサンス期に入ると、多くの人々が理性の力を信ずるようになり、理性によって自然は解明し尽くせるという自信に満ち溢れてくる。この時代はまさに理性を謳歌し、その万能を信じた時代であった。

その一つのあらわれである科学革命に、このことは端的に見てとれる。理性こそは迷妄の闇を照らす光であるという信念のもとに、自然をあらゆる面から切り拓き、突き進んでいった。その結果として、西欧を中心に科学がこれほどに発達したことを思うと、その功績には一定の評価があたえられねばならない。

（b）理性万能に対する反省期　だが、近世も晩くになると転機がおとずれる。理性万能のまま進んでいっても、人間に明るい未来があるのかが疑われるようになり、やがてその疑念はしだいに大きくなっていった。このことを最初に指摘したのは、カント（1724～1804）であった。その顛末はつぎのようである。

カントは理性が天賦のものであって、後から形成されるものではないと考えた。つまり、理性は経験によって得られるのではなく、それに先立ってあたえられているとする。彼はこれを先験的（ア・プリオリ a priori）とよんだ。もちろん、経験の内容が先験的にあたえられるはずはないが、認識と経験の形式が枠組みとして先験的に規定されているというのである。カントはこの枠組みをカテゴリー（範疇）と名づけ、量、質、関係、様相などの枠組みに類別した。時間と空間という枠組みもそのなかに入る。

これほど幾重にもカテゴリーの枠がかけられているとすれば、人間の認識はけっして万能などではなく、不自由きわまりないものとなる。この枠の外にあるもの、たとえばものの本質や、宇宙の究極原理や、絶対者などについては、理性のはたらきの及ばないものであり、沈黙するほかなくなる。これは理性万能を信じていた当時の人たちにとっては、まことに衝撃的、画期的、革命的な主張であったろう。

いままであれほどの信頼をおいていた理性は、じつは万能などではなく限界があるかもしれないと気づいたなら、それはそれでよいとして、これに代わるもの、これを補完するものとして何があるのか、とあらためて問うて見ると、それがはっきりと姿を見せないところに、近世以後の現代人がかかえる焦燥がある。そして、それは現在にいたってもなお解決されていないかにみえる。

理性の限界をつくり出すものは何かを探っていくと、これまで理性が意図的に排除してきたものからの一種の仕返しがみられる。理性からいったん見捨てられていたものは、すっかり消えてなくなっていたわけではなく、じつは陰で理性を支えていたのであった。それにもかかわらず、このことを無視して切り捨ててしまったとき、理性はその欠陥と限界とを露わにしたのである。

切り捨てられたものとは何か。それは論理によっては測りきれない秩序であり、言語によっては掬いきれない調和である。それこそは感性にほかならない。理性を全きものとするには、感性からの援けを借らねばならないことを、これは如実に示しているのではないか。そのあたりを探れば、理性と感性の接点が見つかるかもしれない。だがこれは後の問題としなければなるまい。

西欧における感性概念の変遷

つぎに感性である。近世に入って感性概念の評価は、二度大きく変動した。まず、カント哲学からの影響によって、感性の地位は一度大きく下落する。これが第一の変動である。カントは感性とかかわりの深い直覚知につらなる知的直観や、観照による魔術的直観を退けた。

そのためカント哲学の強い影響のもとでは、感性にあたえられる役割は局限され、理性をはたらかせるための補助的、過渡的なものに過ぎなくなった。これによって、理性の正統性とその優位性が確立されたことは確かであるが、その反面、感性への関心は薄らいでしまい、ほとんど風前の灯のありさまとなった。

ところが、自然科学が予想をはるかに超えた発展を遂げてみると、かえって感性への回帰の要請がしだいに強まっていったのは、皮肉というほかない。それはカント哲学を万能とし、それによってすべてが解決されると早合点した世の趨勢に対する一種の揺り戻しとも受けとれよう。これが第二の変動である。

感性の重要性を再認識した思想家として、ここではベルクソン（1859～1941）とジェームズ（1842～1910）の二人をとり上げよう。ただ、二人ともその論考のなかでは、感性の語そのままではなく、それに相当するはたらきを指して、ベルクソンは純粋持続とよび、ジェームズは純粋経験とよんでいる。どちらにも〝純粋〟の文字が入っているが、それはふつうに意識や経験の名でよばれているものは、すでに思惟という手が入った後のものであって、いわば理性によって〝不純〟になっていると考えたゆえであろう。人はそれ以前に帰らねばならない。

（a）ベルクソンにおける感性　まずベルクソンである。彼は計測可能な普遍的な物理的時間と、意識のなかを流れる生理的時間とをはっきり区別しており、意識の時間のみが実在と考える。この時間は情感（パトス）によってしか捉えられず、つねに意識のなかを流れ続けている。そのために、これを感じとる瞬間はどこで切りとられても意識の〝持続〟の断面となる。こうして真の実在は、情感による純粋持続としてしか把握できないものとなる。この内なる時間は、それを感得できる人にとっての特権的時間となり、そこでは個我を超えて、生が躍動する場（エラン・ヴィタール）となり、絶対者との交流さえも可能になると主張される。しかし、ここまで達するのは、けっして誰にでもできるような容易な業ではなく、ベルクソンによれば高度な哲学的方法によるほかない。これが彼の思う感性のすがたである。

（b）ジェームズにおける感性　つぎにジェームズである。彼は人が何ごとかを経験する瞬間、先入観などの介入する余地はなく、まず〝純粋経験〟があらわれると主張する。これは主観と客観が成立するに先立っているばかりか、事象と思考さえも区別できない状態とされる。感性はこの〝純粋経験〟からなり立っており、ここでも純粋経験のみが真の実在であって、そこからさらに踏み込んでいくと、純粋経験のその一つずつが小さな絶対者となり、この宇宙は無数の絶対者で満たされるという。これがジェームズの思っている感性のすがたであり、彼はこれを多元的宇宙とよんだ。ジェームズもまたベルクソンとともに情感（パトス）によって絶対者にふれるのであろう。

西欧近世思潮の特徴　理性と感性との対立の問題点をひとことでいうならば、理性が法則性を追求するに忙しく、それに対して感性は価値性の追求に専念していることであろう。両者が互いを尊重する気配はあまり見えない。法則を捉えるには論理がものをいう。だが、価値は論理（ロゴス）では捉えられない。それを捉えるには情感（パトス）がものをいう。純粋持続にしても純粋経験にしても、そのどちらも価値を問題にしているのであり、それは情感によってしか捉えられない。

こうして智慧の進展を感性の発展に期待する機運も見せはじめているのだが、感性論者からの発言はそれほど多くないままで、感性の花はなかなか開かない。ベルクソンやジェームズはむしろ例外とみてよいであろう。それは感性がその性格からしてきわめて個人的なものであり、理性におけるように、他者との討論によって感性の意味が深められることは、それほど期待できない。むしろ、自分の心の平和が乱されることを怖れているためでもあろうか、それぞれに孤高を尊重しているかにもみえる。

それらの人々の心のなかでは、感性が静かにみずからの醇化を醸しているのかもしれないが、感性にその本来の地位を回復させるために、感性の側からの声をもっと聞きたいし、それには東洋思想から一石を投ずる議論があらわれて欲しい。さらにいえば、理性と感性の相克を超えた途を探る議論も、もっとあらわれて欲しいと切に願う。これをここまでの考察の結論としておこう。西欧と東洋の智慧の考え方の変遷を、表にまとめておいた（表Ⅰ・1）。

智慧の危機

理性と感性の対立の克服へ　近世における理性と感性の関係をひとことでいうなら、それぞれの立場での議論の深まりはあったとしても、相手の立場へのはたらきかけや、両者の統合に向けての議論はほとんどみられなかった。理性を主導する論者の多くは、理性のあらわす秩序のきらびやかさに酔い痴れていたし、感性を主導する論者の多くは、感性のもつおおらかさの魅力に未練があった。このままに過ぎれば、智慧の将来の運命は危うい限りである。率直に現実をみれば、人類がいまもっている智慧では解決できない問題が、すでに私たちを脅かしつつあるではないか。環境問題がそうであり、原子力問題がそうである。いままたそこに人工知能の跳梁問題までもが加わろうとしている。

表I・1　東西思想での智慧の変遷

西欧思想	東洋思想
古代ギリシャ：自然を総体として理解しようとした。それがピュシスとしての把握となった。把握の手段として理知（ロゴス）と情感（パトス）がある。そのうちでロゴスに基礎をおく理性が重んじられ、パトスに基礎をおく感性は軽んじられた。 近代：ルネッサンス時代には理性万能を謳歌したが、やがて転機が訪れる。カントは理性によってもものの本質は捉えられないと主張し、ベルクソンは純粋持続によって、ジェームズは純粋経験によって、絶対者にふれると主張した。	古代中国と古代インド：自然を総括的に理解しようとした。中国では「天」、インドでは「梵」の思想となってあらわれる。ここからは自然を分析的に理解しようとする態度は出てこない。これが東洋思想の源流となった。 近代：古典の思想がほとんどそのままのかたちで受け継がれたのは、奇跡的でさえあるが、近代に入っての新たな貢献があったとは言いがたい。だが、科学万能の考え方に疑問符がついた現代においては、東洋思想が一石を投ずる義務を負っているのではないか。

理性と感性の統合による智慧の変革と深化が求められているのは、まさにいまである。理性と感性とはさまざまの点で対照的であり対立的である。理性はものごとが〝いかにあるか〟を問い、〝もののことわり〟を示す。感性はものごとが〝なぜあるか〟を問い、〝もののあわれ〟を示す。かくして理性は物質に基盤においてものを考えることが多くなり、唯物論に向かう傾向が強くあらわれる。これに対し

て感性は心に基盤をおいてものを考えることが多くなり、唯心論に向かう傾向が強くあらわれる。言ってみれば理性と感性との対立は、唯物論と唯心論との対立にすがたをあらわし、それはまた物質世界と心の世界との対立となってあらわれている。これは厳しい対立といわねばなるまい。

生物世界の仲介　理性と感性とはどこまでいっても相容れず、物質世界と心の世界との対立はどこまでいっても解消しないのであろうか。いや、そうではあるまい。ここには物質世界と心の世界だけが見えているが、生物世界は見えていない。これは私たち自身からの観点が抜け落ちているということであろう。もともと私たちは物質世界、生物世界、心の世界という三つの世界が順繰りに「入れ子」の函になっているという発想から出発したことを、ここで思い出そう。それは生物世界が物質世界と心の世界の仲立ちとなり、両者をつないでいるということである。外あるがゆえに内があり、内あるがゆえに外があるのだが、そのあいだにあって、両者をつないでともに生かす存在がある。それが生物世界なのではなかったか。生物世界がなければ、内なる心の世界と外なる物質世界とは、単なる表裏の関係に堕してしまう。

それなら生命世界をあいだにおいて、物質世界と心の世界とは相互に依存しているとみなければなるまい。心が活動するがゆえに、生命体を介して物質の存在が認識される。これは唯心論の立場になる。それと同じく、物質が活動するがゆえに、生命体を介して心の動きがある。これは唯物論の立場になる。

言い換えれば、唯心的な立場によって唯物的な立場が生まれ、唯物的な立場によって唯心的な立場が生まれている。このとき、私たちはただ拠って立つ立場を変えているだけであり、理性と感性はともに生命体のはたらきでありつづける。生命体において唯心論と唯物論とは合一し、理性と感性とは合一できる可能性が、ここに見えてきた。

理性と感性との対立点はもう一つある。理性は自然の理解を目指し、自然は法則性をもってこれに応える。感性は自然の受容を目指し、自然は価値性をもってこれに応える。理性と感性の統合とは、法則性と価値性との統合となる。だが、理性にとって法則性をおろそかにすることは自己否定にも等しく、感性にとって価値性をないがしろにすることも同じであろう。法則性と価値性の統合とは、くだけた言い方をするなら、一方で秩序についての理解を保ちながら、他方でありのままの受容を許諾することであろう。

それは理性の枠を超えて非合理の領域に入ることでもなく、感性の枠を破って無軌道になることでもない。すべてが納得されている。納得というと、いかにも折衷と妥協の産物であるかに思われるが、納得にはおそらくそれ以上の深い内容が含まれている。納得とは哲学でいう解釈の一形態であって、人間存在のすべてをかけて何ごとかを了解し、根源的に受容するということであろう。

日本語にはこの間の消息を見事に言い当てた巧みな表現がある。〝腑に落ちる〟という言葉がそれである。これが何を意味するかといえば、理性を支配するロゴスのほうは、頭脳という一つの臓器ではたらくので融通が利きにくいが、感性を支配するパトスのほうは、すべての臓腑によってすべてをありのままに許諾するだけの寛容さをもつということであろう。これは生易しいことではない。身体のすべてを挙げての作業であり、妥協などという姑息な逃げ道からほど遠いといわねばならない。これもまた生命体のはたらきの一つにほかならない。ここでも生命において法則性と価値性は合一する。

智慧の未来

ここまで理性と感性とを天秤にかけるような話をしてきたが、そもそも理性と感性を分けること自体が不自然なことであって、心では両者はつねに分かち難く結びついている。たとえば、理性の力によって自然の真理を見出したとき、心は深い感動をおぼえずにはいられない。それはほかならぬ感性のはたらきであり、理性が感性のはたらきを喚起したことになる。また、感性の力によって神秘の想いに浸れたとき、そこに理性による裏づけがなかったなら、その感動も独善に終わるだけのことになり、これは感性が理性のはたらきを要請したことになる。かつてカントが遺した巧みな表現に倣うなら、〝感性なき理性は空虚であり、理性なき感性は盲目である〟と言い得ようか。

これにつづく章では理性と感性とに分けて、それぞれの限界を見きわめようとしているが、それはいずれかの優位を定めようとするのではなく、いわんや、いずれかを貶めようとするのでもない。人が理性と感性のどちらにも偏らぬように、究極的には両者のまったき融合の姿を求めてのことである。

振り返ってみると、ヒトという生物種が生存するための武器として、智慧があたえられたことを基本において考えるなら、智慧の発達がこれほど多岐に亘り、これほど多彩を極めたことにも納得がいく。もしその発達が遅滞すれば、ヒトという種の存続はたちまち脅かされることになる。それほどにも重要な智慧の発達に、西欧と東洋で大きな違いがみられる。このことは一つの謎である。しかし、二つの智慧を対比することによって、智慧の本来のすがたが明らかに見えてくるかもしれないし、そのことを期待したい。

智慧はいまも発達をつづけており、それは私たちがいまもっている智慧が、なお未完成であることを示している。私たちがいま直面している危機を乗り越えるために、智慧の完成に向けての努力がいまほど求められているときはない。それに応えるには、おそらく理性と感性からの超越と飛躍が求められるであろう。これからの論議では、まず理性と感性との限界の見きわめに専念することになるが、それにつづく探求では、超越と飛躍という二つの言葉がキーワードとなるはずである。

人名ノート

カール・フォン・リンネ（Carl von Linnè：1707～1778）

スウェーデンの植物学者。もとの姓はリネウスであったが、貴族に列せられてからはフォン・リンネと名乗った。オランダにいたこともあったが、帰国してからはウプサラ大学の教授となった。オランダに滞在中に、雄蕊と雌蕊の数によって顕花植物を分類するという発想を得て、わずか十四ページの冊子を出版したのが、彼の分類学への出発点となる。彼は神を理解するために、すべての生物種の目録づくりを目指して、多数の分類書を刊行した。そこで用いられた二名法（属名と種名の二つを併記する記名法）は、それまでの冗長な名称に比べて簡潔であったために、国際規約で学術名とし採用されることになり、現在にいたっている。

ピュタゴラス（Pythagoras：前590～？）

彼の歴史的生涯について、確実な事実はほとんど伝わっていない。それは彼が神格化された一種の神秘的存在であったことが大きい。若い頃にはエジプトの密儀宗教を遍歴し、さらに東方起源のオルペウス教にも刺激されて、南イタリアのクロトンに移住した頃、そこで輪廻転生の信仰を奉じて、特異な戒律を守る宗教結社を開いたといわれるが、詳しいことはほとんどわからない。彼は宗教活動のほかに、さまざまのことに手を染めている。たとえば、弦の長さに応じて八度、五度、四度の協和音程が得られる事実を発見し、ピュタゴラス音階とよばれている。彼の名をもっとも有名にしている直角三角形の三辺で成立する三平方の定理は、現在では彼ひとりの発想ではなく、彼の率いた学派全体の業績と考えられている。

アナクサゴラス（**Anaxagoras：前500頃～前428頃**）

小アジアのイオニア地方で生まれ、アテネに出て哲学を教えた。ソクラテスもその講義を聴いたらしい。タレス（前624～頃前546頃）やアナクシマンドロス（前610頃～前540頃）などとともに、〝ソクラテス以前の哲学者〟(Pre-Socratic philosopher) とよばれる一群の哲学者たちなかの一人である（ソクラテスの項を参照）。あらゆるものにはその部分があると唱えて、無限に微小な存在を万物の種子（スペルマ sperma）とよび、それを束ねて宇宙の秩序を成立させるものを、理性（ヌース nous）と名づけた。これが理性の名のはじまりとなったことは、本文中に述べた。

ソクラテス（**Sōkratēs：前470/469～前399**）

彼は一冊の著作も残さなかったので、その哲学的主張は別の著者の著作にたよるほかない。そこに残された彼の言動によれば、生涯を通じて「無知の知」を唱え、人との問答によって「徳」とは何であるかを求めつづけた。国家の認める神々を認めず、青年たちを堕落させたという罪状によって、死刑の宣告をうけ、刑死した。ソクラテス以前とソクラテス以後では、哲学の質が変わったとして区切りがつけられるほどに、その後世に及ぼす影響は大きい。ソクラテス以前の哲学は神話の神秘的解釈であったり、万物の起源を水や火に求めたりするものであったが、ソクラテス以後の哲学は人間の生き様についての思索に変わった。

プラトン（**Platōn：前428/427～前348/347**）

両親はともにギリシャ名門の出であって、母方の家系には七賢人の一人といわれるソロンがいる。

そういう家系であるから、国政に参与する機会も多かったが、見るべき成果を挙げることはほとんどなかった。というよりも、師と仰ぎつつ、尊敬していたソクラテスの処刑をみて、アテネの暗愚な政治を見限ったというほうが当たっていよう。

むしろ、生涯著作に没頭したことが特筆さるべきであって、生前に公刊された著作はおよそ三十篇にもおよぶ。そのほとんどすべてが戯曲形式で書かれ、主な登場人物はソクラテスであって、哲学者はいかにあるべきかを語る。そこからこの著作集は〝対話篇〟とよばれる。八十歳で没したときには、書きながら死んだと伝えられている。アテナイにアカデメイアの名で名高い学苑を創始したことでも知られる。

アリストテレス（Aristotelēs：前384～322）

アリストテレスは「万学の祖」とよばれ、哲学のみならず、神学、自然学、心理学、論理学、政治学など広範な分野で、それぞれの学問の礎石を据えた。その足跡はいまもさまざまなかたちで残されている。アリストテレスの著作のなかでもっとも量が多いのは自然学に関するものであって、なかでも動物学という学問は彼によって創始されたといってよく、動物の構造には彼の名をもったものが多くある。棘皮動物のウニの口器は〝アリストートルの提灯〟とよばれ、いまでも動物学をはじめて学ぶ学生たちはこのことを知ってあらためて驚く。筆者もその一人であった。

法蔵（643～712）

華厳宗には開祖とされる僧が五人ほどあり、法蔵は第三祖にあたる。十六歳のとき、自分の一指を切って、仏舎利塔の前で供養したといわれる。各地に師を求めて歩いたが得られず、太白山に入って仙人のような生活をしたと伝えられる。二十歳のころ長安で智儼（華厳宗の第二祖、ちごん）にめぐり逢い、その門に投じた。智儼の没後は則天武后の帰依のもとに西大寺に入り、賢首（げんじゅ）大師の称号をうけた。

余談ながら、京都高山寺にある国宝〝華厳宗祖師絵伝〟に、海中で龍と化した善妙との逸話として描かれている新羅僧の義湘は、智儼のもとでともに学んだ法蔵の兄弟子になる。

カント（Immanuel Kant：1724～1804）

あまりにも有名なドイツの哲学者である。東プロイセンのケーニヒスブルクに生まれ、そこを離れることは少なく、ケーニヒスブルク大学の教授として同地で没した。彼の講義はきわめて幅の広いもので、数学、自然科学、人間学、教育学にまで及んだ。そのことはカント・ラプラスの星雲説にその名をとどめていることでも知られよう。

1786年と88年には大学総長となったが、しばしば自宅に知人を招いて会食と会話を愉しんだといわれるように、社交的な人柄であった。病弱ではなかったまでも、きわめて壮健であったともいいがたかったようで、そのこともあってきわめて規則正しい生活を送ったといわれる。街の人はカントが散歩する姿をみて時計を合わせたそうである。

彼の哲学は哲学の分水嶺とされ、彼以前の哲学はすべてカント哲学に流入し、彼以後の哲学はすべてカント哲学から流出するとさえいわれる。彼は啓蒙思潮の時代を生き抜き、イギリス経験論と大陸合理論の両者を止揚して、新たな認識批判にたどり着いた。三大批判書とよばれる純粋理性批判、実践理性批判、判断力批判の三著作は、こんにちでも哲学の金字塔とされる。

老子（生没年不詳）

中国古代の道家思想の開祖。春秋時代に楚の苦県に生まれ、一時は周の王室で官吏となるが、周の衰微をみるに及んで隠棲を決意し、国を出て西方に旅立ち、そのまま行方知れずとなったという伝説がある。その途中で関守の請いにしたがって、上下二編の書物をあらわした。上編は道の字ではじまるので道経、下編は徳の字ではじまるので徳経とよび、あわせて道徳経と名づけられる。宇宙の根源に〝道〟と名づけられる原理があり、〝これを視れども見えず、これを聴けども聞こえず、…（中略）…混じて一となる〟と説かれ、この天地万物に先立って自存する一者のあるがままが、自然そのものであり、人が私的な意欲でこれを乱すことが人間の不幸の原因となると主張される。

孔子（前552年～前551年もしくは前479年）

古代中国の思想家で儒教の祖。魯（現在の山東省）の人。当時は天下をあげて下克上の風潮が蔓延し、魯でも三人の家老によって王侯である昭公の権威はないがしろにされていた。昭公はこれを憤り、兵を挙げたが失敗して斉に亡命した。孔子はこれに同行して数年間斉にとどまる。魯の国で定公が即位すると、孔子はふたたび魯に帰るが、家老の専横はおさまることはなく、孔子は自分の理想を実現できる君主を求めて諸国を遍歴する。だが、そういう君主にめぐり合うことは遂になかった。孔子は政治に失望して、これ以後は弟子の教育に専念することになる。

孔子の言行は弟子たちによって〝論語〟二十編にまとめられた。その中心思想は「仁」であって、仁とは愛にほかならない。ただし、キリスト教的な愛とは異質であって、親兄弟に対する孝悌を基本とした。また、当時は呪術で神意をうかがうのがもっぱらであったが、孔子はこれを戒めて、人は良心にのみ基づいて行動すべきであることを説いた。これが思想史上では孔子に画期的な意味をあたえている。

ベルクソン（Henri Bergson：1859～1941）

フランスの哲学者で長くコレージュ・ド・フランス教授を勤めた。その学殖と聖者的な風貌と人格は、多くの人を魅了した。ドイツではカントの観念論によって、〝物自体〟の認識は断念されていたが、ベルクソンはこれに対して、フランス伝来の唯心論に立脚した独自の実在論を展開し、物理的時間から解放された〝純粋持続〟においては、真の実在の認識が可能であり、絶対者との交わりさえも可能であると説いた。これは後のメルロ‐ポンティの知覚・身体論や、ドゥルーズの差異・多様性論の先駆となっている。

第一次世界大戦の終戦処理のためのスペイン大使、アメリカのウイルソン大統領への特派大使をつとめ、アカデミー・フランセーズ会員、ノーベル文学賞受賞者、レジオン・ドヌール最高勲章など、多くの栄誉に輝いた。だが、第二次大戦のさなか、占領下のパリでナチス・ドイツの表敬待遇を拒み、窮死した。いかにも彼らしい最後である。

ジェームズ（William James：1842～1910）

アメリカの思想家。ハーバード大学ではじめ化学と生物学を学んだが、やがて心理学に転じ、十二年の歳月をかけて『心理学原理』（1890）を執筆した。そこで述べられた〝意識の流れ〟という着想によって一躍注目を浴びる。意識はつねに流れているものであり、ヴント（1832～1920）らのいう意識は、その断面しか捉えていないという批判である。

だが、後には心理学からも距離をおき、哲学研究に打ち込むようになった。『多元的宇宙』(1909)はこの時期の著作である。彼は主観や客観の対立に先立って生まれる〝純粋経験〟が、世界認識の第一義的な素材となっているいると主張した。日本の西田幾多郎はこの主張に共鳴して、純粋経験を主題にとって『善の研究』(1911)を著したといわれる。ジェームズの論文は彼の死後に、その弟子たちの手によって『根本的経験論』(1912)にまとめられている。

ジェームズの哲学のもう一本の柱は、同じくアメリカの哲学者であり、親友でもあったパース(1839～1914)によってはじめて提唱されたプラグマティズムである。パースは観念の真理性は観念そのものにあるのではなく、それによって導かれる結果によって規定されると主張した。この思想はやがてジェームズによって〝より良い生き方〟を求める倫理的傾向を帯びるようになり、彼自身も宗教経験の分析に向かうことになった。パースについては後にプラグマティズムとは別の関連でふれる機会がある。

2　心の要素

表象とその操作原理

話を始める前に

二つの要請　この章とつぎの章では〝心とは何か〟という問いを考えようとしている。ところが、それを考えようとすると、まず〝考える〟とは何かを明らかにしておかなくてはならない。なぜかといえば、心自身で心をそのもの〝考える〟ということができるのかという問題が、前に立ちふさがっているからである。〝自分〟で〝自分〟を〝考える〟という行為は、往々にして自家撞着に陥り、〝考える〟こと自体が無意味になることがある。ここでも十分に注意してかからねばならない。

ここでは二つのことが要請されている。第一には〝考える〟とは何をすることであるかを明らかにしておくことであり、第二には心が心自身を扱うことが、自家撞着に陥らないことを確認しておくことである。

どちらも大きな問題であって、いちどきには扱えない。そこで、この章とつぎの章の二章に分けて扱うことにした。この章では心の要素を考えるにあたって、〝考える〟とは何をすることかを、併せてとり上げていく。

〝考える〟という行為を突き詰めていくと、それは一つの前提を立てて、そこから推論を重ねていくことであろう。前提がなければ本来なら何も考えられないはずだし、前提のはっきりしない考えは根無し草のようなもので、何の意味をもたないことになる。また、無理な前提から出発すれば、その〝考え〟は必ずや途中で破綻する。これが〝考える〟ことと、前提をおくことの関係である。

したがって、何ごとかを考えようとするなら、必ずその前提を明らかにしておくというのが、第一の要請に対する答えとなる。こういうことはせずに済ますのが普通であろうが、無駄に〝考える〟のを避けようとするなら、これは大事なことではなかろうか。

心を考えるための前提

いまは心について考えようとしているのだから、心についての何らかの前提をおくことが求められる。だが、これは奇妙ではないか。なぜなら、心というものがわからないから、心を考えようとしているのに、その前提を求めるというのは本末転倒、無理難題ともみえるからである。

しかし、見たことも聞いたこともなく、まったく知らないものは、そもそも考えることもできないのであって、何らかの手がかりがあったとき、それを前提にしてはじめて考えることができるようになる。心を考えるとは、そういう場合の一つである。

心を考える前提というと堅苦しいが、要するに心を仮に規定して、この規定を手がかりに考えていくことであろう。幸いにも私たちは心についていくらかのことを知っている。それを手がかりにすれば、曲がりなりにも心を規定することはできる。この規定を前提に据えれば、ともかくも心について考えを進めていくことができるであろう。

この前提が正しいか否かは、さしあたり問題にならない。なぜなら、もしそこに矛盾があったなら、その〝考え〟は必ずや途中で破綻するであろうから、考える道々に検証していけばよいことだからである。こういう道すじを辿って、最終的には心の本質を見出して、私たちが心をもっていることの真の意義を知ろうとするのである。こういう意味での仮規定をつぎのようにあらわすことにした。

［心についての仮規定］

神経系が発達して、脳のような中枢神経系をもつようになると、そこで多くの神経記号がそれぞれ要素となり、相互に連携して記憶の仕組みをつくる。心とはこの記憶の仕組みを基盤に据えて発展した体系である。

仮規定の文中にもみられるように、心がいかにして創られたかを探ることによって、心が何であるかを明らかにしようというのが、この仮規定の目的である。以前にもふれたが、すべての生物が心をもっているわけではない。生命の活動によって生物体のなかに心が生成されてきたのであった。ここではその生成の過程を跡づけして、生物にどういう条件が調ったとき、心が生成されるにいたったかを探っていこうとする。その条件とは神経系の発展であり、記憶の仕組みの生成だというのである。

二、三の用語について

この仮規定を前提において、これから心についての考えを進めていくのだが、そのとき〝心は神経記号を要素としてはたらく〟という切り口から見ていこうと思う。そこにはいくつかの独特の用語が含まれているので、あらかじめ注釈を入れておくのが適切であろう。

（a）要素という言葉

まず〝要素〟という言葉である。心は目に見えないし、手に取ることもできないのに、私たちは〝心がはたらいている〟と思ったり、言ったりする。だが、心なるものがどこかにあって、それがそのまま動き回っているわけではなかろう。そうではなく、ある何ものかが動き回って、そこに心という現象があらわれているに違いない。そこで動き回っている何ものかを、ここでは要素とよんでいる。つまり、心は実体としてあるわけではなく、現象としてしか捉えることはできないものであって、その現象を現出させている要素もまた、現象としてしか捉えられないであろうというのが、ここでの論議の出発点である。

言うまでもないが、心を現象として捉えようとするのは、心の位置づけを低めることにならない。心はそのようにしか捉えられない存在だからである。それは生命が現象であるというのと同じである。生命というものがどこかにあるわけではなく、生命も現象としてしか捉えることができない。それと同じである。

つけ加えておくと、ここでいう要素は、脳で生理学的にはたらいている要素ではない。それはこの探索とは別の分野の考究対象であろう。いまも述べたとおり、ここでいう要素は〝現象としての心〟のなかを動く〝現象としての要素〟である。

（b）記号という言葉

もう一つ注釈が必要と思われるのは〝記号〟という言葉である。仮規定のなかに神経記号という言葉があったが、その〝記号〟である。外界の事象が受容されるには、その事象は必ず記号化されねばならない。それは記号化したほうが便利だとか、効率がよいなどという理由からではなく、記号化ということ自体が、受容そのものだからである。記号化なくして受容はあり得ない。記号化と受容とは、同一の現象を別の面から見ているだけのことである。

現に、末端の受容細胞で受容がおこったとき、すでに原初の記号化がなされている。神経細胞の興奮という現象がそれである。ただし、興奮は真の記号形成へ向かう第一歩であって、この記号はまだ特異性をもたない。それが中枢に伝達されて〝知覚〟という神経記号に変換されると、そこで言語というもう一つの記号と結びついて合体し、はじめて特異性をもった真の記号となる。

（c）表象という言葉　これから述べていく神経系の活動は、その高度な活動も含めて、すべてが特異性をもった神経記号の変化である。そういう特性があるので、この神経記号をこれから〝表象〟の名でよぼうと思う。それはこの特異性をもった神経記号が、心の要素の一つとしてこれから独自の役割を果たしていくからであり、記号という一般的な名称より、表象という独自の名称のほうが適切と思うからである。表象はつぎのように規定される。

［表象を規定する］

個体の内外でおこった事象が受容され、中枢に伝達されると、それぞれに特異性をそなえた神経記号に変換される。この変換された神経記号のかたちを〝表象〟とよぶ。

あまり気づかれないが、表象化の裏には重要なことが隠されている。受容細胞では知覚表象への転換が一瞬ごとになされるので、中枢で新しい表象がつくられるとき、その表象はもとの事象の断片にしか対応していない。したがって、それを素材にしてつくられる複合表象が、もとの事象をどこまで忠実に再現しているかは、誰も知ることができない。複合表象はその生成の原因となった事象の、忠実な複製ではないのである。

それは錯覚という現象があることからも想像できよう。錯覚は内界につくられた複合表象にとっては真実であっても、もとの事象のあり方とは一致しない。そういう意味で表象は万能ではないのである。これはやがて述べるように、表象を素材としてつくられる認識が、万能にはなれないということにつながっていく。

神経系に受容されるのは外界の事象に限らない。そこには内界でおこった事象も含まれる。内界の事象は、中枢でいったん客観化され、あらためて受容されなおす。内界でおこった事象も、外界の事象に劣らず、心にとって重要なはたらきをするのは、自分の心を顧みても明らかであろう。先に挙げた表象の規定のなかに〝個体の内外でおこった事象〟とあるのはその意味である。

心が創出されるまで

神経系と記憶

〝前提〟が定まったので、心について〝考える〟ことができるようになった。その前提のなかに心が創られるために必要な要因が二つ挙げてあった。神経系と記憶である。神経系はまずよいとして、なぜ記憶が必要なのかと不審に思われるであろう。だが、心のはたらきにおいて両者は深い関係にあり、特に記憶は心の成立にとって決定的に重要な役割を担っている。これから神経系の発達について述べていくが、心の創出という観点からすれば、それは記憶が生成されるためであるといっても過言ではない。

ここで大事なことがある。神経系のなかに記憶が生まれただけではまだ不十分であって、そのほかにもう一つ記憶をはたらかせるための要因がなくてはならない。その要因とはつぎの項でとり上げる〝統覚〟のはたらきであるが、ここではそのことを念頭におきながら、記憶の創出まで話を進めていくことにしよう。

（1）神経系の発達　心とよばれる現象があらわれるのは、神経系がかなり発達した生物に限られることを思えば、神経系の重要さはおのずから明らかであろう。だが、神経系は一挙に発達を遂げるわけではない。そこには多くの段階の重なりと、それらをつなぐに要した長い時間の歴史がある。ここでの記述もそれなりに長くなるが、順を追って述べていこう。

ステップ1（知覚神経と作動神経の段階）：　神経細胞が単一で存在したときには刺激を受容し、みずから興奮し、他の細胞に伝達するという三つの機能を一つで果たしていた。やがて感覚器での受容を受けもつ知覚神経細胞と、効果器への伝達をうけもつ作動神経細胞（運動神経ともよばれる）の二種類に分化し、両者が一対となってはたらくようになる。

ステップ2（介在神経の介入と神経節の形成）：　そこに介在神経細胞とよばれる第三の細胞があらわれて、神経系の発達は大きな転機を迎える。介在神経細胞は知覚神経細胞と作動神経細胞の間に入って、興奮の伝達を仲介する。だが、単なる仲介にとどまらず、知覚神経細胞、作動神経細胞の三者のあいだに興奮の循環回路をつくることによって、興奮が回路を廻って永続するようになる。

この循環回路を一つの情報と関連づけることができれば、その情報が回路に保存される可能性が生れる。さらに、複数の循環回路が集まって、それらが交錯して互いに干渉し合うことになれば、情報どうしの照合によって、より高次の情報に変換することさえも可能になろう。これは神経系のはたらきにとっての大きな転換期になる。こういう循環回路が多数集合した構造は神経節とよばれ、その一つずつが中枢としてはたらく。

ステップ3（脳の出現）：　神経節がさらに多数集まって、互いに相関関係をもったならば、そこでおこなわれる情報の処理は、その複雑さといい、情報の次元の高さといい、想像を絶したものとなるであろう。こういう神経節の複合体は脳とよばれ、情報を総合的に統括する最終的な中枢のはたらきをいとなむことになる。記憶の仕組みがつくられるのは、ここではじめて可能になる。

神経系の発達が心の創生に欠かせないというのは、その最終段階にいたって記憶の仕組みがつくられることが、どうしても必要だったからである。

（2）記憶の役割　心の創出にとってもう一つの重要な条件である記憶に話を進めよう。記憶の出現は心の創生にとっての一大転機となる。なぜ記憶がそれほど大事なのか。不思議に思われるかもしれない。だが、記憶なくして心はあり得ないといえるほどに、記憶は重要なはたらきをしている。何よりも先に記憶によって心のはたらく場があたえられることを挙げておこう。なぜなら、はたらくべき場のないところに、心の生成はそもそもおこり得ないからである。

心のはたらく場とは何か。時間と空間という場がそれである。記憶のないところには時間もなければ空間もない。時間とは記憶の流れにほかならないし、空間とは記憶の拡がりにほかならない。心はこういう時空間を場として生まれ、そこではたらきはじめる。これを心的時空間とよぼう。

心的時空間とひとくちによんだが、これにもいろいろある。やがて心が発達して理性と感性のはたらきをもつようになると、理性的時空間と感性的時空間の別が生じてくる。後に詳しく述べるが、心が自由に羽ばたけるのは感性的時空間においてであって、これは一種の詩的時空間といえよう。一方、理性的時空間は物理的時空間の性格を帯び、それ自身で独立して存在しはじめる。それを認識しようとすまいと関係なく超越して存在する。これほどにも違った性格をもった時空間が、いずれも記憶を出発点として創出されたことを思うと、記憶のもつ役割の重要さがあらためて感じられる。

（3）記憶の創出

それほどにも重要な記憶はいかにして創られたのか。記憶は記銘、保持、想起という三つのはたらきからなっており、そのいずれか一つでも欠ければ、記憶は成立しない。その一つでさえ込み入った仕組みをもっているのに、それが三つも組み合わさった記憶の仕組みが、いちどきに創り出されるとは到底思えない。それなりの段階が必要であろう。現実にもそのとおりであって、記憶が完成するまでには多くの段階と、それをつなぐ長い歴史があった。それをこれから辿っていこう。

ただし、記憶そのものを直接に手にとって調べるわけにはいかないので、行動を観察することよって間接的に記憶のかたちを推測することになる。少し長くなるが、順を追って述べていこう。

ステップ1（先天的記憶の段階）：　原初の記憶は本能行動にみられる記憶のかたちであって、〝経験以前の記憶〟あるいは〝経験に基づかない記憶〟としか言い表せない奇妙な記憶である。この記憶は生得的にあたえられている。つまり、遺伝子に刻印されている記憶であって、本能行動は経験がなくても完璧に遂行される。

生得的記憶の発現のされ方はつぎのようである。外界にある特定の事象が生起すると、これを知覚した中枢では、この事象があらかじめ解発刺激として登録されているものと合致するか否かを検索し、合致しているとなれば、これもあらかじめ決められている行動が、自動的に発動される。これを行動の解発とよぶ。解発（リリース）とは引き金（トリガー）が引かれるという意味であって、すべての準備は調っていて、ただ発現を控えさせている留め金が外れればよいという意味である。

この一連の過程が順序よく遂行されるのは、どういう刺激が解発刺激となるのか、また刺激がくればどういう行動がとるべきかが、遺伝子の情報として中枢の記憶の領域に書き込まれているからである。必要な刺激の性質と、とられるべき行動の内容とが、二つながらあらかじめ記憶されているというのは不思議というほかない。この記憶が〝経験以前の記憶〟、あるいは〝生得的記憶〟という矛盾した名称でよばれる所以である。

中枢にある記憶の領域はこういう情報で埋め尽くされており、それを消し去ることも、変更することもできない。そういう意味では制限つきで縛りのかかった不自由な記憶であり、それにともなう行動もまた固定的であって、変更は許されない。

シジュウカラが日長時間の延長とともに営巣行動をはじめるとか、トゲウオが自分のテリトリー（領分）に侵入してきた他個体に闘争を仕掛けるなどの行動はその例である。いずれも刺激があたえられたならば、行動は止めようもなく遂行される。

ステップ2（白紙の状態であたえられる記憶）：　つづいてあらわれるのは、〝空白の記憶〟とでもよべる奇妙な記憶のかたちで、刷り込み行動にみられる。これは中枢に何も記憶されていない白紙のままの状態にある領域が、あらかじめ生得的に用意されているので、このような名称でよばれる。

　この空白の領域には生後はじめて経験された事象が、ただの一回だけ書き込まれ、それがそのまま解発刺激として消えない記憶となって残される。そういうことがおこるのは生後の一時期だけに限られており、やがてその能力は消失してしまう。

　記憶の領域が空白のままあたえられ、そこに一度だけ書き込みが許されて解発刺激となり、定められた行動を誘発すること、これらのすべてが遺伝子にプログラムとして刻印されている。いったん解発刺激として記銘されたことがらは、消し去ることも変更することもできない。また、解発刺激によって引きおこされる行動は、あらかじめ生得的に定められていて、それ以外の行動をとることはできない。これも制限つきの不自由な記憶と行動であるが、白紙の状態にある記憶の領域に何を書き込んでもよいという一点だけが、本能行動とは異なった自由さをもっている。

　サケが自分の孵った河川の水の匂いを覚えていて、海に下って成長した後には、必ずその母川に戻ってきて産卵するとか、アヒルの雛が孵化後に最初に目にしたものの跡を追うなどの行動がそれにあたる。アヒルの場合には、ふつうなら最初に目にするのは母親のアヒルであるはずだが、たまたまそれが人間であったり、玩具であったりすると、その跡を追うという不自然な行動をとるようになる。

　ステップ3（書き換えのできる記憶）：　さらに発達した記憶のかたちは〝書き換え可能な記憶〟であって、これは条件反射の行動にみられる。ある事象がそれに対応する反射行動を引きおこしたという経験をもったとき、その事象と反射行動は一対のかたちで中枢の記憶領域に刻印される。つぎに同じ事象がふたたび経験されると、その事象が解発刺激となって、それに対応した行動が反射的に引きおこされる。これが条件反射である。反射という語がつかわれていることからもわかるように、あらかじめ定められた行動しかとることができない。

条件反射の場合にはいったん解発刺激として記銘された事象を、かなりの手間をかければ消し去ることができ、さらに他の事象を新たに解発刺激として記銘することも不可能ではない。そのゆえに〝書き換え可能な記憶〟とよんだ。これも制限つきの不自由な記憶であり、行動であるが、いったん記憶された事象を別のものに変えることができる点で、本能行動や刷り込み行動に比べて、自由さが一段と増したかにみえる。しかし、あたえられた刺激と、それによって誘発される行動とは、依然として固く結びつけられたままであり、それを解き放つまでにはいたらない。

よく引かれる例であるが、梅干を見ただけ、あるいは梅干という言葉を思っただけで、唾液が出るのは条件反射の好例である。ここでは梅干が解発刺激になっている。

ステップ4（記憶と行動の自由な結合）：この段階にいたって、記憶は大きな変革を遂げ、行動との関係に新しい局面を開く。本能行動からはじまって条件反射にいたるまで、記憶によって引きおこされる行動は、あらかじめ定められたものに限るという制約のもとにおかれてあり、決して自由なものではなかった。その記憶と行動との固い結びつきがここでいったん切り離され、新しく導入される原理のもとに新たな関係を結び直すのである。

新しい原理とはすぐつづいて述べる「統覚」であり、新たな関係とは記憶と行動との結びつきが自由になったことを指している。ここではじめて自由な意志による自由な行動が可能になり、いま私たちがもっている記憶のかたちが完成した。
長々と述べてきたので、本能行動から刷り込み、条件反射を経て意志行動にいたるまでの、記憶と行動パターンとの関連をまとめて表にしておいた（表Ⅰ・2）。

表Ⅰ・2　行動のパターンとその行動を支える記憶の形式

	行動（直接に観察できる）	記憶（直接には観察できない）
本能行動	行動プログラムは先天的に決定済み。解発因子も先天的に決定済み。	すべては先天的記憶に依存し、その記憶は消去も変更もできない。
刷り込み	行動プログラムは先天的に決定済み。解発因子は偶然に決定される。	生後の一定期間の経験が、解発因子として記憶され、その記憶は消去も変更もできない。
条件反射	行動プログラムは先天的に決定済み。解発因子は偶然に決定される。	反射行動を誘発した刺激が、そのまま解発因子として記憶される。その記憶は消去、変更が可能である。
意志行動	行動プログラムはあたえられておらず、自由意志に基づいた自発的行動が可能である。	記銘のための秩序が先験的統覚としてあらわれ、想起のための秩序が後験的統覚としてあらわれる。

統覚という統合原理

統覚についての歴史的背景　統覚という言葉が日常の会話で聞かれることは、ほとんどないほどだが、哲学的にはきわめて重要な概念である。統覚は表象の操作原理である論理原理や感情原理の生成に深くかかわっている。ということは、表象の活動のすべての面に統覚のはたらきが関与しているということで、この先でもことあるごとに顔を出すことになるから、ここで統覚全般について概観しておきたい。

統覚の概念が生まれることについては歴史的な背景がある。統覚をはじめて体系づけたのはライプニッツ（1646～1716）であったが、後にカント（1724～1804）によってさらに詳しく論じられた。統覚（apperception）の語が知覚（perception）に向かう（ad-）という意味であることからも明らかなように、すべての知覚がはたらく際の操作原理を、統覚と名づけたことにはじまる。

つまり、外界の事象に接したとき、情報の受容のあらゆる場面に、さらには受容された情報の保存や再現のあらゆる場面において、そこではたらく表象を自由に操作する原理としての地位が、統覚にはあたえられており、したがって、統覚は表象のすべての動きを操作する能力をそなえていると考えられている。この能力が生得的にそなわっていたからこそ、心のはたらきに自由意志が介入できるようになった。そういう意味で統覚は心の発展にとって、なくてはならぬ存在である。

その後になってから、統覚に関してさまざまな考え方がつけ足された。たとえば、統覚のはたらかない「意識なしの知覚」が無意識の心理学では重要とされたことがあり（たとえばラッセル）、統覚は統握（Auffassung）と同義であって、意味の解釈や解明を指すとされたこともある（たとえばフッサール）。

だが、ここでは統覚をカント以来の古典的な意味でつかっていくつもりである。

心的内界は統覚のはたらきを必要とする　統覚についての歴史的背景はそれまでとして、心的内界はなぜ統覚を必要とするのかを、ここで考えてみよう。

中枢の記憶領域では表象が整然と秩序をもって記銘され、つづいては記銘された表象が整然と秩序をもって想起されねばならない。さもなければ、中枢に記憶されている表象が行動と結びついたときに、行動はちぐはぐになり、混乱を招くだけとなろう。そのためには記銘についても想起についても、表象を整理しておくことが必要になる。幸いにもその整理にあたるべき機能は、統覚というかたちで生得的にあたえられていた。

統覚はあらゆる場面で表象を自在に操作する能力をもっている。その能力がここに活かされて、記憶と行動との固定的な結びつきが解かれたとき、とられるべき行動はいくつかの可能性のなかから、独自に取捨選択ができることになった。ここではじめて自由意志による行動の選択が可能になった。

このことは自然界の〝事象〟と、心的内界の〝事実〟とが異なっていること深いかかわりがある。統覚を別の側面から見直すことにもなるので、重複を厭わずにあえて記しておこう。

自然界の〝事象〟が心的内界にとり込まれて〝事実〟となったとき、自然界の事象を支配していた秩序も同時にとり込まれたなら、それで心的内界で〝事実〟とその秩序とは、二つながらそろうことになったのだが、それは到底できることではなかった。自然界の秩序のすべてを知ることは、私たちに許されていないし、無限に近い膨大さをもっていて、不可能事であったからである。

そうなると心的内界では受容された〝事実〟の扱いについて、自然の秩序とは別の法則性を設定しなければならない。さもなければ、とり込まれた〝事実〟は支配原理を失って無秩序のままとなり、まったく機能しなくなる。だが、幸いにもここに統覚が救いの手を差し伸べてくれた。統覚が表象を操作する力を先天的にもっていたからである。統覚は心的内界での必要性から、自然界の秩序とは別に設けられていることに注意しておこう。

統覚は記銘・保持・想起という記憶のすべての段階にわたって、あらゆる表象を自在に操作する能力をそなえている。この統覚のはたらきによって、中枢の記憶装置では表象の記銘と想起の両面にわたって、整然とした秩序のもとにおこなわれることになった。したがって、表象のあらわす〝事実〟もこの秩序のもとにおかれる。

だが、注意しなければならないのは、この秩序は統覚という一つの体系のなかに限られていて、自然界の秩序とは別ものであり、その完全さにおいて及ばないということである。これは統覚がつくられた由来からみても当然であろう。自然界の〝事象〟にはおこるはずもないことだが、心的内界の〝事実〟においてはその動きに矛盾や齟齬がおこることがあるのはそのためである。

二種類の統覚　統覚は表象の入力と出力の二つの面で、その動きを統御するはたらきをもっている。つまり、統覚には二種類ある　。入力についていえば、情報の入力に先立って用意されていなければ間に合わないし、出力についていえば、情報の出力に遅れてでなければはたらきようがない。そういうわけで統覚には経験に先立ってはたらくものと、経験に遅れてはたらくものの二種類があらわれる。前者には経験に先だつという意味で先験的統覚の名が、後者には経験に遅れてはたらくという意味で後験的統覚の名があたえられた。

二つの統覚は後になってから論理原理と感情原理という二つのかたちをとってあらわれるが、いまは統覚に二種類あることだけを確認しておこう。どちらも先天的にあたえられている能力であるが、前者は経験に先立ってあらわれ、後者は経験に遅れてあらわれるという違いがある。

ここには先天的、後天的という言葉と、先験的、後験的という言葉が入り混じっているが、前者は発生の由来を示す語として用い、後者は統覚の呼称としてつかい分けていきたい。これで統覚についての概説をひとまず終えるが、ここまでの範囲で統覚はつぎのように規定できよう。

［統覚を規定する］（受容される情報の処理に関連したはたらきに限定した規定）

統覚は外界の〝事象〟を内界の〝事実〟として受容する際に、記憶領域への表象の記銘を秩序づける役割と、記憶領域から表象を選別して想起する役割の二つを受けもった。

統覚はこのことから表象を自在に操作する能力をそなえるにいたったが、この能力は経験に先立ってはたらく先験的統覚と、経験に遅れてはたらく後験的統覚の二つに分かれる。

統覚による理性と感性の発現

統覚のはたらきは二段構えになっている。第一に、みずからが操作原理のかたちをとってはたらき、それに対応した表象を創出する。このときあらわれる操作原理は二種類あり、対応する表象も二種類になる。第二に、こうして生じた二組の操作原理と表象とがはたらいて、それぞれが理性と感性という独特の世界をつくり上げていく。二組もあって込み入っているが、順を追ってみていこう。

（1）統覚は表象の操作原理としてはたらく統覚に先験的統覚と後験的統覚の二種類があることはすでにみた。両者は経験に先立つか、遅れるかという違いから、そのはたらきに大きな差があらわれてくるのが興味深い。一方の先験的統覚は、表象操作原理としての論理原理のかたちをとり、事実表象を導き出してくる。論理原理と事実表象の組み合わせによって、理性のはたらきの基盤がつくられる。

他方、後験的統覚は表象操作原理として感情原理のかたちをとり、印象表象を導き出してくる。感情原理と印象表象の組み合わせによって、感性のはたらきの基盤がつくられる。以下では理性と感性の基盤がどのようにつくられるかを、一つずつ詳しくみていきたい。

（a）先験的統覚は論理原理としてはたらく　二つの統覚のうち先験的統覚については、カントが詳しく論じている。この統覚は経験に先んじてあたえられており、経験された情報の枠組みを決定する役割を担っている。経験に先立つという意味で、カントはこれを〝先験的統覚〟と名づけた。

もちろん経験の内容が経験に先立ってあたえられようもなく、あたえられるのは経験を秩序立てて、これを統一する枠組みである。枠組みのなかでも殊に重要なものとして、時間と空間がある。私たちは時間と空間のなかで知覚したことしか経験（実体験）にならないのは、統覚によってあらかじめ時間と空間が経験の枠組みとして設定されているからである。先には記憶が時間と空間という場を創出して、心のはたらくべき場をあたえたと述べたが、その時間と空間とは統覚においても経験の枠組みとしての位置を占めている。

カントはこのほかにも事物の量や質、あるいはそのあり方などについて幾つもの枠組みのあることを示し、これを整理してカテゴリー（範疇）とよんだ。カントがカテゴリーと名づけた枠組みを精査してみると、それらはすべて記憶によって生み出されたものばかりである。先験的統覚はこの枠組みにしたがって、みずからが〃論理原理〃のかたちをとって知覚表象にはたらきかける。

論理原理のかたちになった先験的統覚は、事象が存在するあり方のみを指標として、知覚表象を〃事実表象〃の枠に入れていく。事象のあり方のみを指標とするというのは、はなはだ奇妙な表現だが、これは単に事象が好ましい印象をあたえたか否かを、ひとまずは棚上げにして選別していくということで、印象の好悪についてはつぎの後験的統覚の役割になっている。だが、このとき事象があたえた情感はまったく無視されているのではなく、選別の裏側に密かに張り付いていて〃事実〃に彩りを添えるという複雑な事情がある。

ここで論理原理と事実表象という一対になった関係が成立した。これが後に理性のはたらきを支える基本的な要素となる。この章の目的として心の要素を求めてきたのだが、その一つとして論理原理と事実表象の対が、ここでやっとすがたをあらわした。そのはたらきをつぎのようにまとめておこう。

［論理原理と事実表象を規定する］

論理原理：外界の事象が受容される際に、その事象の存在のあり方を選別の基準にとって記銘がおこなわれるときには、二種類の統覚のうち先験的統覚のみがはたらく。

事実表象：このとき先験的統覚は論理原理のかたちをとって知覚表象にはたらきかけ、これを事実表象に変換する。

ここに論理原理と事実表象という一対の関係が成立した。

（b）後験的統覚は感情原理としてはたらく　もう一つの後験的統覚は先験的統覚のはたらきとは対照的である。この統覚については、ライプニッツがすでに早くから論じている。何らかの知覚がはたらいたこと、さらにそれがどのようにはたらいたかに気づかなければ、その知覚はまったく無意味になってしまうから、そうならないための仕組みが必要であり、これが統覚のかたちであらわれているとライプニッツは考えた。彼はこれを単に統覚とよんだが、この統覚は知覚という経験があった後にあらわれるので、先験的統覚に対していえば〝後験的統覚〟とよぶことができよう。

後験的統覚はここで感情原理のかたちをとって、知覚表象を印象表象として性格づけ、過去のさまざまな経験が何をあたえたかを、つぎの経験に生かすべく、過去の経験が好ましいものであったか、厭わしいものであったかを指標として類別していく。名前は後験的統覚であるが、この能力が経験に後れてあらわれることは、あらかじめ先天的に決定されているというややこしい関係にある。

こうして感情原理と印象表象という対をなした関係がつくられることになった。これが感性のはたらきを支える基本的な要素となる。これは先の論理原理と事実表象とならんで、心の要素の一つである。そのはたらきをつぎのようにまとめておこう。

［感情原理と印象表象を規定する］

感情原理：外界の事象が受容される際に、その事象が以前にあたえた好悪の心情を選別の基準にとって記銘がおこなわれるときには、二種類の統覚のうち後験的統覚のみがはたらく。

印象表象：このとき後験的統覚は感情原理のかたちをとって知覚表象にはたらきかけ、これを印象表象に変換する。

ここに感情原理と印象表象という一対の関係が成立した。

これで論理原と事実表象、感情原理と印象表象という二組の対がつくられた。前者は理性のはたらきの要素となり、後者は感性のはたらきの要素になっている。これから心のはたらきを考えていく際には、この二組の要素を基本にとっていくことになる。

ここまで述べてきたことは、先験的統覚と後験的統覚の役割をはっきりさせるために、ことさらに対立した性格を強調してきた気味があるが、心的内界での二つの統覚のはたらきは、決して対立したものでもなく、冷たいものでもない。両者は互いに寄り添いながら、一方で先験的統覚がつくりだした〝事実〟には、後験的統覚が温かみをあたえており、他方で〝後験的統覚がつくりだした情感〟には、先験的統覚が引き締めを加えているものとみられる。心の要素のはたらきを考えていく上で、これは忘れてはならない大事な点である。

（2）統覚は理性世界と感性世界を創出する　先験的と後験的という二種類の統覚が、論理原理と感情原理という二種類の表象操作原理としてはたらき、そのはたらきによって事実表象と印象表象という二種類の表象があらわれた。前者の論理原理と事実表象という組み合わせからは、理性のはたらきが生まれ、後者の感情原理と印象表象という組み合わせからは、感性のはたらきが生まれてくる。これが理性世界と感性世界の創出である。

この章では心のはたらきを支える要素を探るのが目的であったから、これでひとまず目的を達したといえよう。二つの世界の活動については、それぞれの章で精しく述べられるので、そこに譲るとして、ここでは理性と感性という二つ世界がつくられたことが、どういう意味をもつのかを大局的に俯瞰しておきたい。

(3) 理性世界と感性世界が自然界のすべてではない

理性世界と感性世界が創出されたことは二つの世界が分裂して、それぞれが独立したことを意味していない。それどころか二つの世界は陰で互いに支えあっている。それは先験的統覚と後験的統覚とが、一つは経験に先立ってはたらき、他の一つは経験に遅れてはたらくかによって、自然界におこる事象はただ一つであるのに、それが心的内界に入ると、そこでは事実と印象という二つの面としてあらわれてくるだけのことであって、そのとき事実は冷たくみえ、印象は暖かくみえるかもしれないが、じつは内界では事実は印象によって暖められ、印象は事実によって冷静さを保っている。その機微については後に詳しく述べる機会があるので、そのときまで待ちたい。

もう一つ大事なことがある。心の要素として論理原理と感情原理が生まれ、そこから事実表象と印象表象とが生成された。こうして理性世界と感性世界という二つの世界があらわれたのだが、これで現実に〝事象〟として存在している自然界のありようが、明らかになるわけではない。

外界でおこっている事象が事象表象や印象表象に変換されるとき、それらの事象はいったん分断されて個別の知覚表象となっており、それが再構成されて事実表象となり、あるいは印象表象になっていく。分断された後に再構成されたこれらの表象によってつくられた世界が、外界の事象の本来のすがたをどこまで再現しているかは誰にもわからない。また、そこに捉えきれなかった何ものかが残っていたとしても、それを誰も知ることができない。

つまり、実在する自然界の真のすがたを、理性世界と感性世界がどこまで再現しているかは誰も知るところでないのである。せっかく創られた理性世界と感性世界とは、もしかすると隙間だらけなのかもしれない。

私たちはこれらの表象を介して、実在の世界を間接的に把握することしかできないのであって、内界につくられた世界に捉えられているものは、けっして実在する世界のすべてではないことは、深く心に留めておかねばなるまい。理性と感性の世界が表象とその操作原理を要素としてはたらく限り、こういう制約からは逃れられない。

結局のところ、すべての認識はこの制約の枠内にとどまるのであって、コンディアック（1714～1780）やハルトマン（1842～1906）が、知覚されることが認識のすべてであると述べたのも、仏教で唯識派の論者が〝識〟をもって認識できる世界のすべてであるとしたのも、このことをいうのであろう。となれば、認識の外にはまだ知られない何ものかがあるのではないかという疑問も湧いてくる。ここでは答えるだけの準備が調っていないが、それはこの二つの世界のありようを究め尽くした後に、あらためて問いなおさねばなるまい。

記憶にはじまって統覚へ進み、さらに統覚にはじまって表象とその操作原理にいたるまでの道程を、表にまとめておいた（表I・3）。

（4）心についての仮規定を更新する　この章のはじめに心についての仮の規定を設けて、話を進めてきたが、その後になってから新しい知見も得られていることでもあり、ここで心を再規定しておきた

表Ⅰ・3　統覚のはたらきによって〝事実〟と〝情感〟が成立するまで

	記憶のはたらき	表象・操作原理のはたらき
理性へ向かう	受容された情報は知覚表象として記銘される。 記銘の際は先験的統覚がはたらき、表象を秩序づけて格納する。	先験的統覚が論理原理としてはたらき、事実表象を現出させてこれを支配する。 論理原理と事実表象とは協同してはたらき、心的内界に〝事実〟を確立させる。
感性へ向かう	記銘された知覚表象は必要に応じて想起される。 想起の際は後験的統覚がはたらき、必要とされる表象を選別して表出する。	後験的統覚が感情原理としてはたらき、印象表象を現出させてこれを支配する。 感情原理と印象表象とは協同してはたらき、心的内界に〝情感〟を成立させる。

い。つぎにそれを記すが、たいへん長い文章になった。心をその生成の経緯から規定しようとすると、このようにならざるを得ない。これはまた〝心とは何か〟という問いに対するこの論考での答えにもなっている。

［心の再規定］

心とはつぎの二つの階梯を経て生成される体系である。

第一の階梯　神経系が発達して脳のような中枢神経系をもつようになると、そこで多くの神経細胞が相互に連携して記憶の仕組みをつくる。

第二の階梯　記憶によって創られた時空間を場として、統覚のはたらきによって二組の表象とその操作原理の対が創出される。論理原理と事実表象、および感情原理の対である。この二組をそれぞれ一対の要素として活動をはじめ、前者の対を要素として理性のはたらきが、後者の対を要素として感性のはたらきが生まれる。これが心という体系の生成される発端となる。

第一の階梯は心についての仮規定そのままである。これまで考察したことによって修正する必要はなかった。第二の階梯がその後の考察によって新たに加えられた。規定が長すぎる感もするが、心というものが歴史的存在であるからこういうことになったので、已むを得ないとした。

この規定はまた〝心の要素とは何か〟というという問いの答にもなっている。事実表象と論理原理、および印象表象と感情原理という二つの組み合わせが、それぞれ心を構成する要素であり、前者からは理性が、後者からは感性がつくられて、心のはたらきのさまざまの場面で活動することになる。

心がはたらく場

（i）心的時空

理性的時空と感性的時空　記憶が原初の時間と空間を生み出したことによって、心のはたらく場が設けられ、ここで心が創出する準備が調ったことはすでに述べた。このときあらわれた原初の心的時空は意のままに伸び縮みできる時空であり、この時空は原初の心が直接に感受できる時空であった。そこでは知覚表象がそのままのかたちではたらいていた。本能、刷り込み、条件反射などは、この時空間が活動の場であった。

やがて統覚が出現し、統覚が先験的統覚と後験的統覚の二つに分かれると、それに対応して原初の心的時空も二つに分かれる。その一つは事実表象がつくり出す時空であって、理性がはたらく場となる。これを理性的時空とよぼう。後者は印象表象がつくり出す時空であって、感性がはたらく場となる。これを感性的時空とよぼう。この二つの時空はその性格を大きく異にする。

まず理性的時空である。ここを場として理性は活動する。この時空には特徴がある。それは意識されようとされまいと、それにかかわりなく存在するという性格をそなえるので外在的であり、見方によっては物理的、普遍的、超越的ともいえる。ここではそれらの性格を総合して外在的時空とよぼう。

つぎに感性的時空である。ここを場として感性は活動する。この時空にも特徴がある。それは意識のなかだけではたらき、詩的時空とでも名づけたいような性格をもっている。この時空は内在的であり、見方によっては生理的、個別的、実存的でもあるが、ここではそれらの性格を抽象して内在的時空とよぼう。

外在的時空と内在的時空とは、同じく心的内界につくられてはいるが、私たちが実感できるのはそのうちの内在的時空だけであり、それとは別に外在的時空が存在しているという背馳がここにみられる。だが、二つの時空はその外在性と内在性という特徴によって心的時空を幅広い世界にし、理性と感性のはたらきを存分に展開させることになった。だが、時間と空間とはこの二つだけではないのである。二つの心的時空のほかに絶対的時空が存在する　ここから常識的には甚だ受け入れがたいことを話そうと思う。これまで述べてきた理性的時空や感性的時空とはまったく別に、自然界には絶対的時空が実在する。しかし、私たちが知ることのできるのは、心的内界で記憶に基づいて創出された二種類の心的時間と空間のみであって、この絶対的時空を知ることはない。

このように言うと、そんなことはない、絶対的時空は物理的な手法によって経験できるではないか、と反論されるに違いない。殊に二種類の時空のうちで外在的時空を絶対的時空ではないかと思ったとしても不思議はない。なぜなら外在的時空も絶対的時空も、私たちの意識を超越して存在しているからである。だが、外在的時空はやはり心的内界につくられた時空であって、自然界にある絶対的時空とは別ものである。これは私たちの実感と甚だしく異なるが、現実はいま述べたとおりである。

このことは皮肉にも、理性そのものがつくり上げた物理学が、その成果として誇っている相対論や量子論によって、この外在的時空の性格がいくたびも変貌していることをみても頷（うなず）けよう。もし、理性が直接に絶対的時空を捉えているならば、その時空の性格が変わるなどということは、おこり得ないはずである。現代の物理学は外在的時空を可能な限り絶対的時空に近づけようと努力を重ねているが、それを一致させることが可能であるという保証はどこにもない。

これは心のはたらきとは無関係なのだが、ことのついでにふれておいた。自然界に存在する絶対的時空と心的内界につくられる外在的と内在的という二つの時空を対比して、表に示してある。これが常識とのギャップを埋める一助ともなれば幸いである（表Ⅰ・４）。

表Ⅰ・4　絶対的時空と心的時空

自然界	絶対的時空 　認識不可能
心的内界	心的時空 　記憶の生成を契機とし、知覚表象としてあらわれる時空で、絶対的時空の模写像である。 特徴：記憶の流れが時間となり、記憶の拡がりが空間となる。これが心的時空の起源になる。
その内容	外在的時空（理性的時空） 　先験的統覚の生成を契機とし、これに由来する論理原理を介して、事象表象のかたちをとってあらわれる時空。 特徴：普遍的・物理的・抽象的・超越的 内在的時空（感性的時空） 　後験的統覚の生成を契機とし、これに由来する感情原理を介して、印象表象のかたちをとってあらわれる時空。 特徴：個別的・生理的・具象的・実存的

（ⅱ）言語

表象は言語であらわされる　表象の操作やその表出について考えようとすると、言語とのかかわりを問題にせざるを得なくなる。表象とは言語であると言ってもよいほどに、この二つは結びついてしまったからである。心的内界で表象が言語と結びついて動きはじめたとき、この表象は主観性と同時に客観性を獲得した。表象が他者に伝えることがはじめて可能になったのである。

これは人が意思を伝達する方法を獲得したことにほかならない。これは心の世界にあってじつに大きなできごとであった。意思を文字や口話として表出するには、言語というかたちによるしかないからである。

表象が言語で表現されるといえば、あまりにも当然すぎて何をいまさらの感もあろうが、この二つが結びついたことは、心的内界におかれていた表象にとっての一大事件であったといえよう。それまで無形であった表象が、ここで言語というかたちを獲得し、それ以降は言語の力を借りて、心の世界は活動の領域を大きく拡げることに成功したからである。

三重苦の聖女といわれたヘレン・ケラー女史が、その少女時代に家庭教師のサリヴァン女史の援けを借りて、井戸から流れ出る水という存在と、waterという文字の綴りとのあいだに結びつきがあることを悟ったとき、すべての存在には名前があることを知って、はじめて世界が開けたという逸話は、表象と言語の結びつきが、どれほどの重大な意味をもつかを如実に示している。

言語というものは遠い昔からあって、誰が発明したかもわからないが、言語の発明は人類の発展にどれほどの寄与をなしたかわからない。そしてまた、心のなかに豊かな言語が湧きだす泉をもち得た人と、もち得なかった人とのあいだには、別世界の住人かと思えるほどの大きな違いをもたらすことにもなる。まことに言語とは怖るべき存在である。

スイスの言語学者であるソシュール（1857～1903）が、言語の役割に関してシニフィアン（signifiant：言語の表現面を指す）とシニフィエ（signifié：言語の内容面を指す）の概念を提唱したが、ここにいうシニフィアンとは心的内界から外界に表出された表象のすがたであり、シニフィエとは心的内界にとどまっている表象のあり方と了解してよいであろう。

言語活動を豊かにするには、どちらもおろそかにできないが、いまの問題に引きつけていえば、心的内界にある表象（シニフィエ）が内界にあるあいだにどういう扱いを受けるかによって、表出される言葉（シニフィアン）のあり方が変わってくるということになる。

人は努力さえすれば心的内界にある表象（シニフィエ）の蓄えを豊かにすることができる。これが言葉の湧き出す泉となっていく。それには内界で言語のかたちをとっている表象を、互いに研ぎ合わせてより優れたものとし、より豊潤なものにしていくことによって達成される。表象（シニフィエ）の豊潤な蓄えがなければ、表出される言葉（シニフィアン）の豊潤さは望むべくもない。言語は人をつくっていく。これが言語は人なりということの意味であろう。

言語が表象を支配する

言語は内界の表象を外界に表出するための手段として生まれたのであったが、やがては内界での表象操作そのものが言語による操作に変わってくる。こうして言語は思索のための素材としてつかわれるようになり、言語の操作は思索の手段へと変貌していった。

そこではもはや言語が単なる記号であることを超えて、言語そのものとして大きな力をもちはじめ、遂には表象そのもののすがたや、表象操作のあり方までが言語から影響を受けるまでになった。私たちがものを考えるときには、言葉で考えているのであって、もし言葉がなかったなら、ものを考えることさえもできなくなる。表象と言語がこのような関係を結ぶようになると、言語そのもののもつ力によって心的内界での表象のあり方には大きな変化がおこる。

表象という漠然としたものが、言語という具体的なかたちをもったことによって、表象どうしの反応が言語どうしの反応に転換され、四季の移りゆきや、人の情感の動きについても、より繊細で微妙な表現が可能になった。言葉が一種の魂をもったのである。言霊とはこのことをいうのであろう。言語が使えるようになったことは、表象のはたらきにとって画期的であり、したがって心の世界の発展にとっての画期的なできごとであった。

これは個人だけのことにとどまらない。表象操作のあり方がその人の属する民族の特異性をあらわすようになると、異なる言語をもった民族が、異なったものの考え方をするようになっていくのは必然であろう。

いま世界には百種類に近い言語があるといわれるが、民族によって思考のパターンが大きく異なり、それが民族の対立にまで発展することがあるのも、言語の力が大きくはたらいていると思われる。バベルの塔を建てようとした人間に、神が罰として言葉を乱したという寓話は、昔話でもなければ他人事でもない。心すべきことであろう。

(iii) 機械的人工記憶装置は心をもてるか

ここまで心の創出には記憶の仕組みの生成が必要であることをくり返し述べてきた。それならば記憶がありさえすれば、そこに必ず心のはたらきが生まれてくるのかといえば答えは否である。最近では身近にもさまざまの記憶媒体があるし、社会には大型の機械的な記憶装置があふれているが、それらは単なる記憶装置でしかなく、そこにうず高いまでに蓄えられている記憶は、生きた記憶ではない。

機械的な記憶と、私たちのもっている記憶とどこが違うのか。それは私たちのもっている記憶には、感情の色付けがあるという一点で異なっている。感情の色付けとは何か。それは私たちの記憶は統覚という統合原理によって統合されており、統合の際には先験的統覚に由来する論理原理が、記憶されることがらの事実面を確定していくのと同時に、感情原理がはたらいて同じことがらの印象面を付加していくから、ここで刻印されていく記憶は、印象で色付けされたかたちで記銘されている。理性世界と感性世界がそれぞれに独立してしまい、分裂してしまったのではないというのはこのことである。

したがって、記銘されている事実は単なる冷たい事実ではなく、千差万別の色合いをもった暖かい事実になっている。記憶のなかで事実が動くとき、その事実に沁み込んでいる印象もともに動いて、私たちの感情を刺激し、揺さぶってくる。これは機械的記憶には望めないことであろう。機械には冷たい事実の堆積があるばかりで、いかほど大きな堆積になったとしても、その堆積は冷たいままである。

先に記憶が時間と空間を創り出し、その時空間のなかで心がはたらくと述べたのも、記憶に感情の色付けがあったればこそのことである。印象の沁み込んだ記憶が流れたからこそ、その流れは心的時間となり得たのであったし、印象の沁み込んだ記憶が拡がったからこそ、その拡がりは心的空間となり得たのであった。その時間は生きて脈打つ時間であり、その空間は生きて息づく空間である。生きている記憶がこのことを可能にしている。

ここで創られた伸縮自在な心的な時間と空間は、計測可能な物理的な時間と空間とは異質であって、機械的記憶はこういう生きた時空間を創ることができない。こういうことをみても統覚がどれほど大事な役割を果たしているかがわかる。仮に統覚をもたないままで、本能、刷り込み、条件反射だけの生活をしている生物がいたとしたら、その生物は遂に暖かな心的時間と心的空間を体感することはなかったであろう。それを体感できるのは私たちのように統覚をもった生物に限られた特有のことであり、これは私たち人間の特権である。

人名ノート

ライプニッツ（Gottfried Wilhelm Leibniz：1646〜1716）

稀にみる万能人である。ドイツのライプチヒに生まれ、同地の大学で哲学、神学、数学、法学を学ぶが、その後は教壇に立つことなく、もっぱら宮廷を活動の場とした。活動は多方面に亘り、哲学以外にも記号論理学や微積分学の考案、力学、地質学、言語学などにおよぶ。著作は少ないが、晩年に著した『モナドロジー』に彼の思想は凝縮されている。そこにはこの世界が神によって最善に創られているという予定調和の考え方が述べられている。

コンディアック（Etienne Bonnot de Condillac：1714〜1780）

フランスの哲学者。グルノーブルに生まれ、ミュローの地で修道院長となったが、パリのサロンでは百科全書派のディドロやルソーなどと親交があり、その影響をうけて感覚論の構想を得た。主著である『人間認識起源論』（1746）では、一切の認識は感覚に由来し、それを変容させることによって、人間の能力は生成されると主張した。感覚によって得られた観念は、言葉に変換されたとき、はじめて他の観念と結び付けられるというのが、彼の主張の眼目である。

また、『商業と政治との相関的考察』（1776）で、富は労働の対価であると述べたことから、経済学の父の一人に数えられている。こういうこともあって、唯物論者であるとか、隠れた無神論者であるといわれたが、本人はキリスト者であると終生自認していた。ドイツでベルリン・アカデミーに迎えられ、パルム公の世子フェルディナントの傅育にあたったこともあり、帰国後アカデミー・フランセーズ会員に選出された。

ハルトマン（Nicolai Hartmann：1882～1950）

ドイツの哲学者。ラトビアのリガ生まれ。軍人であったが、病を得て退役の後に研究生活に入った。マールブルグ大学でコーヘンなどに学び、後にケルン大学教授となる。ナチスによる思想統制時代には、ハイデガーが拒否したベルリン大学教授の任につくなど、苦しい時代を過ごした。後にゲッティンゲン大学に移り、その地で没する。

彼は新カント学派の観念論から脱却し、ものが〝それ自体でどうあるか〟を重視した。これはきわめて現象論的な立場であり、その結果として理性的には神を認めがたいものと考えるようになり、人間の自由と責任を疎外するものとして斥けるにいたった。彼の思想はそのほかにも多岐にわたるが、実在というものを、無機的・有機的・心的・精神的という四段の階層構造として捉えたことは、後世の思想界に大きな影響を及ぼすことになった。著作も多いが、この論考と関連の深い『認識の形而上学的綱要』（1921）と『存在論の新しい道』（1935）の二つを挙げておく。

ほぼ同じ頃にドイツにはカール・ハルトマン（Karl Robert Edward von Hartmann：1842～1906）がおり、『無意識の哲学』（1858）の著者として名高いが、ここに挙げたニコライ・ハルトマンとは別人である。

ソシュール（Ferdinand de Saussure：1857～1913）

スイスの言語学者。十代半ばから文献学、言語学に特異な才能を示し、十九歳で当時歴史言語学の本拠地とされたライプチヒ大学に入学する。その後一時期パリに住み、高等研究院でゲルマン語などを教えたが、1891年には故郷のスイスにもどった。1893年頃から研究発表が途絶え出し、終には完全な学問的沈黙状態になり、死に至るまで変わらない。彼の業績が有名になったのは、死後出版になった『一般言語学講義』によってである。この書物は構造言語学の聖典とまでいわれるが、彼自身の筆によるものではなく、生前の講義を弟子たちがまとめてものであり、いくつかの疑義ももたれている。

3　有機体としての心

表象が活動し、発展する場

なぜ有機体を問題にするのか
物質としての有機体、心という有機体
生命の尊厳と心の尊厳

ここでも本来とり組むべき問題に入る前に、前章でふれた二つの要請のうちで第二の要請に応えることからはじめよう。第二の要請とは〝心が心自身を考えることができるのか〟という問いに答えることであった。それに関連して有機体という問題が浮かび上がってくる。

なぜ有機体を問題にするのか

心が心を問うのは自己言及にあたる　心を考えるのが心自身であるのは自己言及にあたる。自己言及は往々にして論旨の自己破壊をもたらし、言明そのものが無意味になってしまう。自己言及が引きおこす矛盾のもっともよい例が、あの有名な〝嘘つきのパラドックス〟である。自分が嘘つきだという言明は、それが真実であるとすれば、その言明は偽りになり、それが偽りであるとすれば、その言明は真実になるという矛盾をはらんでおり、結局この言明は何も言っていないに等しい。

心が心を問うていくのも、これと同じように無意味な結果に終わるのではないか。これはこの論考全体にかかわることでもあるから、ことは重大である。心についての論議で、その危険をあえて冒そうとするなら、それを回避する方策をあらかじめとっておく必要がある。

その解決の方策として二つの道がみえている。一つは、イギリスの哲学者であり数学者でもあったラッセル（1872～1970）によって、集合論のパラドックスを解決した手法であり、もう一つは、有機体という体系が、体系自身で自己言及の問題を解決しているばかりか、みずからの体系を維持していくための原動力にさえなっているという事実であった。ここに有機体が登場してくる。

（i）集合論での自己言及の解決　まず集合論での解決からみていこう。歴史を顧みると、自己言及がいつでも自己破壊に陥るとは限らない。そのよい例が、ラッセルによってなされた集合論のパラドックスの解決である。パラドックスの詳しい説明は省略するが、自分自身を要素とする集合をつくると、この特殊な集合では一つの命題を肯定すれば否定となり、否定すれば肯定となって、どちらともいえなくなる。自分自身を要素としたことが自己言及にあたり、それが原因となって矛盾を引きおこしたのである。

ところが、ラッセルはこの矛盾をかえって好機と捉えた。彼はそこにタイプ理論や階級理論を導入し、命題に階層を設けることによって、自己言及の矛盾を回避することに成功した。その結果として、集合論を含めて数学基礎論はより精緻化されることになった。これは理論体系に自己言及の矛盾が見出されたとしても、あながちこの体系の欠陥とばかりは言い切れず、場合によっては理論体系の精緻化につながる場合さえあることを示している。

（ⅱ）有機体での自己言及の解決　自己言及の困難を解決するもう一つの途があった。自己言及の矛盾を逆手にとって成功した体系が見つかった。それが有機体の体系である。この体系では自己言及が矛盾にならないどころか、それが体系そのものを形成し、維持していくための原動力にさえなっている。もし、心が有機体であるなら、たとえ心の体系が自己言及を含もうとも、それが心の体系を維持する原動力となって心の体系は保全され、まったく問題はなくなる。

　この論考では二つの解決の方途のうち、有機体の体系での自己言及のあり方を選んだが、そこではたまたま階層の形成が重要な役割を果たしているので、集合論でみられた階層形成による自己言及の解決の手法は、有機体のついての論議のなかで併せて考えていけることになった。

　ただ、心はかたちをもたないので、無形の有機体というものがあり得るかという別の問題が生ずるが、有形にせよ、無形にせよ、有機体とはそもそも何なのか、そしてなぜ有機体では自己言及が許されるのか。そこから話をはじめよう。

有機体の概念についての歴史的回顧　有機体（organism）という言葉は、もともと生命体につけられた呼称であった。生命体はつねにみずからの力で変化し、環境に適応し、目的をもって存続する。これは自然界のなかにあって、かなり特異なあり方と考えられたので、生命体の「あり方」という面を重視し強調したいとき、特に有機体という呼称がつかわれることになった。

　だが、これは名前を変えただけのことには終わらなかった。生命体のあり方よりも、有機体という独特のあり方のほうに興味の中心が移っていき、肝心の生命体のほうは置き去りにされてしまうという皮肉な結果を招いた。

たとえば、カント（1724～1804）は有機体とは一種の合目的性をもった体系であって、体系の全体とその部分とが相互に制約しあう統合体であると考えたのは、すでに生命体を超えた議論になっている。また、シェリング（1775～1854）は有機体が全体と部分が統一する能力をもったことを、その内部で自己がつくり出される原理として考えているが、ここでも生命体としての特徴を超えて、自己の成立という心のはたらきに及んでいる。

やがてベルタランフィ（1904～1972）によって一般システム論が提起されると、有機体論はさらに拡張されて世界観の問題にまで発展するにいたった。それを代表する議論がホワイトヘッド（1861～1947）による有機的コスモロジーであって、有機体をみずからによって環境を創生しつつ、しかもみずからが創生した環境のなかで、自己の秩序を生成していく組織体として捉えている。ここにはすでに循環の関係があらわれており、それは一種の自己言及になっていることにも注目しておこう。

有機体であるための条件

心が有機体であるかどうかを問題にしようとするなら、どういう条件がそろえば有機体といえるのかを、まず明らかにしておくべきであろう。しかし、有機体はさまざまの特性を示しはするが、その多くはほかの体系にも共通してみられるもので、これさえあれば有機体といえるほどの決定的な条件は、なかなか見つからない。

いまは自己言及が問題になっているので、それに絡めて条件を立てるなら、有機体という体系が、本来ならば敬遠されがちの自己言及を逆手にとって、これをみずからの存在の要件にしている点に注目して、これを有機体の決定的条件に据えることを試みてみたい。

これに関連して、注意を喚起しておきたいことがある。それは有機物質の存在と、有機体の体系の成立とは、次元を異にしていることである。世上では地球外の惑星などに有機物質が見つかれば、それがたちまち地球外生命の存在につながるかのごとき議論が横行しているが、有機物質は物質の一形態であり、有機体は一つの体系であるから、ことがらの次元が違う。

有機物質の存在から有機体の体系が成立するまでの道のりは、途方もなく長いものであり、よほどの偶然と幸運がなければ到達できない。原始の地球で有機体がつくられたというのは、よほどの偶然と幸運が重なったのであろう。

有機体はいかにして創出されたか　有機体の創出にはどういう偶然があり、どういう幸運があったのであろうか。それについては現在のところ、ほとんど何も知られていないので、いくつかの仮定を交えて述べるほかない。それでも、有機体の体系が自己触媒のはたらきからはじまったと主張するには、有機体の創出についての最小限の仮定が必要になる。それがつぎに掲げる仮説である。ただし、これはこの論考に独自の仮説であって、一般に承認されたものでないことは付言しておかねばなるまい。

［有機体創出についての仮説］

ステップ１：　原始の地球上で有機化合物（それは核酸分子であった）に自己触媒の能力が創出される。だが、自己触媒とはみずからの構造を変更する能力であるから、分子にあらわれた自己触媒の能力が発揮されると同時に消滅せざるを得ない。

ステップ２：　自己触媒能が消滅せずに永続するためには、分子の構造が変化したことを原因として、第二の自己触媒作用が発動され、構造変化をもとにもどして自己触媒能を回復すればよい。自己触媒作用は分子の構造変化と、構造回復の二つのはたらきが組み合わさったとき、はじめて実現される。しかし、これでは分子に創出された自己触媒能が消滅と復元をくり返すのみであって、先へ進むことはできない。

ステップ3：この循環から抜け出して先へ進むには、この一対のはたらきを別の方向に振り向ける必要がある。振り向けにあたる反応がただ一つだけある。それが自己複製反応であって、おそらくこれしかない。自己複製の反応では自己の分子構造をいったん崩してこれを鋳型とし、もう一つの自己を出現させている。これは先にみた二つの自己触媒反応、つまり自己の破壊反応と自己の復元反応、を二つながら果たしていることになる。

ステップ4：こうして自己触媒能は必然的に分子の自己複製能をともなうことになり、これでこの分子は自己触媒能を永続可能にしたと同時に、自己複製能をも獲得することになった。これ以降は自己触媒と自己複製とはつねに一対の反応としてはたらきつづける。

これが仮説の概要である。有機体という体系は成立したのは、原初の地球に存在した有機物質の一つである核酸分子においてであり、この分子が自己触媒という不思議なはたらきを実現させたことによってであった。この仮説にみるとおり、自己触媒というはたらきがなり立つには、自己を破壊する第一の自己触媒反応と、自己を回復する第二の自己触媒反応とが対になってはたらいたとき、はじめて可能になっていることに注目しておこう。

こういうことは原初の地球という特殊な環境において、ただ一度だけ可能であった。これを実現した核酸はRNAの一種であったろうと考えられるが、その構造は不明である。もちろん、現在の世界にこれと同じものは存在しない。存在しなくて幸いである。もし存在したら幾種類もの有機体が出現して、有機体の世界、延いては生物の世界に大混乱を招くであろう。

原初の地球ではこの特異な性質をもった核酸分子は、幾たびとなく自己を破壊し、ついで自己を修復するという反応を、長いあいだ際限もなくくり返していたのであろう。この停滞状態を脱して新しい展開を開いたのは、自己触媒の二つのはたらきを向けかえて、自己複製のはたらきに転化したことによってであったと思われる。

自己複製という過程は鋳型とするためにいったん自分の構造を壊し、その後に自分を複製するというかたちで修復したことになっているから、この反応もまた自己破壊反応と自己修復反応とが対をなしたとき、はじめて成立している。これを先の自己触媒の場合に比べると、ちょうど相似の関係になっている。

同じく自己破壊と自己修復であるが、最初の自己触媒に比べると、次元が一つ高まった自己触媒反応という関係になっていることにも注目しておこう。これ以降は自己触媒と自己複製とが、つねに一対の組をつくってはたらくことになる。原初の核酸分子はこういう経緯から自己複製の能力を得て、増殖をくり返していったのであろう。

原初の核酸分子で自己複製という複雑な過程が、どういう経緯から可能になったかについては、これまで説明されたことはなかった。自己触媒反応と対になって、これを可能にするためであったと考えれ

表I・5　自己触媒の系が成立する条件

1　系の内部で異質の部分が反応する	一つの分子のなかで異質の部分が生じ、部分どうしが互に反応して分子の構造に変化がおこる。これが第一の自己触媒反応である。
2　反応をもとにもどす反応がおこる	分子に構造変化がおこったことを契機として、変化をもとにもどす反応がおこる。これが第二の自己触媒反応である。
3　すべての反応は内発的要因による	以上の二つの変化はいずれも分子の内部の原因から発しており、そのためにこの系は他から独立して永続可能となる。
4　発展のため自己複製反応に向う	二つの触媒反応を自己回帰という循環反応から脱して、さらなる発展をもたらすために、自己触媒作用を自己複製反応に切り替える。

ば納得がいく。これが有機体という体系が創出された過程である。ここまでの話の締めくくりに、自己触媒が成立するための条件を表にしておいた（表I・5）。

物質としての有機体、心という有機体

有機体という体系がはじめて成立したのは原初の地球に存在した核酸という物質においてであった。したがって、ここまでの記述は物質としての有機体に終始してきた。だが、この章のはじめにも述べたとおり、心という体系が有機体であることを示すのが本来の目的であるから、どこかで話を切り替えねばならない。そのことをつねに念頭におきながら、物質としての有機体のあり方をもうしばらく考えていきたいと思う。というのは、そのことによって心が有機体であるための条件について、考察の焦点が絞れると考えたからである。

（1）物質としての有機体では、その活動の最小単位要素は分子である

物質としての有機体は、自己発展を強いられる　有機体の原型は分子というかたちであらわれたが、その後のなり行きをみると、分子の段階にとどまることなく、さらなる変化・発展を遂げるよう強いられていることが見てとれる。この運命は原初の核酸分子においてすでにはじまっており、それについてはすぐつづいて述べるが、こういうなり行きは私たちの本来の関心事である心というもう一つの有機体の運命を考える上で、見過ごしにできない事実である。

原初の地球という環境では、核酸の分子はその環境に浸ったままで、周囲には自己複製の素材やそのためのエネルギーが十分にあり、それをつかって分子は存続をつづけていかれたが、やがて周囲の環境は変わって貧弱になっていく。そうなると複製の素材の調達も難しくなり、存続そのものが困難になる。そこで少なくとも自分の周辺だけは以前の環境が維持されるように、膜という隔壁構造で自分を囲い、そのなかでは複製がつづけられるようにした。ここで隔膜の材料として脂質その他の新しい素材が必要になる。これは有機体にとって一つの技術革新（イノヴェーション）であったといえよう。

これが細胞という新しいかたちの有機体の出現である。隔壁の膜をつくるためには脂質という新しい素材が必要になるから、その実現までにどれほどの時間がかかったか想像もつかない。しかし、それが実現したとき、細胞という新しい有機体の構造が出現した。これを有機体という体系の変化としてみれ

ば、一つ次元の高い有機体への変換になっている。しかもその変化は環境の変化という困難に遭遇したとき、その困難を克服するための対応策であったことに注目しておこう。

有機体としての変化はこれにとどまらない。細胞は細胞として単独で生存をつづけていたが、やがて一個の細胞で多くの機能を果たすことが難しくなると、細胞が集まって一つの個体をつくり、機能の分担を図ることになる。多細胞の個体はさらに次元を高めた有機体になっている。これもまた新たな困難を克服するための技術革新であった。

その先の運命を予想してみると、ハチやアリのように個体が社会をつくる生物があらわれているのは、一つの示唆をあたえてくれるかもしれない。ここでは社会それ自体が一つの有機体になっており、これも何らかの困難があったので、それを克服するためにこういう手段がとられたのであろう。

それはそれでよいのだが、有機体はいつも困難を切り抜ける対策を立てることに追われつづけて、あたかも自転車操業の観を呈するにいたる。これはあらゆる有機体にとって逃れられない運命であって、私たち自身もその流れのなかにいることを銘記しておこう。

ここまで述べてきた有機体の発展・転換は、階層の形成というかたちをとっていた。それにともなって有機体はさまざまの様相をあらわしてくる。それを列挙して物質としての有機体の転換のまとめとしておこう。

(i) 階層の形成　いまも述べたように、分子のかたちで有機体が成立すると、それにつづいて細胞というかたちで次元が一つ高められた有機体の階層がつくられ、さらにつづいては機能を分担するために、多細胞の個体というまた一つ次元の高められた有機体の階層をつくっていく。この一連の過程は際限もなくつづくという点で不安になる。

階層の形成がいつも何らかの困難を克服するための手段になっているのは、先に述べた集合論のパラドックスの解決と軌を一にしているが、有機体では矛盾を解決したというにとどまらず、その先の運命を誰も知らない道へと追いやられることになっている。こういう一連の変化は有機体の発展といえばそのとおりだが、じつはこういうことがおこっているのであって、その意味では運命を切り開いたというより、運命に流されているという面のほうが際立っているようにみえる。

（ii）系の不可分性　有機体に自己触媒能と自己複製能の二つが実現された後には、この有機体の体系は全体として存続していくほかなくなる。それは外部からのはたらきかけによるのではなく、内部だけのはたらきで維持されねばならない。系がみずからの手によってみずからを組織していくのであれば、系の統合を支配する中心というものはどこにもなく、全体としての統合があるだけとなる。

したがって、統合の中心がどこにあるのかを求めて系を分解すれば、たちまち統合は消滅してしまうか、次元の低下を引きおこすだけである。これが系の不可分性である。不可分性をそなえる有機体はつねに全体としてあり、これを分解することはできない。もし分解したならば有機体はたちまち崩壊してしまい、イソップ寓話に出てくる〝金の卵を産む鵞鳥〟を殺してしまうのと同じ結果を招くことになる。

有機体の要素はこういう関係で互いに結び合わされており、有機体の本質はこれを構成する要素間の関係にある。したがって、有機体とは〝関係概念〟であって〝実体概念〟ではない。実体ではないからこそ、有機体はあるがままで有機体ではあっても、これに手をふれればたちまち有機体ではなくなるのであろう。

じつは生命というものがそのとおりであった。生命もまた関係概念である。心についてはこれからみていくのだが、生命や心を関係概念として受け止めるなら、生命の体系そのまま、心の体系そのままとして見るしかない。生命や心はやはり現象としてしか把握できないのである。

（iii）系の不可逆性　ここまで有機体の特性を、系が自己複製をおこなうこと、階層を形成していくこと、不可分性を獲得することという順序で述べてきたが、遡ってその原因をたどっていくと、すべては自己触媒から発していることが見てとれる。自己触媒こそは有機体の根本に位置する本質であった。
しかし、それにつづくすべての過程は、いったんはじまれば止まるところを知らず、逆行は許されない。これを有機体の自己発展といえば、そのとおりなのだが、別の見方をすれば、有機体がひとたび次元の階層の重層化をはじめたが最後、ふり返ることは一切許されず、いわば自己肥大の道をひた走りに走りつづけねばならないことをも意味している。哲学者はこの過程を指して合目的性とよんだが、じつは何らかの目的をもって何ごとかが進行しているのではなく、ただ闇雲に走り続けている面のあることも見逃してはなるまい。

有機体が示すこういう闇雲な猪突盲進ぶりは、その将来の運命に一抹の不安を感じさせずにはおかない。有機体がかかえる自己言及の矛盾を、自己言及自身のはたらきから解決しようとして、ここまで考えてきたのだが、解決されたかにみえて、じつは最終的な解決ではなかった。だが、有機体そのものの本質が、みずからの矛盾を追いつづけ、それを解消させようとしつづけるところにあったとすれば、系の不可逆性というこの結末もやむを得ないのかもしれない。ここまで述べてきた物質としての有機体の

表Ⅰ・6　物質としての有機体があらわす特性

自己複製	自己触媒作用によって、みずからの自己触媒能を失わせない方法は自己複製である。これで自己触媒能を失わず、もう一つの自己がつくり出せる。
階層形成	自己複製は同一の要素を数多くつくり出し、その要素を含んだ複合体を新たな要素の単位として、有機体の階層が積み重なっていく。
系の不可分性	有機体の系はみずからを統合しており、統合の中心というものはない。こういう系を分割すれば、系は崩壊する。つまり、系は不可分である。
系の不可逆性	有機体系は階層構造をつくりつづけ、そのなかに各々の系が位置を確保する。この過程が止まれば系は崩壊する。つまり、系は不可逆である。

特性を表にして示しておいた（表Ⅰ・6）。

ここに一つ問題がある。提示された有機体形成の仮説では、原初の有機体が分子のレベルで成立したことになっている。分子の有機体というあり方は受け入れがたいかもしれない。一つの分子が有機体という一つの体系であってよいのかといわれるであろう。分子が有機体であるなら、分子の生命ということも許されるのかという問題にもなってくる。

しかし、自己触媒というはたらきは、分子においてしか考えられないものであり、原初の自己触媒の出現は、やはり分子に求めるほかないように思う。そうなると、原初の生命は分子において発生したことになり、議論は紛糾するばかりだが、このあたりは後世の判断を待つほかない。

（ⅳ）有機体のあらわす自己中心的性格　有機体の各階層ではそれぞれが自己の増殖を優先するので、他者を押し退けようとする競争がはじまる。これが優勝劣敗の世界である。そのはじまりは核酸分子であり、核酸分子は後に遺伝子ともよばれることになるので、こういう遺伝子のあり方を称して、生物体とは遺伝子の乗り物であるといい、利己的遺伝子の呼び名をつけて生物学界に衝撃をあたえたのが、イギリスの進化生物学者ドーキンス（1941～　）であった。

遺伝子が利己的であるとは鋭い指摘であるが、もとをただせば原初の核酸分子が自己触媒能を維持するために、自分を中心においてつぎからつぎへと対策を講じたことにはじまっている。当然、他者を顧みることなどあり得ようはずもない。この経過をみれば分子としての有機体に限らず、すべての有機体は自己中心的であって当然ということになる。

このことを含めて有機体は他の体系にはみられない特性を示し、その発展には独特の運命が付きまとう。心との関連を考える上でも、そのことには注意を払う必要があるが、それだけではない。私たち自身は有機体として生きており、有機体の運命は私たち自身の運命である。その逃れられない運命がどのようなものかを知ることは、私たち自身を知ることに通ずるからである。

（2）心という有機体では、その活動の最小単位要素は表象である

ここまでの議論は、物質としての核酸分子が中心であった。その核酸分子に自己触媒のはたらきがあり、それとともに自己複製のはたらきがあることを、核酸分子が有機体であるための条件とした。心が有機体であるかどうかはこれから考えていくのだが、その検証にあたってもこの条件は同じである。

物質としての有機体が成立したのは、核酸分子を単位要素としてであった。心が有機体として成立するためには、この核酸分子にあたる要素を求めねばならない。心についてそれを探してみると、こういう要素は表象以外に見当たらない。というのは、表象は心のはたらきでつねに中心的な位置を占める要素であり、表象を単位としない心のはたらきはあり得ないからである。心が有機体としてなり立つことを立証するには、表象という要素の動きに自己触媒と自己複製のはたらきがあるか否かを検証しなければならないという第一の課題がまずみえてきた。つぎに表象がこの二つのはたらきをあらわす場がどこであるかが問題になる。核酸分子が自己触媒のはたらきを示したのは、原初の地球という特殊な環境を場としてであった。表象が自己触媒のはたらきを示すとすれば、それはどういう場においてであろうか。

心のはたらきを広く探っていくと、これに相当する場として中枢の記憶装置にある表象の照合という場が浮かび上がってくる。というのは、表象が出逢い、みずからのあり方を変えていく場としては、照合という場を措いてほかに見当たらないからである。こうして照合という場での表象の動きに、自己触媒と自己複製のはたらきがみられるか否かを検証しなければならないという第二の課題がみえてきた。

照合という言葉はここではじめて出てきた。これまでにも表象とその操作原理との反応などに際して、表象の照合ということはつねにおこなわれていたに違いなく、それについて述べる機会があったはずだが、ついぞ時期を失してここまできてしまった。ここであらためて照合という場について考察しておこう。

記憶が記銘、保持、想起という三つの過程からなっていることはすでに述べた。この三過程を巡るあいだに、表象が変化をおこすのは照合という場においてである。そこでは表象どうしを突き合わせる対比という操作によって、新たな意味をもった表象が生成され、それが記銘され、保持され、必要に応じて想起される。

これは何ごとかを考えるときには必ずおこっている。なぜなら、ものを考えるということをつき詰めていくと、結局は記憶装置にある照合の場での表象の対比によって、表象がもっている意味を変換していくことに帰着するからである。〝ものを考える〟とはこういうことなのであった。

照合の場でおこる表象の変化には、二通りの場合がある　これから表象に自己触媒と自己複製のはたらきがみられるかどうかを検討するにあたっても、表象が照合の場での対比という場面で、自己触媒と自己複製のはたらきがみられるか否かを検証していくことになる。そこでの表象の意味の変化には、二通りの場合があることにまず注目しておきたい。

(i)表象どうしの直接の対比が、双方に意味の変換を引きおこす場合　その一つは、過去の経験によって得られている表象と、新たに入力された表象とが、照合という場において直接に対比され、新旧の表象が統合されるか、双方ともにその意味を変換させていく場合である。

たとえば、理性において事実表象と論理原理が反応するのは照合の場においてであり、ここでは論理として強い力をもった原理が、それに比べて力の弱い表象を圧倒して、統一してしまうであろう。それが論理原理にあたえられた役割である。理性的に思慮するというのはこういうことであろう。他方、感性において印象表象と感情原理が反応する場合には、深い印象をあたえる表象が、それに比べると浅い印象しかあたえない表象をとり込んで統合してしまうであろう。これが感情原理にあたえられた役割である。感性的に思慮するというのはこういうことであろう。

いずれも考え方が単純すぎるかもしれないが、これらの場合には二つの表象の対比がその双方に変化をあたえ、その変化は表象どうしの直接の相互反応によっているとと見做せるであろう。

（ii）対比という場での間接の感応によって、表象は自己変革を遂げる場合、これとはまったく別に考えねばならない表象の意味の変換がある。これは説明が難しい。ここでも表象は照合の場に出されて、過去からの表象のすべてに対面するのだが、ここでは対比という表現では強すぎて、むしろ過去からの表象の蓄積全体と相会し、これに感応するとでもいう方が適切な向き合い方をしている。そこに醸し出される独特な雰囲気に感応して、まったく予期されなかった飛躍的な変換を引きおこすことがある。ここでは感応が主役である。

このとき表象には天与の霊感があたえられ、現実の領域を離れて超越の領域へと入っていく。そこはすでに理性の域を超え、感性の域をも超えて、おそらく霊性の域へといざなわれているのでもあろう。ここでおこる変換は創造の神秘といわれる変換であり、天才にのみ許された変換であるかもしれない。ここまで達するのは平凡な人間の及ばぬところであろうが、平凡な人間にも程度の差こそあれ、一瞬の閃きとか、降って湧いた思い付きとかいわれる表象の変換の体験をもっているのではないか。これも霊感の一種であって、ここでは両者を特に区別せず共に問題にしようと思う。

このとき表象に何がおこっているのかは、場合にもよるし、的確に述べることはむずかしいが、感応によって表象が自分自身で変革を果たしている点を重くみれば、これは自己触媒による変換と見做してよい場合が含まれるとまでは、まず言い得るであろう。

照合の場での表象の自己変革も二通りになる　照合の場における表象の意味の転換は、その大部分は表象どうしの相互反応によるものであったが、ある特殊な場合においてはそこに自己触媒のはたらきが認められることをみた。ここからの結論は非常に難しい。これをもって心は有機体であると言い切るわけにいかないからである。

通常の対比の場合を考えてみると、照合の場ではすでに意味をもっている過去の表象と、まだ意味をもたない知覚表象とのあいだに対比がおこなわれ、この相互対比によって、知覚表象は新しい意味を獲得し、旧い表象では新しい意味への更新がなされていた。先にみた理性的考慮における表象の対比はこれであった。ここでは有機体としてのはたらきはほとんど見られない。

だが、それにつづいて述べた感性的考慮についてはどうか。深い印象をあらわす表象が、弱い印象しか与えない表象を統合してしまっていたが、ここでは単なる統合の枠には入りきれない表象の動きがみられる。それは表象自身によって意味の自己変革がなされている点である。これを自己触媒作用とするのはいささか無理であるとしても、自己触媒に向かっていく中間的な段階としての、表象の自己変革とみるならば、ここにはすでに自己触媒に傾斜していく傾向がすでにあらわれているといえよう。

結論はこうである。心のはたらきのすべてに自己触媒反応はみられなかったが、その萌芽にはじまって完成にいたるまでの傾向は確かに存在している。心が有機体であるとすれば、それはこういう一連の変化を内包する特殊なかたちの有機体ということになる。

つぎに自己複製についてはどうか。物質としての有機体では自己触媒のはたらきを維持するには自己複製をともなうことが求められていた。心における自己触媒のはたらきでは、それ自体で存続が可能であって、自己複製をともなうことを特に求められてはいないが、照合の場という場における自己触媒では、おのずから表象の自己複製をともなうことになる。

照合の場で表象が変化をおこすのに二通りの場合があった。その一つ、表象の相互反応によって新しい表象が生成される場合には、旧い表象と相並んで記憶装置に重層して格納されるが、これは表象の自己複製の一つのかたちとみられるであろう。もう一つ、感応作用によって新しい表象が創出される場合には、みずからがこれを複製して新たな表象をつくることによって、創出された意味を保持していく以外に、意味を保持している方策はない。これもまた自己複製の一つのかたちとみられるであろう。

以上の経過から、照合という場では自己触媒と自己複製という二つの反応が、ともかくも実現されていると結論づけられよう。これは先に述べた心の有機体としての条件を半ば満たしたことになる。心を一つの体系としてみるならば、そのなかには有機体としての条件を満たす部分があり、同時にそこにいたる途上にある半・有機体とでもよぶべき部分があり、最後に有機体としてはたらいていない部分がある。この三部分が連続して系列をなしている。これが心というもののあり方となれば、心は有機体とよぶべきか否かの判断は、心を見る者に任されているというほかない。はなはだ煮え切らない結論となった。

最後に、心という体系は有機体としての特性である階層性、不可分性、それに不可逆性をもそなえているかを確かめておこう。自己触媒と自己複製によって新しく生れた表象は、もとの表象に対して一つだけ次元を高めている。照合によってつくられた新たな表象は、そのつど旧い表象の上に積み重ねられ、格納されていくのであるから、記憶の格納庫では表象の階層がつぎつぎに重層されていく。つぎの照合に際しては、格納された表象のすべての階層が、いったんよび出されて照合にかかわるから、階層の形成はいっそう加速度的になるであろう。階層形成という有機体としての特性がここにみられる。

表象はみずからを複製し、みずから階層をつくっていく。その階層の全体が記憶であるが、その記憶を統合する中心はなく、つねに全体としてある。それはもはや分割不可能である。有機体の特性である不可分性がここにみられる。また、その階層づけはつねに一方に向かって重層されつづけ、逆転することはない。ここにはもう一つの特性である不可逆性があらわれている。

心は有機体としての条件を半ば満たしている　最後に結論を言おう。心はかたちをもたないままで、有機体の特性をともかくもそなえた部分をもっていることが明らかになった。これは心とは有機体としてはたらくこともあり、そうでないこともあるという存在ということになる。

この章のはじめに、心という体系には自己言及に由来する矛盾が含まれているゆえに、その矛盾が体系そのものを破壊するのではないかという懼れ、あるいは心が心を問うという探索が無意味になりはしないかという危惧についてふれたが、その危惧はそれほど大きなものではなくなったし、むしろ心の体系を保持するはたらきがあることに一応の安堵感をもつことができた。

心が有機体であるからといって、すぐさま何らかの恩恵があるわけではない。しかし、心には有機体としての性格をもった部分があり、それなりに自己完結した系として安定していることが確かめられて、私たちのもっている心は、安んじてみずからのうちで楽しむことができるというのは、やはり大きな恩恵というべきであろう。

生命の尊厳と心の尊厳

無機的自然観と有機的自然観　有機体の概念が出された後、それは生命体のあり方を超えて、世界観や自然観についてまで拡張されたことはすでに述べた。だが、それがすぐさま受け入れられたわけではなかった。これに対立する無機的世界観や自然観の考え方は、現在に至るまで払拭されることなく根強く残っている。むしろ有機的自然観に対抗して、その立場を強めている面もある。この二つの立場は同じ自然を見ていながら、それぞれに違った景色として眺めているのである。

無機的自然観の立場では有機体という体系を認めることはない。無機的な要素の巨大な集合体とすることで十分であって、有機体の体系などの導入は不必要とみている。一方、有機的自然観の立場では、有機体の体系を認めるのはもちろんのことである。もし、有機体という体系が認められないとなれば、心を有機体と考えることもできなくなるわけで、先ほどからの議論は無意味になってしまう。ことは重大である。となれば、ここで二つの自然観の立脚点と対立点を明らかにしておかねばなるまい。

（i）無機的自然観　無機的自然観の立場では、自然を構成する唯一の実在は物質であるとし、世界は物質を基盤において運行しており、この運行を支配する法則として、物質についての法則があればそれで十分と考える。たとえば高分子のように複雑な構造をもった物質があらわれても、低分子物質の構造とは連続的であって、そこに次元の格差を認めない。したがって、高分子物質にあらわれる複雑な現象も、物質法則の複雑化によって解明できると考え、高分子の体系を支配する法則は、低分子を支配する法則の延長上にあるとし、そこに次元の格差を認めない。

したがって、物質世界のなかに高分子と低分子という階層をおいたとしても、それは便宜上のことであって、両者は本質的に異なるものではないと考える。これは物質世界での問題にとどまらず、生物世界やさらには心の世界の存否にまでも及ぶ。すなわち、自己触媒のはたらきを基礎においた生命のはたらきも、物質の活動の一つになり、記憶のはたらきを基礎においた心のはたらきも、同じく物質の活動の一つになる。この考え方で終始すれば、世界はすべて無機的自然観で一貫して解決され、どこにもつけ入る隙はない。

（ⅱ）有機的自然観　他方、有機的自然観の立場はこれとは大きく異なる。たとえば高分子物質のように、低分子とは著しく性格を異にした様態を示す物質があらわれたとき、これを一つ次元の高い階層にある体系として捉えなおし、そこにはたらく物質法則も一つ次元の高い支配法則になっていると考える。ましてや自己触媒という不思議な能力の創出を機縁として出現した有機体については、当然のこととしてに別次元の存在と考える。

ここが有機的自然観の出発点となるが、これはそれほど強い説得力をもっているとは言いがたい。先にも述べたように、高分子物質に新しい性質があらわれたとしても、それは低分子物質の性質からの延長とすることは容易であるし、高分子物質にあらわれる現象を支配する法則も、低分子物質を支配する法則から導いてくることは可能である。

先には核酸分子にあらわれた自己触媒のはたらきを、物質世界におこった非連続的な断絶であると考えて、ここを有機体生成の原点、延いては生命誕生の原点と見做したのであったが、自己触媒のはたらきといえども分子間の力に基づくことは疑いようもなく、厳密にいえばここは断絶などではなかった。

また、中枢神経系にあらわれた記憶のはたらきを、生物世界におこった非連続的な断絶であるとし、ここを心の誕生の原点としたのであったが、記憶でさえも分子間の力に基づくことは、科学が発展すればいつかは明らかにされるであろうから、これもまた断絶などではない。このようにみてくると有機的自然観は無機的自然観に対して、はなはだ旗色が悪いといわねばなるまい。

両者の対立は解けるのか　それならば、物質世界、生物世界、心の世界という三つの世界を考え、これを基礎において論議を進めてきたこの論考の基本的立場は誤りであって、すべてを物質分子の活動として記述し直さねばならないのか。

これに答えるには、三つの世界をおいたそもそもの原点に立ち返って考え直してみなくてはならない。わざわざ三つの世界をなぜおいたのかといえば、一つには、私たちがみずからもっている生命の不思議さから発しており、二つには、私たちのなかに生まれてきた心の不思議さから発していた。そのことからすべての生物にあたえられた生命の尊厳と、限られた生物にのみあたえられている心の尊厳が生まれてくる理由を求めようとしていたのであった。

（i）生命の尊厳と心の尊厳は、何に由来するか　結論をいえば物質がすべての根底にあって、物質を支配する法則はすべての世界を支配していることは、疑いようもない。物質世界がすべてであるといってもよい。だが、その物質世界のなかに生命という現象が創出されて、私たちは現にその生命をもって生きている。そしてその生命はいかに危うい平衡の上に成り立っている存在であるかを知っている。

また、生命体のなかに心という現象が創出されて、私たちは現にその心によってこの世界を知ることができるようになった。そしてその心をなり立たせている基盤がいかに脆いものであるかを知っている。生命と心とはともにいつ壊れてもおかしくない存在であり、愛（いと）おしむべき創出物であった。

そのゆえにこそ尊いのであろうが、それは冷たい尊さではなく、暖かさをもった尊さであった。

無機的自然観からは生命と心の尊厳は導かれないとまで断言するつもりはないが、物質の活動の延長上に、突如として生命や心の尊厳性が出現すると考えるのはやや困難を感ずるし、そこに愛（いと）おしさや暖かさを感ずることはさらに難しそうである。

こういう観点から、生命という存在を物質の水準から切り離された階層においたのであり、心という存在を生命の水準からも切り離した階層におこうとしたのであった。くり返しいうが、いったん切り離されはしたが、物質世界との連続は断ち切りようもなく、その基盤の上に生命と心の二つがあることに変わりはない。

物理学者であり、数学者でもあるイギリスのホワイトヘッド（1861～1947）は、物質世界に十分の理解を示しながら、しかも有機的自然観についても論陣を張って、広範な著書まで書いたのは、この間の微妙な関係をよく示すできごとである。彼も悩んだに違いない。

ここで一つ付言しておきたいが、無機的自然観から生命と心の尊厳を認めないとしても、そのことを非難するつもりはない。他方、有機的自然観から生命と心の尊厳を認めたとしても、それをことさら賞讃するつもりもない。ただ、二様の態度があり得ると言うまでである。対立は対立としてそのままにしておくのが賢明であるようだ。おそらくどちらも必要なのであろう。

（ii）あらゆる存在は、存在の基盤をもつ　これに関連して思い浮かぶのは、先にも名を挙げたハルトマン（1882～1950）の階層理論（Schichtentheorie）である。彼によれば、階層とは体系を理解するためにたまたま設けられた便宜上の仕切りなどではなく、一つの体系がなり立っていくためには、欠くことのできない構造であるという。低次元の存在は高次元の存在に包摂されて実在し、高次元の存在は低次元の存在に依存して実在しているから、階層がなければ存在そのものがなり立たないとするのである。

彼はさらに、すべての階層の根底には他のものでは代えられない一つのものが存在し、それを最低層に据えて階層構造がつくられていくことによって、他のすべての存在がなり立っていると主張する。その根源的存在を彼は〝自体存在〟と名づけた。

〝自体存在〟とは自己の力のみで存在し、存続するものということであろう。無機的自然からいえば、すべての階層の根底には〝自体存在〟として各種の素粒子と物質法則があり、これを最低層として、原子、分子、を経て惑星、太陽系、銀河系、銀河団、宇宙と階層はつづいていく。

他方、有機的自然観からいえば、すべての階層の根底には〝自体存在〟として原初の核酸分子と自己触媒能があり、これを最低層として細胞、多細胞個体、社会、国家、連邦と階層はつづいていく。心は無形であってこの系列には入らずに別系列になる。

やはり心は独自の存在なのであろう。しかし、主系列からはずれて傍系列でありながらも、心の体系は二本に枝分かれして、一つの枝には記憶から論理、命題、思想という階層が、別の枝には記憶から感情、美、善、真という階層がつくられている。心もまた階層あっての存在であった。

二つの世界観はそれぞれが異なった〝自体存在〟とそれから派生する階層をもっており、これもまた二様のあり方があるというまでであって、両者の優劣を論ずることはできない。対立はそのままにしておくのが賢明というものであろう。

大河の流れをみるような主系列の流れからはずれて、生命や心のように小さな対象に目を向け替えてみると、それはそれで小さな階層をつくっており、生命についていうなら、原初の有機体である核酸分子の出現が、それなりの小さな〝自体存在〟にあたり、核酸分子の存在がそれ以後の生命体系の発展を保証している。また、心についていうなら、これもまた小さな階層をつくっており、無形の有機体をつくる記憶の出現が、それなりの小さな〝自体存在〟にあたり、記憶の存在がそれ以降の心の体系の発展を保証している。

このようにみてくると、生命における核酸分子の出現と、心における記憶の仕組みの出現は、どちらもそれぞれの傍系列で決定的に重要な役割を果たしており、それぞれに長い歴史をもっていたことがわかる。自分のもっている〝いのち〟と〝こころ〟には根があったことを知ると、いっそう愛おしさが増してくるように思える。これをこの章の結論としておこう。

人名ノート

ラッセル（Bertrand Arthur William Russell：1872～1970）

イギリスの哲学者、論理学者である。高齢まで著作をつづけたが、ホワイトヘッドとの共著である『プリンキピア・マテマティカ』（Principia Mathematica：1910–1913）は、記号論理学の基礎づけをした二十世紀における記念碑的大著といわれる。社会的にも活発な活動を展開し、核兵器や国際平和についても、数々の重い言葉を残している。1950年にはノーベル文学賞を受賞した。

本文に挙げたラッセルのパラドックスについては、興味深い話がある。ドイツの数学者であり、記号論理学の創始者の一人であるフレーゲ（Friedrich Ludwig Gottlob Frege：1887～1925）についての逸話である。彼は〝算術は論理学の一部である〟という主張を長年あたためつづけていたが、やっと1893年になって『算術の基本法則』二巻にまとめようとしてその第一巻をいよいよ出版しようとした。ところがその直前になって、肝心の主張の裏付けとなる命題に矛盾のあることが判明した。それがこの素朴集合論に発生するラッセルの矛盾とよばれるものであった。このときのフレーゲの落胆、懊悩はいかばかりであったかと、いまも語り草になっている。

シェリング（Friedrich Wiolhelm Joseph Shelling：1775～1854）

フィヒテ、ヘーゲルとならんで、ドイツ観念論哲学を代表する哲学者。幼くして天才の誉れ高く、弱冠二十三歳でイェーナ大学の員外教授となる。さまざまの経歴を経た後に1806年にはミュンヘン大学に移り、ここでシェリングの名とともに名高い積極哲学の構想をうち立てた。彼はこれまでの哲学を単なる存在についての思弁に過ぎなかったとして排撃し、一切に先行し思惟も及ばない存在と行為から出発すると宣言した。これは一種の神秘主義であり、存在の非論理性と非理性性を主張するものであったから、学界に大きな衝撃をあたえたが、いまでは近代の実存主義哲学の淵源であり、非合理主義哲学の源流であるとして、再評価される機運にある。

また、シェリングには自我の考察を含めた自然哲学の主張があり、それがやがて〝同一哲学〟へと結実する。そこでは理性に最高の地位があたえられており、理性にはこれに対抗するすべてのものを包摂する力があると説かれた。しかし、この主張にはいささかの無理があり、後にヘーゲルなどによって、〝すべての牛が黒くなる闇夜〟という批判が加えられることになる。

ベルタランフィ（Ludwig von Bertalanffy：1901～1972）

オーストリア生まれの理論生物学者。ウィーン大学教授を経て、第二次世界大戦後にはカナダのオタワ大学やアルバータ大学でも教鞭をとった。長いあいだ対立していた生気論と機械論を止揚して有機体論を立て、流動平衡と階層構造を生物体の特質とした。1940年代にはこれをさらにシステム論として発展させたことによって、彼の名は永く記憶されることになった。

ホワイトヘッド（Alfred North Whitehead：1861～1947）

イギリスの哲学者。ケント州ラムスゲイトの生まれ。1880年にケンブリッジ大学のトリニティ・カレッジに入学し、はじめは学生として、後には教授として1910年までケンブリッジにとどまった。後にはロンドン大学やアメリカのハーバード大学でも教鞭をとった。

初期の関心は純粋数学であったが、アインシュタインの相対性理論に触発されて、新しい物理学の哲学的基礎づけに没頭した。晩年はアメリカのハーバード大学で高齢になるまで旺盛な著作活動をつづけた。有機体論的自然観についても『過程と実在』(Process and Reality : 1929) のような優れた著作がある。この論考の有機体論は、この著書の論旨に負うところが多い。

第Ⅰ部のまとめ

智慧は両刃の剣である。それは人間の生存を保証していると同時に、その半面で人間の未来を危うくする。智慧がその本来の目的であった生存のための武器であったことを超えて、みずからの心とは何であるか、この世界はなぜあるのか、などと考えるようになったとき、智慧の危機ははじまった。この危機を克服するために、この論考は書かれている。

心のはたらきは記憶の創出にはじまった。これがこの論考を一貫する仮説である。記憶は時空を生み出し、そこを場として統覚のはたらきを生み出し、統覚は理性と感性を生み出した。こうして心なるものが誕生したというのが、ここでの主張の内容である。だが、そのなお向こうにまだ何ものかが動いているという予感を拭い去ることができない。それがおそらく霊性とよばれる存在なのであろう。霊性とはいかなるものであるのかを探ることを、この論考の最終の目標においている。

心によって心を問うのは自己言及である。不用意にそこへ踏み込めば、動きがとれなくなるのは眼に見えている。この困難を切り抜けるために、先賢の思想家たちは階層の概念を導入した。この論考でもその考え方を踏襲する。たとえば理性における存在、概念、命題というのが、階層の一つの例である。〝問う心〟と〝問われる心〟とを次元の異なる階層においたのもその例にあたるであろう。

心に階層をあたえる能力は、心自身に内包されている。それが自己触媒の能力である。これが心をして有機体たらしめている原因になっている。生物の一員である私たち自身も有機体であるが、その私たちがもっている心もまた無形の有機体である。有機体の特性を一言でいえば、自己触媒のはたらきによって自己の上にさらに高次の自己をつくり上げる能力であろう。こうして心はみずからの力で発展していく。

ところが、ここに問題がある。有機体はひとたび動き出したが最後、とどまるところを知らずに進んでいくからである。これは下手をすれば暴走にもなりかねない。生命をもって生きている私たち自身も、その私たちがもっている心も、みずからの行方も知らずに動いているという恐るべき運命を甘受しなければならないのである。

（第Ⅰ部　了）

Ⅱ　理性、分析し理解する心

理性が目指すところは、「考える」という営為によって、世界を「理解する」ことであろう。「考える」とは何かについてはすでに前章で一度扱った。「考える」とは一つの前提をおいて、それを扱う操作であり、何の前提もなしにものを考えることはできない、というのが結論であった。ただ前章では〝考える〟対象が心であったから、ともかくも知る限りの知識を動員して、これを前提とすることがきた。ところが、こんどは理性世界が対象である。これはすべての世界のはじまりを知り、宇宙開闢の問題を扱うための前提を求めることになる。これは容易なことではない。そもそも可能なことであるかとさえ思われる。

仮に一つの概念を前提にしたとすると、その前提は確実でなければならない。それを保証するために、もう一つ前に別の確実な前提としての概念が必要になる。こうしてどこまでも遡っていかねばならないから、これは無限後退になる。こうして遂にある概念がみずからを、みずからによって定義するほかなくなる。これは無定義概念とよばれる。理性によって「考える」とは、無定義概念を前提として一つの概念を操作していくことであった。

理性がこのように危うい土台の上に構築されていることを知りつつも、そこから一つの思想体系を導き出した人がいる。ドイツの哲学者ファイヒンガー（1852～1933）である。彼はその著書『かのようにの哲学』（1911）で、つぎのように主張している。私たちが何ごとかを認識できたと思っているのは、じつは「そうであるかのように」（als ob）思われるだけである、と。「考える」ことにはこういう不安定さがある。

つぎには「理解する」とは何かを明らかにしておかねばならない。無定義概念を前提として考えはじめたとすると、そこにいくつかの命題が見出される。この命題は真であるか否かを問うことができなくなった命題である。これは無証明命題とよばれる。理性によって「理解する」とは、真であるかどうかを問うことのできない命題を操作していくことである。

ここで留意すべきは、この無証明命題は「考える」対象のなかにあるかに思われるが、そうではなく「考える」主体である私たちの側にあることで、これらの命題は法則のかたちをとるが、これらの法則は突如として瓦解することがある。これがいわゆるパラダイム変換であって、「理解」にはこういう不安定さがある。

「法則とは有効範囲の定まらない周遊券のようなものだ」といった人がいる。イギリス生まれの哲学者トゥールミン(1922～2009)である。私たちはそういう周遊券をもって旅に出る。旅先で周遊券を使ってみて、それが通用したなら、そこは有効範囲であったことがわかるが、もし通用しなかったなら、有効範囲の外に出てしまっているというわけである。自然法則もそれと同じことで、法則の適用範囲はあらかじめわかっていないのだから、法則を使うことはその一回ごとに賭けになっているというのである。

結局、理性とはこういうものである。その理性によって世界を考え、理解しようとするとき、どのような世界が現前してくるであろうか。それをこれから明らかにしていきたい。

人名ノート

ファイヒンガー（Hans Vaihinger：1852～1933）

ドイツのハレ大学で教授として教鞭をとった。われわれの世界は表象でつくられているが、その構造は仮構の巨大な織物でしかなく、矛盾に満ちていると彼は主張する。その反面、たとえこの構造が論理的に矛盾であっても、その知識が実際上の価値があればよいとするプラグマティックな考え方もそなえていた。その柔軟な姿勢が『かのようにの哲学："Die Philosophie des Als Ob"』（1911）に結実している。

トゥールミン（Stephen Edelston Toulmin：1022～2009）

イギリス生まれだが、自国のほかオーストラリア、アメリカの各大学でも教鞭をとった。初期にはヴィトゲンシュタインの影響をうけて、言語分析に基づく論理学や科学哲学を展開したが、後期になってからはホーリスティックな自然観を説き、新たな理神論（神の存在や世界の秩序などについては、理性によって知ることができるとする立場）を構築しようと試みている。

1　〝事実表象〟があらわれる

〝事実〟を把握する表象

事実表象とは何か
事実表象の階梯
（ⅰ）存在の確認（存在表象）
（ⅱ）概念の成立（概念表象）
（ⅲ）命題の形成（命題表象）
事実表象の問題点

事実表象とは何か

理性世界と事実表象　蒼穹を天駆ける日月の動きを知るとき、私たちの心のなかでは論理原理がはたらいている。また、大地に生きる草木や虫たちのいとなみを見るとき、私たちの心のなかでは事実表象が動いている。これがこれから探っていこうとする理性の世界である。

理性が事実表象とその操作原理である論理原理の二つを要素としてはたらいていることは、すでにみてきた。その理性世界のあり方を考え、この世界を理解するために、この二つの要素のはたらきを中心において、理性世界をみていこうと思う。

二つの要素のうちで、まず事実表象をとり上げるが、それは事実表象が理性世界のかたちを具体的につくり出し、論理原理はそれを陰で操るという役割分担になっているので、理性世界のすがたを具体的につかむには、事実表象を先にするのが適切と思ったがゆえである。
事実表象と論理原理がこういう関係にあることは、以前にこの二つの要素にあたえた規定にも明らかであるので、ここに再掲しておこう。

［論理原理と事実表象］（再掲）
外界の事象が受容される際に、その事象の存在のあり方を選別の基準にとって記銘がおこなわれるときには、二種類の統覚のうち先験的統覚のみがはたらく。
このとき先験的統覚は論理原理のかたちをとって知覚表象にはたらきかけ、これを事実表象に変換する。ここに論理原理と事実表象という一対の関係が生ずる。

事象と事実　この規定には事象と事実という二つの言葉があらわれている。この論考ではこの二つの言葉をつかいわけているので、その区別を明らかにするために、それぞれを規定してつぎに掲げておく。この規定にも明らかなとおり、事実表象によって内界につくられる〝事実〟は、外界の〝事象〟そのものではなく、事実と事象とは異なるとするのが、この論考を通じて一貫した立場である。
世界に遍く存在する時空間と、私たちの心的内界につくられる時空間とは異なることに注目しておこう。すなわち、内的で個性的な時空間は外的事象に対応し、外的で遍在的な時空間は内的事実に対応している。

［事象］

事象とは心のはたらきとは無関係に外界でおこっているできごとを指し、それを心が受け止めようと、受け止めまいと、そのこととは無関係に事象そのものは存在する。

［事実］

外界の事象が知覚表象として心的内界に入ったとき、論理原理がはたらく状況にあったならば、知覚表象は事実表象に変換される。事実表象の成立によって事実が成立する。

本来なら一々〝外的事象〟〝心的事実〟というべきなのだが、あまりに煩わしいので単に〝事象〟〝事実〟とよぶことにした。この言葉のつかい方には異論があろう。自然界でのできごとのほうが実在する〝事実〟であって、それを反映して心のなかでつくられる心像のほうが〝事象〟ではないのか、という疑問である。この疑問に対してまず弁明しておこう。

この規定はつぎのような考え方から出ている。私たちには外界でおこる事象を直接に知ることは許されていないというのが、この論考の基本的な立場である。外界に実在する事象は、私たちと無関係にそれ自身としてあり、私たちには属さない。それは認識の外にある。私たちに属しているのは、外界の事象を反映させて、心的内界にあらわれる表象によってつくられた〝事実〟であり、私たちは内界につくられている事実を認識するだけになる。言い換えれば、私たちにとって実在するのは、内界につくられる表象としての事実だけであって、それを外界に投影した像は、じつは虚像に過ぎない。

さらに踏み込んでいえば、私たちは〝事象〟が実在するかどうかを知ることさえもできないのであって、私たちにとって実在するのは〝外的事象ではなく、〝心的事実〟のみである。私たちにできるのは〝事実〟の操作のみであり、理性が扱えるのも〝事実〟のみとなる。これが外界のできごとを〝事象〟とよび、内界につくられる像を〝事実〟とよんで区別した最大の理由である。

事象と事実がこのように異なるなら、外界の事象のどういう部分が事実となるのか、そのとき事実はどういう制約を受けるのか、理性はその事実のみを頼りとして、この世界をどこまで理解し得るのか、といった疑問がつぎつぎに湧いてくる。これらの疑問に順を追って答えていこう。

事実表象生成までの三ステップ　外界の事象が感覚器で知覚表象として受容されてから、中枢で事実表象が生成され、さらにその分化が完成するまでには、いくつかのステップがある。

ステップ1：（知覚表象から事実表象への変換）　受容されたばかりの知覚表象は未分化の状態にあって、そこから〝事実表象〟にも〝印象表象〟にも分化し得る。その知覚表象が中枢に送られたとき、知覚表象があらわしている事物が、かつて快・不快のいずれをもたらしたかはさておいて、その事物のあり方のみに関心が向かえば、論理原理が発動して、知覚表象は事実表象に変換されるし、事物のあり方はさておいて、快・不快のいずれをもたらしたかに関心が向かえば、感情原理が発動して知覚表象は印象表象に転換される。

事物のあり方という表現はわかりにくいが、要するに感情抜きということで、後に詳しく説明する。

これが第一の振り分けである。いずれかに転換した二つの表象はそれぞれの領域に入って、つぎのステップを待つことになるが、いまは事実表象を問題にしているので、事実表象に注目してその後の運命を見きわめよう。

ステップ2：（事実表象を収納する枠の決定）　事実表象の入るべき枠が決まる。事実表象は外界のあらゆる事象に対応してつくられるが、外界の事象は神羅万象というくらい多様であるから、それを類別して入るべき枠を決めるとなれば、枠の数はほとんど無限にも等しいほどに膨大になる。といって、枠なしに雑然と事実表象を格納したとすれば、つぎに想起する段になって欲しい事実表象を探り当てることが、はなはだ困難になる。結局、類似した事実表象がまとまるごとに、一つの枠をつくっていくほかない。枠をつくるのは先験的統覚に由来する論理原理の役割であって、その作業は中枢の記憶装置のなかで、表象の照合という場でなされる。その様子を想像するとこうなる。

新しく生れた事実表象は中枢の記憶装置に送られ、そこに格納されている過去の表象のなかに関連ある表象があるか否かがまず検索される。うまく相手が見つかればこれとの照合がおこなわれ、二つの表象は複合化されて新しい意味を獲得し、複合表象となってふたたび記憶装置へもどされ、いままであった事実表象の層の上に重層される。ここで事実表象の層が一つつけ加わった。

もし照合の相手が見つからなければ、そのことが一つの意味をなして、複合化されないまま記憶装置での最基底の層となって、照合の相手が見つかるまで留めおかれる。照合の相手のあるなしは、事実表象の類別の枠が合致するかどうかにかかっているから、このときには新しい枠が一つつけ加わったことになる。ここが第二の振り分けになる。

ステップ３：（枠内での階梯の決定）　記憶装置のなかには事実表象の枠がいくつもあるが、一つの枠のなかで事実表象の複合化の度合いが一定の纏まりをつくるたびに、事実表象の新しい階梯が形成される。

階梯は三つある。（ⅰ）まず事実表象が〝事実〟の存在を確定する階梯で、これが存在表象となる（ⅱ）つぎに〝存在〟に意味をあたえる階梯で、これが概念表象となる。（ⅲ）最後に〝意味〟を見解に昇華させる階梯で、これが命題表象となる。以上の三階梯である。これが第三の振り分けとなる。各階梯の説明は少し長くなるので項をあらためて述べたい。

ステップ１からステップ３までの振り分けの様子を概念図で示しておく。

事実表象の生成から、その分化が完成するまでの三ステップ

ステップ１（表象の変換）	→ ステップ２（表象の枠付け）	→ ステップ３（表象の階層決定）
知覚表象 → 事実表象	→ 枠１	→ 存在表象１・概念表象１・命題表象１
	→ 枠２	→ 存在表象２・概念表象２・命題表象２
	→ 枠３	→ 存在表象３・概念表象３・命題表象３

事実表象の階梯

事実表象の三階梯　事実表象は一つの枠のなかで複合化していくと、複合表象は一つの纏まった意味をもつようになる。中枢の記憶装置ではこれを一つの階梯として記憶装置に収納していく。階梯は意味の次元をあらわしているから、階梯が一つ上がるごとに、複合表象がもっている意味も変化していく。

したがって、同じく〝事実〟とよばれていても、その内容は同じではなくなる。その様子を詳しくみていこう。

（ⅰ）存在表象：存在それ自体を確定する

最初につくられる階梯は〝存在確認の段階にある事実表象〟の階梯であって、略して〝存在表象〟とよぶ。ここで存在表象があらわす〝事実〟は〝存在そのもの〟である。この〝事実〟によって〝存在〟は個別に認知され確定される。

重要なことなので強調しておきたいが、何ものかが〝存在する〟ことと、〝存在表象が生成される〟ことは同義であって、それ以外に存在を認知するすべを私たちはもたない。

さらに留意しておくべきは、ここで認知されたのは〝事実が存在する〟という〝事実〟に局限されており、外界にある〝事象の存在〟については何もふれられない。私たちは外界に〝事象が存在する〟か〝存在しないか〟さえも知ることはできないのであって、知ることができるのは心的内界に生成された〝事実〟のみである。

存在そのものを認知し確定するということを、文章のあり方に置きかえてみると、その状況がはっきりする。知覚表象だけの状態とは、ちょうど固有名詞だけが雑然とならんでいるようなもので、これでは普遍的な意味をなさず、何らの存在も確定されることはないが、知覚表象が存在表象に変わるのは、固有名詞は普通名詞のかたちに置きかわるようなもので、これで何ものかがそこに存在するという普遍的な意味があらわれてくる。もっとも、ことはそこまでであって、それだけで文章にならないのはもちろんで、文章になるまでにはまだまだ遠い道のりがある。

しかし、それだけのことと思ってはなるまい。文章を書くにしても、普通名詞の蓄えが貧弱であったなら、豊かな文章はけっしてつくれないし、それでは先へいってから多様な思念をまとめて一つの見解のかたちにすることなど到底覚束ない。とするなら、普通名詞の出現にあたる存在表象の活発な生成は、豊かな思想の土台を築く重要な一石をおく段階とみなければなるまい。目標に向っての大事な第一歩というべきであろう。

(ii) 概念表象：存在に意味をあたえる

存在表象はさらに複合化をくり返して、つぎの纏まりができるともう一つ上の階梯に上る。それが〝概念形成の階梯にある事実表象〟であって、略して〝概念表象〟とよぶ。概念表象のあらわす〝事実〟は、ここで〝存在の意味〟となった。

一つ前の階梯でつくられた存在表象をどれほど集積してみても、それだけではこの集積体は無意味であるばかりか、存在のあり方を巡っての対立や矛盾までも生じかねない。それを防ぐべく、それぞれの〝存在〟が意味を発揮できるように修飾がほどこされた上で統合されたのが、概念表象である。

このことによって存在表象の段階ではほとんど動くことがなかった〝存在〟が、みずからの意味づけを求めて動きはじめ、そこでつくられた概念表象は一つの意味を獲得するにいたる。これはそれなりに大きな変化ではあるが、そこまでのことであって、見解や意思にまでにはまだ達しない。

言語のあり方に比べてみると、存在表象から概念表象への変化は、普通名詞の集合から一つのフレーズ（文節）への変化に相当している。ここで重要な役割を果たしているのが修飾語である。普通名詞のあいだに対立があったとしても、修飾語の援けを借りれば、その対立にさえも意味をもたせて、一つの文節にまとめることができる。それでもまだ文章としての完成にはほど遠いが、心的内界での思念の整理には大きな役割を果たしていることは確かであろう。

（iii）命題表象：一つの見解を提示する

概念表象はそれぞれに意味をもったから、その意味集積して見解と意思にまで到達させるには、概念表象のあいだに生じた対立や矛盾を超える地平に立って、これを統合しなければならない。それは大きな困難を伴う過程であるが、それをなし得た概念表象は一つの見解をあらわすにいたる。それが〝命題形成の階梯にある事実表象〟であって、略して〝命題表象〟とよぶ。

命題表象があらわす〝事実〟は〝存在に対する見解〟である。この〝事実〟によって〝存在〟は単なる存在を超え、単なる意味をも超え、一つの見解の段階にまで達することになった。事実表象が複合化をつぎつぎにくり返して階梯を上っていったのは、それぞれの〝存在〟についての意味を深めるためであった。こうして深められた意味がここに結集されて、遂に〝存在〟についての見解をあらわす命題表象の階梯にまで到達した。これは個人の見識や人格にも通ずるものであって、命題表象のもつ重要さはここにある。

ここでもまた同じことをくり返すが、自然界には命題というかたちの〝事象〟は存在しない。命題という〝事実〟が存在し、そのはたらきが大きな意味をもつのは、心的内界においてのみである。命題とはさまざまの事実表象を一つの見解に纏めるために、心的内界に便宜上つくられたかたちだからである。いま便宜上という言葉をつかったが、そう言ったからとて、命題の重要さは寸毫も減ずることはない。それどころか、命題表象の形成によって見解を明確にすることは、事実表象の果たすべき最終の目的になっている。

そのことは言語のあり方と対比して、命題表象のあり方を考えてみるとよくわかる。文節の単なる羅列であったところに疑問詞や否定詞をつけ加え、さらに仮定文や条件文のかたちをとるなどして、文節の配列とそのあいだの関係を定めるならば、文節のあいだの対立は対立のままに成立し、文節の羅列であった集合体は、新しい意味を獲得して一つの見解をあらわすにいたる。ここで一つの文章が完成し、事実表象の発展は遂にその最終の目的地に到達することができた。

事実表象にあらわれる三つの階梯は、それぞれ異なった〝事実〟に対応していると述べてきた。その〝事実〟の内容を、表にまとめておく（表Ⅱ・1）。

事実表象が問いかける問題点

事実表象はものごとの原因と結果については何ごとも語らない　ここでこの論考のはじめに人類の智慧とその変容について述べたことに、もう一度もどらねばならない。それはこういうことであった。人間はみずからが生存していくために、智慧という能力を獲得し、これを外なる自然界に向けてはたらかせることによって、ものごとがいかにあるかを知ろうとした。これが智慧のもともとのすがたであり、その第一の目的でもあった。ものごとが〝いかにあるか〟を知ったことによって、人間は他の動物には

表Ⅱ・1　事実表象の三階梯

階梯	階梯の性格	階梯が示す〝事実〟
存在の確認（存在表象）	個別の知覚を、普遍的存在に変える。	知覚表象と記憶との照合によって、外界に何らかの事象の存在することが認知されたとき、知覚表象は事実表象となる。ここでの〝事実〟は〝存在そのもの〟である。
概念の形成（概念表象）	存在を動的概念に変える。	存在表象と記憶との照合によって、事象が存在するあり方が確定されたとき、存在表象は概念表象となる。ここでの〝事実〟は〝存在のあり方〟である。
命題の形成（命題表象）	動的な存在の概念を、見解に統合する。	概念表象と記憶との照合によって、概念のあいだにあった対立が解消されたとき、概念表象は命題表象となる。ここでの〝事実〟は〝存在に対する見解〟である。

及びもつかぬ成功を収め、種族の生存を確実にすることができた。

　智慧にそなわったこの原初の段階をいまの理性世界に当てはめてみると、それが事実表象によってつくられた世界にあたる。これで世界が〝いかにあるか〟は明らかになった。これが智慧にあたえられていた第一の目的であり、それがここで果たされた。

　だが、人間の智慧はこの段階にとどめておくことができなかった。つまり、智慧は〝ものごとがいかにあるか〃を明らかにしただけでは満足できず、探求の矛先を〃ものごとがなぜそのようにあるか〃に向け直した。智慧はここで変容して第二のすがたをとり、存在の理由を求めようとする新たな目的をもつことになる。

この智慧の変容は理性の世界に容易ならざる変貌をもたらした。〃いかにあるか〃と〃なぜそのようにあるか〃という二つの問いには大きな違いがある。〃なぜ〃という問いには、原因と結果の関係が入ってくる。しかし、事実表象は〃なぜ〃という問いに対して無力である。事実表象をどれほど集めてみても、どのように組み替えてみても、そこに原因と結果の関係についての答えはあらわれてこない。

原因と結果との関係とは、つまり因果律の問題である。因果律の支配する世界は事実表象によって構築された世界の外にあったということである。ここでの論議はそこまでとして、因果律についてはつぎの論理原理の章でふたたびとり上げて詳しく論じよう。

理性を超えようとする動機　理性の要素である事実表象のはたらきによって、ものごとの存在を確定することにはじまり、概念形成の階梯を経て、命題生成にいたるまでの三階梯を踏み進み、心的内界に理性世界を構築することができた。ところが、理性世界が構築されてみると、理性はその外にさらなる世界を求めるにいたる。それはなぜか。

何度もくり返して述べてきたように、理性によって見出された〃事実〃は、世界に実在する〃事象〃のすべてではない。しかし、〃事実〃によって構築された世界は、それなりに統一のとれたものとなり、それはそれとして美しいものとなった。それは理性の要素としての事実表象が、みずからの内部で矛盾をきたすことを排除してきたからであった。

だが、この無矛盾性は〝事実〟が構築した世界の内部に限られ、自然界に実在する〝事象〟の世界にまでは及ばない。それにもかかわらず、私たちは内界につくられた〝事実〟によって世界を理解するほかに、世界を理解する手立てをもたない。これが私たちにあたえられた運命であり、その運命にしたがって生きている。

そのことは私たちが理性世界の外に、それを超える世界を希求することとは別である。それは心の奥底からの声ともいうべきものであろう。その声は理性を超えることを要求する。理性自身が理性を超えようとするのである。

超え出た先の領域は、まだそのすがたをはっきりとは見せていない霊性の世界であって、そこではこれまで必ずしも自由ではなかった意志でさえも、そのすがたを変えて超越の力となり、その新しい意志がふたたび新しい自由を獲得することになる。だが、それについて語るのはまだ早い。霊性については後に詳しく述べる機会を待ちたい。

2　〝論理原理〟のはたらき

〝事実〟を現出させる原理

論理原理とは何か
論理原理の分化
（ i ）存否原理
（ ii ）相関原理
（ iii ）集約原理
論理原理の問題点

論理原理とは何か

論理原理は心的内界で〝事実〟に整合性をあたえるための技法である　自然界の〝事象〟はすべてが必然性をもって進行しており、偶然の入り込む余地はない。自然界の〝事象〟が必然であるのは、自然界では事象のすべてがそのようであって、別のようではないことを決めている根拠をそなえているからである。根拠あっての必然であったということである。

ところが、心的内界にある〝事実〟については、事情がまったく異なる。内界では〝事実〟がそのようである根拠も、別のようではない根拠も見当たらない。それは外界の事象を、内界の事実としてとり込む際に、外界の事象にはそなわっていた根拠を併せてとり込むことができなかったからである。それは無理もないことで、自然界の事象は宇宙の極大から素粒子の極小にいたるまで無数にあり、それらがそのようである根拠もまた無数にある。無数の根拠を有限の心的内界にとり込むことなどできようはずがない。有限は無限に対応できないということである。

そうなると自然界の〝事象〟が心的内界にとり込まれるたびに、心的内界には根拠を置き去りにされて無根拠になった〝事実〟ばかりが、無秩序に蓄積されていくことになり、そのままにしておけば、事実はその無秩序のなかに埋没して、動きがとれなくなってしまう。それを防ぐために、心的内界としては自然界にある根拠とは別に、事実を秩序づけるための自前の規範を設けねば、やがては破綻にいたるという危機が生まれた。この危機を救うべく登場してくるのが統覚である。

統覚はその生成の動機からも明らかなように、表象を自在に操作する技法をもっている。そのことを利用すれば内界の事実を秩序づけるための規範を設けることは可能である。統覚はその役割を引き受けた。統覚はみずからが論理原理のかたちをとって、自然界にあった根拠の役割を代行しようとした。その結果、内界ではすべての事実が新たに規範となった論理原理のもとにおかれることになった。

だが、この規範は統覚という体系のなか、つまり論理原理のはたらく範囲内に限って有効であり、自然界の秩序のすべてに代わることなど望むべくもなかった。辛うじて規範の内部で矛盾がおきないようにすることくらいが関の山である。

しかし、それはどうにもならないことであるから、統覚は規範の運用によって矛盾が生じないことを最優先の条件として、同一律、矛盾律、排中律という三つの原則を設けた。論理原理はこの三原則を武器として自然界の秩序に挑もうとするのである。だが、これは自然界での原則ではない。

統覚にずいぶんと辛い点をつけたが、論理原理がつくられた事情がこういうものであったとすれば、その論理には自然界の秩序に比して、何らかの欠落が生ずるのは已むを得ない仕儀であり、欠落した分だけ必然の割合が減って、そこに蓋然が入り、偶然が入る余地を生ずるのも当然のことになる。

そういう事情があるにもかかわらず、私たちはこの論理原理のはたらきにしたがって内界の事実を動かし、その動きから自然を理解する以外に、自然と対応するすべを知らない。論理原理を技術あつかいしたことに不満を抱かれたかも知れないが、私たちは論理という技法の有効性を信ずるほかないのである。論理を貶める意図はまったくない。理性はこの論理原理を基盤に据えてはたらいている。

そういう意味で理性とは一種の信仰であるともいえよう。ただし、それは人間として生きている以上は信じざるを得ない信仰であって、これを捨て去ることは自由であるが、そのときその人は人間としての資格を失うことになるだけである。ただし、論理が万能ではない以上、その論理を基盤におく理性もまた万能ではない。論理とはそういうものであり、理性もまたそういうものである。以上のような観点から統覚をみたとき、そのなり立ちはつぎのように表現できよう。

［統覚］（論理原理の形成に限定しての規定）
統覚は心的内界での表象の動きに矛盾が生ずることを避けて、同一律、矛盾律、排中律という三つの規範を設けた。この三つを基礎において論理原理はつくられている。

論理原理の三階梯

論理原理のはたらきには、論理の三大原則の裏づけがある　論理原理のはたらきに三つの階梯がある。それは以前に述べた事実表象の三階梯に対応する。以前に概念図で示した事実表象の階梯のよび名に合わせて、論理原理の階梯もステップとよぶことにしよう。

ステップ1：　外界の〝事象〟が受容され、知覚表象のかたちをとって中枢に入ってくると、論理原理は知覚表象にはたらきかけてこれを事実表象に分化させ、そのことによって〝事実〟の存在が確定する。

ステップ2：　ここでは中枢の記憶装置で事実表象を収める枠が定められるが、外界の〝事実〟には天文気象から人事百般にいたるまで、それこそ無数にあるから、あらかじめ枠を決めておくことはできない。記憶装置での事実表象どうしの照合の結果を待って、それを追認するほかない。枠どりの決定については、論理原理のはたらく余地はあまりない。

ステップ3：　ここが論理原理として、もっとも重要なはたらきどころである。論理原理はここで存否、相関、集約の三階梯に分かれてはたらき、事実表象を存在、概念、命題の三階梯へ分化させ、分化が成立した後には三階梯のはたらきをさらに深化させていく。

ここまで見てきた論理原理のはたらきを総括すれば〝存在〟を〝事実〟として確認し、〝存在〟の性格の精査を経て、〝存在〟自体を確定して終わる。〝存在〟がすべてである。〝存在〟とは重い言葉である。それはただ〝在る〟だけではない。心的内界での根拠に基づいて〝在る〟ことを意味する。

この先で〝事実表象〟と記しても済むところを、わざわざ〝事実存在〟と記すことのあるのは、それが確たる根拠をもって存在していることを強調するためである。この後にも〝概念存在〟とか〝命題存在〟などの語が出てくるが、いずれも同じ意図からである。

これから論理原理の三階梯でのはたらきを一つずつみていくが、それぞれの階梯で同一律、矛盾律、排中律という三つの規約がかかわっていることに注目していきたい。論理原理のはたらきを先の事実表象の分化に合わせて示した。

論理原理のはたらきの三ステップ

ステップ1（表象の変換 ⟶ ステップ2（表象の枠づけ）⟶ ステップ3（論理原理の役割分担）

知覚表象 ⟶ 事実表象 ⟶ 枠1 ⟶ 存否原理1・相関原理1・集約原理1
（存在表象1）・（概念表象1）・（命題表象1）

⟶ 枠2 ⟶ 存否原理2・相関原理2・集約原理2
（存在表象2）・（概念表象2）・（命題表象2）

⟶ 枠3 ⟶ 存否原理3・相関原理3・集約原理3
（存在表象3）・（概念表象3）・（命題表象3）

（　）内は論理原理のはたらきに応じて分化する事実表象を示す

（i）存否原理：存在の確定

存在の確定には存否原理がかかわる　階梯のはじまりは単純な〝存在〟、すなわち何ものかがそこにあるという〝存在〟の確定である。知覚表象の段階にあっては、知覚の状態のままでただ流れていくだけであったが、これを〝そのものがそこにある〟というかたちに固定するのが、存在の確定ということである。ここではたらく論理原理は存否原理とよばれる。

表象は言語と固く結びついており、事実表象においてもその深化は言語に依存して進んでいたが、論理原理においても同様であって、存在の確定は言語のかたちでなされる。すなわち、存在が肯定されるか（〜である）、否定されるか（〜でない）のいずれかとなるが、そのいずれであったとしても、そのものの存在のあり方がここで確定されている。

同一律の関与　いま述べたことからも明らかなように、存否原理によって存在を確定する手続きとして、存在が肯定されるか、否定されるか、のいずれかであることが求められている。これは同一律そのものの手続きであって、論理原理の裏に同一律がはたらいていることを如実に示している。同一律という名称は、この原理が〝ある存在はそれ自身と同一である〟と表現されることからきている。その解釈はさまざまであるが、ここでは〝あるものはある、あらぬものはあらぬ〟というもっとも単純な解釈をとっている。

存在を確定するのに、なぜこのように面倒な手続きが必要なのかといえば、それがまた〝事象〟と〝事実〟の違いが〝存在〟のあり方にも違いを生み出したことからきている。自然界の〝事象としての存在〟（〝事象存在〟）は、それぞれが然るべき根拠をもって存在しているから、そこに同一律のはたらきなどは必要でない。しかし、心的内界に入ってきた〝事実としての存在〟（事実存在）についてはそうはいかない。内界につくられた〝事実存在〟は、自然界にはあったはずの存在の根拠をすでに失っているから、何らかの規約を別に設けてその存在を束縛しなければ、存在は確定されないままになる。そこで統覚は同一律を設定して存在を確定したというわけであった。

だが、〝事象存在〟と〝事実存在〟とは、それぞれが存在の根拠を異にしているために、両者のあいだに矛盾や撞着をきたす可能性が出てきた。こういう不安定な状況にあるにもかかわらず、存否原理による〝存在〟の確立は、つぎのような重要な意味をもっている。

私たちが自然界での存在の根拠を知り得ない以上、たとえ心的内界の〝事実存在〟が、自然界の〝事象存在〟とは異なっているとしても、この段階を踏まなければ、理性世界を理解しようにもまったく手が出せない。同一律に基づく存否原理の及ぶ範囲が〝事実存在〟に限られるとしても、その理解へ向けて、延いては理性世界の理解に向けての、第一歩を踏み出させることを可能にした。これは大きな一歩である。

(ii) 相関原理：概念の成立

概念の成立には相関原理がかかわる　存否原理によって〝事実存在〟が確立されると、つぎには〝事実存在〟のあいだに矛盾はないかが問題になる。そこに相関原理がはたらいて個々の〝事実存在〟のあいだの相関関係を調整し、統合させる段階に入る。〝相関〟とはこの調整と統合のはたらきを指している。こうして生まれてくる複合表象が〝概念としての存在〟をあらわす事実表象であり、概念表象といいあらわす。

相関原理をその言語としてのはたらきからみると、連言論理（～かつ～）、選言論理（～または～）、条件論理（～ならば）の三つとなる。この三つのはたらきによって、概念表象を単に並列しただけでは、相互に矛盾がおこるかもしれないときにも、これを避けて統合することを可能にする。ここで〝事実存在〟は〝概念存在〟に転換され、〝存在〟のあり方の次元は一つ高まる。

矛盾律の関与　上にみた手順は矛盾律そのものである。つまり、相関原理のはたらきには、その背後に矛盾律が隠れていたのであった。

矛盾律は〝同一の存在が、存在し、かつ存在しないということはない〟とあらわされる。これにもさまざまの解釈が可能であるが、ここでは存在のあり方を規定するものとして扱い、事実存在のあり方には〝いずれもが意味をもつ〟、〝いずれかが意味をもつ〟、〝意味をもつとは限らない〟という三通りがあることと解釈した。

自然界でおこる〝事象〟のあいだに、そもそも矛盾律という規約などは存在しない。事象のあいだには相互のあいだにはおのずからの秩序がなり立っており、あらためて規定する必要などないからである。だが、内界につくられた〝事実〟では事情がまったく異なる。内界でつくられる〝事実〟は、それぞれに他の〝事実〟とは無関係につくられていくから、そこに何らかの規範を設けない限り、各々が勝手な主張をしてしまい、収拾がつかなくなる。矛盾律はこの危険を解消するためにある。だが、解消された結果が自然界の〝事象〟と一致するという保証はない。

だが、否定的な面ばかりとはいえない。なぜなら、これまで存否原理によって確定されていた〝事実存在〟が静的な〝存在〟であったのに対して、いま相関原理のはたらきのもとで生まれた〝概念存在〟では〝存在〟そのものが動的となったために、〝概念存在〟自体の内部で〝存在〟相互の整合性を検閲して、矛盾の発生を防いでいるからである。こうして矛盾律に基づく相関原理は、理性世界の理解へ向けての第二歩を踏み出させることになった。

(iii) 集約原理：命題の完成

命題の完成には集約原理がかかわる　相関原理によって〝概念表象〟がつくられたのにつづいて、いくつかの〝概念表象〟が集まって、より高次の複合表象となり、一つの〝命題〟をあらわすようになる。これが〝命題としての事実表象〟であり、〝命題表象〟といいあらわす。これを操作する原理が集約原理である。〝集約〟の語は概念存在の集約を意味しており、ここで〝存在〟の次元はさらに高まっていることに注目しよう。

集約原理のはたらきを言語のつかい方でいえば、全称論理（すべての場合について～である）、部分称論理（～である場合が少なくとも一つはある）、不定称論理（～である場合も、ない場合もある）の三つとなる。この三つの原理を操作することによって、概念存在が集まってつくられる命題存在から、真なるものと偽なるものとが弁別され、それが一つの見解に集約される。

命題表象というかたちは事実表象としての最終の形態で、論理原理はここでその本来の目的を達した。また、命題表象であらわされる〝存在〟は〝存在〟の最終の形態であり、その深化の頂点をきわめることになった。

排中律の関与　この集約原理の背後にあって、この一連の過程を規定している規約がある。それが排中律である。排中律のはたらきによって、概念から命題への深化が果たされた。

排中律は〝いかなる存在も真であるか、偽であるかのいずれかである〟とあらわされる。排中律は二価原理ともよばれ、縛りの強い規約から弱いものまで幾通りかの表現があるが、上に述べた表現はそのなかでもっとも強いかたちである。

ここでも同じことをくり返すことになるが、排中律は命題存在に矛盾をきたさないために、心的内界に設けられた規約であって、それによってつくられた〝命題存在〟は自然界にある〝事象存在〟とは別ものである。これをもって排中律を便宜的とか作為的とよぶのは酷に過ぎるとしても、自然界とは無縁の規約であることを忘れてはなるまい。

以上にみてきたように、論理の三大原則によって、自然界の事象が心的内界にもち込まれると、まず存在表象としてあらわされ、概念表象のかたちにまとめられ、命題表象のかたちにまとめられるまでになった。これは論理の大きな功績といわねばなるまい。

私たちはその論理の三大原則から導かれる諸々の表象と操作原理に依存しながら、自然を理解していくほかない。このことを胸に刻んで自然界に向き合っていこう。ここまでの論点を表にまとめておいた（表Ⅱ・2）。

論理原理が問いかける問題点

論理が正しいことを、論理自身では証明できない　論理原理が存否、相関、集約の三階梯に分化してはたらき、それが事実表象に反映して存在、概念、命題の三階梯への分化となってあらわれた。その裏で同一律、矛盾律、排中律という論理三原則がはたらいていたために、きわめて多様なすがたをとっている事実表象が、整合性を保って心的内界に整然と集積されることになった。

表Ⅱ・2　論理原理の役割

論理原理	対象	操作	規範	事実（存在、概念、命題）
存否原理 （存在確立）	存在表象 （存在の認否）	肯定（である） 否定（でない）	同一律	存在そのものがある 存在そのものがない
相関原理 （概念形成）	概念表象 （概念の決定）	連言（かつ） 選言（または） 条件（ならば）	矛盾律	概念のいずれもが意味をもつ 概念のいずれかが意味をもつ 概念が意味をもつとは限らない
集約原理 （命題形成）	命題表象 （命題の確定）	全称　（すべて） 部分称（どれか） 不定称（不定）	排中律	すべての命題が真（必然） あるとき命題は真（蓋然） 命題の真偽は不定（偶然）

この整合性があるために、〝事実のあり方はいかにあるか〟と問えば、膨大な集積のなかから必要な事実表象を選別して、〝これこれ、しかじかである〟と答えることができるようになった。だが、論理三原則の力が及ぶのはそこまでであって、自然界の〝事象〟にまで遡って、それがいかにあるかまで知ることはできない。それは統覚のはたらきが〝事実〟の範囲に限られているからである。

論理三原則なるものは結局のところ、心的内界に集積される事実表象のあいだの整合性を図るために内界に設定されたものであって、極言すれば、そこで事実表象のあいだの関係が〝辻褄の合うよう〟に整えるための手だてであった。自然界におこる事象のあいだの関係が〝おのずから辻褄が合っている〟のに比べると、これは大きな違いである。

自然界におこる事象はおのずからの整合性を保っており、論理三原則などとは無関係でいられる。だが、内界にとり込まれた事実はこれとは異なり、何らかの規範を設けなければ整合性を保てない。統覚という能力が内界ではたらくのはこのためであり、その力を借りて一定の整合性をつくり上げた。意地悪い見方をすれば、作為的に論理に整合性をもたせておいて、論理は正しいと主張するようなものであろう。論理がなぜ正しいかを論理自身で証明できないのはこのためである。みずからで正しいように仕組んであるのだから、正しいのは自明のことになる。

だが、そこにはいくつかの綻びも見えている。たとえば、ゼノン（前490頃～前430頃）によって示されたアキレスと亀の話のような背理がそれである。自然の秩序ではこういう背理はおこり得ないから、これは内界につくられた事実についての論理が、自然における秩序とは別ものであることを如実に示しているといえよう。ここまでが論理三原則の限界であって、それ以上を論理に期待することはできない。

論理にとってはかなり厳しい状況になったが、そこにさらに難問がふりかかった。それは理性が〝事実がこのようにある〟というだけではもの足らなくなり、〝事実はなぜこのようにあるか〟を求めはじめたからであり、ここで事態は一変した。〝なぜ〟と問うことは、そこに原因と結果の関係を求めようとしていることであり、それは統覚のはたらきを超えていたのである。

論理は事物の因果関係に言及できない　先天的統覚のはたらきは、受容される情報を一定の秩序をもって整理し、格納することにあったが、情報の秩序づけにとどまり、そこに含まれる原因と結果の関係にかかわることはなかった。つまり、受容された情報は因果律という規範を内包していなかった。そのために内界の事実は蓄積されたきりで、原因から結果へという関係に導いていくことはできないままになっている。それは統覚の手にあまるものであった。

自然界では事象とそれに対応する原因とが十全なかたちでそろっていて、そこに矛盾の入り込む余地はまったくないから、そこに矛盾は発生しない。しかし、それが内界に移されて事実のすがたをとったとき、事実はそれに対応する原因を欠いており、そこに矛盾が発生する。

統覚に依存する限り、外界での事象にみられる因果関係を、内界での事実の因果関係として完全に移しとれなかったことが、こういう事態を招いたということである。統覚は因果律を必要としなかったのだから、これは已むを得ない事態とすべきであろう。

起こったできごとには必ずその原因がある。理由なしには何ごとも起こらない。結果は原因を要求し、原因は必ず結果に先行する。これが因果律である。ここに〝律〟の文字がついてはいるが、すべてのできごとについてその原因が必ず見つかるといっているわけでもなく、先行するできごとが必ず後行するできごとの原因であることを保証するものでもない。そこが論理の三大原則とは異なっている。そういう理由から〝律〟の文字を避けて、因果性とよぶことを主張する論者もある。

自然界におこる事象では、原因があれば必ず結果が導かれる。それは原因と結果が過不足なく対応しているからである。ところが、内界の事実ではそうはいかない。先にも述べたように、〝事象〟が〝事実〟として受容されたとき、そこで原因と結果との関係が断ち切られているので、事象ではみられた原因と結果が、内界の事実にそっくり当てはまるとは限らなくなっている。因果の関係は論理の手をすり抜けてしまい、論理の三大原則のはたらきの外へ出てしまった。

このことについて警鐘を鳴らした思想家として、イギリスの哲学者ヒューム（1711～1776）が急先鋒であった。彼はつぎのように断言する。二つの対象が接近しており、つねに継続しておこったとき、人は習慣から容易に因果の関係があると信じてしまうが、それは虚妄にすぎない、と。

また、同じくイギリスの哲学者であるライル（1900～1976）やムーア（1873～1958）は、安易な因果律の受け入れを退けて、これを〝知覚の因果説〟と否定的な意味を籠めてよび、因果律が軽率に扱われていることを厳しく批判した。

論理原理での因果律の欠落を補うすべはあるか　それでは内界にある事実のあいだの原因と結果の関係を知ることはできないのかと、簡単には引き下がれない。論理原理は理性を支える柱であったし、理性によって世界を理解しようとしているからには、因果律を除外してすますわけにはいかない。では、どういう手段があるのか。手段は二つある。以下に述べる仮説推論と徹底的反証である。

（ｉ）仮説推論という方法　〝仮説推論〟とは何か。それは論理操作の一つであって、まず数ある事実のなかから原因となる可能性のあるものを選び出す。これは論理原理のもつ帰納的機能を頼りにしている。ついでこれを前提としたときどういう事実が帰結されるかを検討する。これは論理原理の演繹的機能を頼りにしている。

つまり、一つの帰納的に選んだ仮定から、演繹的に導かれる帰結に達するという操作であるが、これを反復することによって、原因としての事実と、結果としての事実を見いだそうとするのである。論理原理は統覚のもっている帰納的能力と演繹的能力の二つを、幸いにも受け継いだので、この操作は可能である。

歴史的にみると、仮説推論という論理形式は、長いあいだ論じられることもなく過ぎたが、それが再認識されるようになったのは、パース（1839～1914）によって定式化されて以来のことである。現代の科学や技術が仮説推論という方式を活用して、その成果を挙げていることを思うと、パースに負うところはきわめて大きいといわねばならない。

（ii）徹底的反証という方法　帰納といい、演繹といい、いずれも前提と帰結の関係であり、原因と結果の関係であるからには、必然から蓋然を経て偶然にいたるまでの広い幅をもち、油断するとそこには一種の〝暗闇〟が入り込む隙間ができる。〝暗闇〟とはウィーンの哲学者ポパー（1902～1994）による表現だが、彼はこの暗闇でおこるできごとを明るみに出すには、〝推測と反駁〟のプロセスに頼るほかないと考えた。そこで反証という過程をことのほか重視し、反証のできない命題は無意味であるとまで言っている。

反証という技法は、論理の能力を最大限に発揮させるとともに、期せずして因果律の欠落から生じ得る欠陥を、最小限に抑えるための方策にもなっている。だが、これを逆にみれば、こういう周到な技法を用いずに、不用意に論理原理をあつかうならば、そこには蓋然と偶然の入り込む隙が生じ、推論の全体が無意味となることさえあるという警告でもある。

論理原理に何を期待してよいのか、何を期待してはいけないのか　論理原理にはいくつかの制約が課せられているとしても、私たちは論理によって世界を理解していくほかかない。そのとき私たちは論理に何を期待してよいのか、また何を期待してはならないのか。

（ｉ）〝考える〟ことには限界がある　論理は前提がなければ一歩も先へ進めないと、くどいほど述べてきた。だが、これは前提だけではなかった。始まりと終わりのある対象は考えられるが、始まりも終わりもない対象は考えられないことをも含意していた。なぜなら〝思考〟には前提、推理、結末の三条件をそなえねばならないのに、前提という始まりを欠いている上に、結末も求められないとすれば、これは〝考える〟という行為の対象外になってしまうからである。

この世界には始まりも終わりのないものはいくらもある。たとえば、万物はとどまることなく流転するといわれるが、この流れは悠久の過去から悠久の未来へと続いており、始まりもなく終わりもない。こういうものを全体として〝考える〟ことはできない。私たちにできるのは、そこから有限の範囲を切り出して、その両端に発端と結末をとりつけたとき、それを考えることだけである。私たちが歴史とよぶものは、切り出された部分についての記述である。

始まりと終わりをもたない世界は、まだほかにもある。永遠の一者や、悠久の存在、あるいは不変不動の世界などもそうである。そこには何らの原因もなく、何らの因果法則もなく、当然のことながら何らの結末もない。ここでは前提を立て、論理を追うという手法はまったく通用しないのであって、そういう世界を〝考える〟ことはできない。

これはけっして遠い世界の話ではない。〝考えられる世界〟のすぐ傍を〝考えられない世界〟がすっかりとり巻いているからである。なぜなら〝考えられる世界〟が始まりをもつなら、その始まりにも原因がなくてはならなくなり、ここで始まりの前にまた始まりができてしまう。始まりであったはずのものは、もはや始まりではなくなる。これを続けると無限後退になるので、原初の始まりには原因がないとしなければならない。〝考える〟ための条件を調えるべく、どこかに前提という始まりを無理やりにとりつけてみても、そのすぐ外はもう〝考えられない世界〟なのである。

（ⅱ）**論理の普遍妥当性についても限界がある**　論理という技法は、誰がつかっても必ず同じ道をたどるはずだとする考え方がある。これを論理の普遍的妥当性とよび、長いあいだ信じられていた。だが最近になってから、そこに疑問はないという立場と、一抹の危惧を感ずるという互いに相反する二つの立場があらわれてきた。

疑問はないとする立場はきわめて生物学的である。いま論理原理は先験的統覚から生まれてきたとしよう。先験的という言葉を生物学的にとれば、生得的（先天的）という意味にほぼ等しい。人間を含めて生物にとっては生得的に賦与された性質は、ほとんど抗うことのできないものであって、それに従うほかない。したがって、論理が誤りなく用いられる限り、そこには個人による違いは存在しなくなる。したがって、その結果はつねに普遍的であり、画一的となるはずである。

この立場をとるならば、厳格な検討によって確実となった前提を初期条件として、つぎの確実な帰結へ進むことができる。自然の斉一性ということも、そこから出てくる。この普遍性こそが、論理原理を基礎に据えた理性の強みであって、万人に共有される結論へと導かれる。

確かにこのようにして理性は斉一で秩序ある世界を築き上げてきた。私たちはいまその世界に住んでいる。これは論理の確実性を、その極限まで磨き上げてきた先人の賜物といわねばならない。これは論理を積極的な面から眺めた立場である。

一方、危惧があるとする立場は甚だ哲学的である。先と同じく論理原理が先験的統覚から生まれたとして、先験的という言葉を哲学的にとれば、〝論理的先行〟（論理に先立って存在するものがある）という意味になる。論理に先行するものとは、いったい何であるか。このことについて永年にわたって論争がつづけられてきたにもかかわらず、今日まで解決を見ないでいる。先行するものの正体が明らかにならない限りは、論理原理が普遍的妥当性をもつか否かについての結論は出せない。論理に普遍妥当性があるか否かという問題を哲学的にみると、これほど厄介千万な形而上学的な問題もめずらしく、論争が絶えない。

論争の一つはこうである。近年になって分析哲学の立場から一つの解決案が提出されたが、それが発端となってこの論争がはじまった。問題となった解決案はこうである。先験的に真理であるか否かは、言語表現を分析して、それが正当であると認められれば、それだけで十分である、というのである。すなわち、論理に先行するものは、言語の使用規約であるという主張であった。理性のはたらきがそういうものであってよいのか、という疑問がただちにおこる。

果たして、これには反論が出る。アメリカの哲学者クワイン（1908～2000）は、フランスの科学者デュエム（1861～1916）の思想を敷衍して、言語の使用規約によって先験的な真理が真となるなどはあり得ないと反駁した。彼によれば、外界についてのわれわれの言明は個々に独立ではなく、一つの総体として感覚的経験の裁きに服するという。

これは論理というものを、知識の総体として調整しようとする立場であって、まさしくホーリズムの立場である。すなわち、論理に先行するものは、感覚的経験であるという主張となる。こちらは論理を消極的な面から眺めた立場といえよう。

余談ながら、クワインは先験的（ア・プリオリ）と後験的（ア・ポステリオリ）の区別ばかりか、分析と総合の区別までも否定して、ホーリズムの立場から独特の考えを立てた。その立場では世界についてのいかなる言明も互いに連関しており、単独では存在できなくなる。したがって論理法則を含むいかなる言明もつねに改訂が可能となる。これは〝デュエム・クワイン・テーゼ〟の名で名高い。

似たような論争は過去にもあった。それは〝イグノーラービムス論争〟という奇妙な名前でよばれている。ドイツの生理学者であるデュ・ボア＝レーモン（1818～1896）が「われわれは自然界のすべてを知ることはできない。われわれは無知である（Ignoramus）。そして無知のままであろう（Igunorabimus）」と述べたが、これに対して同じくドイツの数学者であるヒルベルト（1862～1943）が激しく反撥し、「われわれは知るであろう」という趣旨の論議を華々しく展開した。

これは世界観の相違でもあるが、論理というものについての普遍妥当性をめぐる論争の一つとみられなくもない。いずれにせよ、無批判に論理に依存することの危うさについては、つねに警鐘が鳴らされつづけている。

ここまでの論議で論理原理についてつぎのことが明らかになった。すなわち、前提について一定の条件が満たされているならば（それはかなり困難なことではあるが）、理性によって世界を理解していくことは可能である。しかし、無条件に理性を過信することは、理性のもつ特性からしても危ういことであり、それこそ理性に悖ることにもなりかねない。

（iii）論理はつかわれる言語によって限界を生ずる　論理は言語のあり方によって歪められる。それはいろいろな面にあらわれる。たとえば、よく日本語には曖昧なもの言いが多いとか、ドイツ語はものごとを分析的に考えるのに適している、あるいはフランス語は詩的言語であるとかいわれる。もし論理の道筋が一つであるならば、これは奇妙なことである。なぜこういうことがおこるのか。

それはおそらく実体概念をあらわす名詞・代名詞・数詞などの体言を主とした事実表象を、その属性をあらわす動詞・助動詞・副詞・形容詞などの用言が修飾することによって、事実表象のおかれるべき位置や、論理原理による事実表象の動きに対して、変更を要求するためであろう。ここに言語の差、あるいは民族性の差があらわれる。

これは言語自体がもっている力によるものであって、それをつかっている人間の意志を超えるところがある。古代日本人はこれを言霊とよんで畏れ敬ったが、古代人に限った問題ではないであろう。以前にも述べたが、民族間の誤解や争いの見えざる原因が、ここにあると思われるからである。

ここまで述べてきたとおり、論理は心的内界のみに有効にはたらく原理であり、自然界に存在している秩序の原理とは異なる。そこにはおそらく摂理とでもよび得る高次の原理がはたらいているのであろう。だが、その摂理を私たちは知るよしもない。これを一応の結論として、つぎの章では理性のつくり出す世界をみていくとしよう。

人名ノート

ゼノン（Zēnōn：前490頃～前430頃）

エレアのゼノン（キュプロスのゼノンとは別人）。パルメニデスの弟子で、自身の著作は現存しないが、プラトンやアリストテレスなどの著作を介して、ゼノンが多くのパラドックスを残したことが知られている。存在のパラドックス、場所のパラドックスなど数多くあるが、運動のパラドックス（アキレスと亀）は殊に有名で、後世になってからはデカルト、ベルグソン、パース、ラッセル、ホワイトヘッド、ヒルベルトなどによって、無限の問題と絡めて議論されることになった。

ヒューム（David Hume：1711～1776）

スコットランド生まれのイギリスの哲学者。主著が『人間本性論』であることからも察せられるように、彼の主な関心は人間の本性を解明することによって、あらゆる学問を基礎づけることにあった。人間の知覚のなかで印象と観念とを区別し、そこにはたらく力をニュートンの力学になぞらえながら、さまざまに解析していった。たとえば、観念にはたらく力を類似、接近、因果などの〝自然的関係〟と、比較、反対、質、量などの〝哲学的関係〟としたなどである。

なかでも因果律を習慣に基づく心による決定としたことは、彼につづく思想家たちに衝撃的な影響をあたえ、因果律の地位は大きく変動するにいたった。カントもその一人であって、みずからの著書にそのことを記している。

ライル（Gilbert Ryle：1900～1976）

イギリスの哲学者。長いあいだ哲学誌『マインド』の編集にあたった。哲学史上ではオースティン（John Langshaw Austin：1911～1960）とならんで、日常言語学派の総帥とされる。主著は『心の概念』（The Concept of Mind：1949）。

彼はそのなかで、それまで哲学を記述するのに日常言語は不適切であって、論理語のような人工言語でなくてはならないとされていたのに反論して、それは日常言語の使用法に不備があるからであって、正しい理解のもとでは問題は解決されると主張した。情緒にかかわる言語は傾向性をあらわすのみであって、特定の事実を指すのではないというのがライルの主張である。

ムーア（George Edward Moore：1873～1958）

イギリスの哲学者。ライルとともに哲学誌『マインド』の編集にあたった。バークリの唱えた「存在することは知覚されること」（esse is percipi）という命題に反論して、知覚されなくても実在は存在すると主張し、知覚と実在の関係は、心とは切り離された外的なものとみた。ここにはこの論考の主張とも一致する視点がみられる。

パース（Charles Sanders Pierce：1839～1914）

アメリカの哲学者、また科学者であり、論理学者でもある。彼は早く生まれ過ぎた人といえよう。若くして重力の測定や、測光技術の改良などに業績を挙げ、アカデミー会員に選ばれているし、記号論理学の先駆的な体系を考案したのは、記号論理学の祖といわれるソシュールとほぼ同時であった、現在ではそのことが認められているが、当時はほとんど無視されていたに等しい。

彼は「観念とはそれがもたらす結果によって規定される」（彼自身の表現はもっと入り組んでいるが）と述べ、それをプラグマティズムと名づけた。これを世に広めたのは彼の親友であり、当時すでに心理学者として有名になっていたW・ジェームズであった。しかし、パース自身は世に広まっていく思想が、やや変質してしまったことを感じとり、みずからの思想とはかけ離れてしまったとして、自分の哲学をプラグマティシズムと名づけ直した。その上で、自分は世にいうプラグマティズムにはもはやグッドバイを言いたい。こんどつけたような醜い名前ならば、人は真似をしないだろうと嘯いたというほどに狷介な性分であったので、世に容れられることは少なく、晩年は粗末な家の屋根裏部屋に住み、梯子をはずして借金取りから逃れるというほどに困窮した生活を送り、孤独のうちに病を得て、モルヒネで痛みを和らげる日々を送りながら亡くなった。しかし、ジェームズとその夫人は彼を終生にわたって敬愛し、援助の手を差し伸べたという。

ポパー（Karl Raimund Popper：1902～1994）

ポパーの思想は批判的合理主義とよばれ、科学哲学や政治哲学の領域で大きな影響をあたえた。彼のいう批判的合理主義の立場では、私たちの認識はすべて誤り得るものであり、それを改善するには公共的な批判によるほかない。公共的批判とは、いくつかの解決案を試行的に提出し、それを厳しい批判によって淘汰し、批判に耐えたものを残して、これによって新たな問題に向かってみるという方法であって、一種の試行錯誤法になっている。この主張は著書『探求の論理』（1934）に詳しい。彼はまた物理的事象の世界、主観的意識の世界、意識から独立して存在する客観的世界の三つを区別する三世界論を提示したことでも有名である。

クワイン（Willard Van Orman Quine：1908～2000）
　アメリカの哲学者・論理学者。ハーバード大学で教鞭をとり、論理実証主義をアメリカへ移入するのに大きく貢献した。彼の主著は『ことばと対象』（〝Word and Object〟1960）であるが、それに先立って書かれた『論理的観点から』（〝From a Logical Point of View〟1953）では、親友であったカルナップ（Rudolf Carnap：1891～1970）との論争を通じて、哲学の古典的発想の再検討と、全体論的科学観（ホーリズム）への回帰を促している。

デュエム（Pierre Duhem：1861～1916）
　フランスの科学者。デュエム・クワイン-テーゼに名を連ねているので、ひとことふれておこう。彼は特に科学哲学の分野において多くの業績を残している。たとえば、科学的仮説が複数個あり、それらが互いに対立しているとき、その一方のみを肯定し、他方を否定し去るような「決定実験」は、ホーリズムの立場から不可能であるとした。デュエムは物理学上の理論について述べたのだが、クワインはこれを知識や信念の体系全般にまで拡大して論じた。この主張は現時にいたってもなお影響力をもっている。

デュ・ボア＝レーモン（Emile Du Bois-Reymond：1818～1896）
　ドイツの生理学者。ベルリン大学でミュラー（Johannes Petrus Müller：1801～1858）に学び、彼の死後その後継者となった。後にはベルリン大学の総長に選出される。筋生理学、神経生理学の研究を機械論的プログラムのもとで推進したが、彼の懐疑主義的な一面が自然認識についての講演（1872）にあらわれ、「意識の領域は、物質のいかなる配列と運動にも還元できない」という主張になった。

これが後に〝イグノーラービムス論争〞を巻き起こすことになる。

ヒルベルト（David Hilbert：1862～1943）

二十世紀を代表するドイツの数学者。ケーニヒスベルク大学で学位を取得した後、同大学の教授となったが、当時ドイツの数学教育の基盤を充実させることに極めて熱心であった数学者のクライン（Christian Felix Klein：1849～1925）に招聘されてゲッティンゲン大学に移った。この大学が世界の数学研究のセンターとよばれるまでになったことについては、彼の貢献がきわめて大きい。

主著の一つである『幾何学の基礎』（1899）において、非ユークリッド幾何学が在来のユークリッド幾何学から独立した体系として成立し得ることを、彼の主張する公理主義の立場から証明したことは有名である。また、1900年にパリで開催された第二回　国際数学者会議では23の未解決の数学問題を提起して、後世の数学者を刺激するところきわめて大なるものがあった。

3　理性のつくる世界

物質、生命、心

理性世界をいかに探るか

なぜ根本前提を求めるのか　理性世界を構成する要素としての事実表象と論理原理のはたらきをみてきた。この章ではその知見を基礎において、理性世界を構築しようとしている。探ろうというのになぜ構築なのか。それは理性世界を構築することが、理性世界を理解するのに最善の方法と考えるからである。

理性世界を構築することを最善の方法とした最大の理由は、この方法が「考える」ことと「理解する」

ことの二つを、その原点に返って実行することになるからである。序論でも述べたとおり、「考える」とは一つの前提から推論によって一つの帰結にいたることであり、「理解する」とは錯綜した事物を一つの体系に纏めることであった。

これをいまの場合に当てはめてみるなら、世界のなりたちの根底にどういう前提があるのかを確かめ、その前提のもとではいかなる世界が展開していくかを具体的な体系として纏めていくことにあたる。ところが、これを試みようとすると、難問が続出する。

まず、理性世界が開かれるための根本前提が何かということからして超難問である。なぜなら、理性世界を物質世界、生物世界、心の世界という順序で考えるのがこの論考の立場であるから、まず物質世界からとり上げねばならない。ところが、物質世界のはじまりを問うとは、つまりはこの宇宙の開闢を問うことであり、宇宙はいかにしてはじまったかを問われても、すぐさま答えられるはずがない。

だが、その難問にあえて挑戦しようと思う。なぜなら、前提がなければものは考えられないとしたのは、この論考の出発点であったから、ここで引き下がるわけにはいかない。成否はさておき、あえて挑戦する理由である。

古人は世界のはじまりをどう考えたか

この宇宙は何らかの原因と理由があってはじまったには違いないが、その原因や理由は知るよしもない。しかし、これは昔から科学、哲学、宗教などでの大きな問題であったから、さまざまに論議されてきた。私たちの問題に入る前に、これまでどういう考え方があったかを、短いながらも一瞥しておきたいが、それは古人の考え方の正鵠さをあげつらうのではなく、どれほどの苦闘を強いられてきたかを顧みて、できることならこの論考が求めている根本前提の手がかりを掴めたらという願いからである。

（ⅰ）古典物理学の誕生　古代から中世にいたるまで、万能の神が世界を創造したと信じられていた。世界のはじまりと存在のはじまりは、すべて神の意志であった。これがその当時の根本前提であり、それを疑うことは許されなかった。

やがて科学革命にはじまる啓蒙の時代に入ると、それでは満足できなくなる。ちょうどこの時期に確立されたのが古典物理学であった。そこでは時間と空間が永劫に連続する不滅の存在であり、そこに同じく不滅の存在である物質とエネルギーがあるとして、このことを世界の枠組みに据えた。

時間と空間、それに物質とエネルギーは、それが何であるかを他の概念から説明しようとしても説明できない概念であり、当時としてはこれを無定義概念にしておくほかなかった。また、これらの存在が絶対的であり、恒久的かつ普遍的であることは、他の命題によって証明しようとしても証明できない。これは無証明命題にあたる。この無定義概念と無証明命題の二つを根本前提に据えてみると、どこにも矛盾は見出されない。こうして古典物理学は発足し、一つの完結した世界が構築されたのであった。

（ⅱ）古典物理学への疑念が生まれる　だが、何ものかが存在していたのであれば、そういう世界がすでに開かれているのであって、そこは世界のはじまりではなく、存在のはじまりでもない。それなら、やはりその前を問わねばならない。原初の状態、原初の世界があったに違いないということである。

それを知らなければ、物質とは何か、物質はいかにして物質であり得るのかを、問うことできないはずだが、そこまで踏み込んだ思想家は、その当時にはあらわれなかった。物質が原初から存在したのは自明のことと考えられ、なぜ物質があるのか、物質とは何であるのか、までは問われなかったからである。

（iii）相対論の出現　しかし、近代に入って相対論が出現すると、時間と空間は無定義概念ではなくなる。時間と空間とは別個にあるのではなく、時空間という一体のものとしてあり、互いに影響を及ぼしあう。互いに影響しあう存在は根本前提にはなれない。さらにその奥にあって両者の関係を規定しているものが、根本前提になるはずだからである。同じように物質とエネルギーも無定義概念ではなくなる、有名な$E=mc^2$という関係によって両者は互いに変換し得るので、この関係を規定するものが根本前提となるはずである。

ところが、まだ先がある。時空間はそこに存在する物質とエネルギーによって、歪みがあたえられることになり、時間や空間と、物質やエネルギーとのあいだには、さらに高次の相関関係が存在することになった。そうなるとすべての存在の奥にあって、全体の関係を支配している原理が根本前提となるはずである。統一理論とよばれるものはこの未知の原理を探って、これを最終の根本前提におこうとしている。

（iv）量子論の時代　量子論があらわれると、また別の問題が生ずる。量子論によってエネルギーに量子という最小単位のあることが明らかにされた。時間と空間は遍在的(ubiquitous)な存在であるのに、そのなかでエネルギーは離散的（discrete）な存在であることになった。

〝量子の場〟ではこれまで確実と思われていたことが不確実になる。まず、離散的な状態にある物質やエネルギーの観測値は、確率的にしか記述できないことになった。また、物質とエネルギーについてのできごとを時空的に記述しようとすれば、その因果的な経過は確定できなくなり、そのできごとを因果的に記述しようとすれば、時空的な決定性をもたなくなる。これを〝量子の場〟における不確定性原理という（シュレーディンガー：1887～1961）。

ここで〝場〟ということについてひとこと。これまで〝場〟という言葉はさまざまなつかわれ方をしてきて、不一致もあり混乱もあった。力や波動が伝わる媒体としての〝場〟があり、ある一点の周囲に拡がる特殊な領域としての〝場〟もあるという具合であった。それがここにきて遍在的と離散的という二つのあり方が確然と分かれたのを機に、〝場〟についても遍在的と離散的という異なる性格をもった二つの〝場〟に分かれることになった。これで混乱はやや収まる。

だが、これまでは絶対とされていた世界の連続性と確定性とは、ここで否定されてしまった。頼みの綱がつぎつぎに切れていった感じがする。

（Ⅴ）宇宙論の時代　現代の宇宙論は宇宙の起源について新たな示唆をあたえた。この宇宙はある特異な意味をもった〝無〟からはじまっており、ここには時間も空間もなく、物質もエネルギーもないが、絶対的な〝無〟ではなく、ある種の揺らぎがあるという。〝無〟とはいうものの、そのなかの揺らぎによって、この特異な〝無〟は大きな可能性とポテンシャルを蔵しており、そこでは虚数時間においてではあるが、相転移などさまざまの事象がおこっているとされる。その事象がトンネル効果によって実数時間に抜け出してきた瞬間に、私たちの知る時空があらわれ、それがすなわち宇宙の誕生にあたると説明されている。

宇宙論でいわれる〝無〟の概念はなかなか理解しづらいが、その途方もない可能性からみても、一つの〝場〟と考えてよいのではないか。

（vi）〝場〟の物理学の時代に入る　これが世界のはじまりについて理性はどう考えてきたかのあらましである。考え方にはいろいろな有為転変があったが、そのなかで変わることなく通底している立場が一つだけ見出される。それは〝場〟の概念である。〝場〟が世界を通底して存在し、一つの〝場〟が他の〝場〟を生み出しているなら、そのはじまりには原初の〝場〟がなくてはならない。これを〝根源的場〟とよぶなら、〝根源的場〟は物質世界だけでなく、あらゆる世界の創生に先立って存在するはずであり、そこからすべての〝場〟が派生されることになる。

理性世界の根本前提

ここまで世界のはじまりについてのさまざまな考え方を通観してきたが、ここにいたって理性世界の基底におかれるべき根本前提のあり方について、一つの示唆があたえられた。それは〝根源的場〟を基幹原理において、そこから理性世界にあらわれるすべての〝場〟を導き出し、これらの〝場〟によって理性世界を構築するという可能性が得られたということである。

〝根源的場〟を基幹原理に据え、これを理性世界の根本前提とする　〝根源的場〟は理性世界を構成するすべての〝場〟の源泉にあって、すべての〝場〟はここから発出している。そのことを他のいかなる命題によっても説明できない。ここでは〝根源的場〟というもの自体が無定義概念になっており、〝根源的場〟が存在するということ自体が無証明命題になっている。これで〝根源的場〟は理性世界の基幹原理となる資格をそなえた。

しかし、基幹原理をそなえただけでは、基幹原理は動かない。それとは別に〝根源的場〟のあり方を規定する概念と、その活動を規定する命題の二つが必要になる。前者もまた無定義とならざるを得ず、後者も同じく無証明とならざるを得ない。したがって、この二つも〝根源的場〟とならんで、根本前提の資格をもつことになる。ここまで述べたことを、まとめて示しておこう。

理性世界の根本前提の構造

基幹原理がまずおかれる。この原理はつぎの無定義概念と無証明命題を包含している。

基幹原理：　根源的場の存在

無定義概念：1　遍在的場のあり方
　　　　　　2　離散的場のあり方

無証明命題：1　遍在的場での諸反応
　　　　　　2　離散的場での諸反応

この基幹原理、無定義概念、無証明命題の三者で、理性世界の根本前提が構成される。それをさらに具体的に示せばつぎのようである。

［基幹原理］

あらゆる存在に先立って根源的場が存在する。あらゆる場は根源的場から派生し、世界は場を基礎において開かれる。

［無定義概念］

1　根源的場から二つの場が派生する。その一つは遍在的場である。遍在的場はまた全域的場であり、連続的場である。遍在的場のあらわれとして時空間の場がある。

2　根源的場から派生するもう一つの場は離散的場である。離散的場はまた局所的場であり、非連続的場である。離散的場のあらわれとして量子の場がある。

［無証明命題］

1　遍在的場でおこる事象は、光速度定数（c）〃によって規定される。

2　離散的場でおこる事象は、量子の挙動によって規定される。

この構造を理性世界の根本前提とするについて、断っておきたいことがある。この根本前提が唯一のものと主張しているのではない。可能性の一つであるに過ぎない。また、〃場〃の物理学が世界を説明する唯一の物理学とは思っているわけでもない。別の物理学を前提にすれば、は別の世界がつくられるであろう。ただし、その世界に矛盾が生じたならば、そのときの前提は誤っていたということである。この論考の前提がそういう矛盾の運命に陥らないことを祈るばかりである。

すでに気づかれたであろうが、こういう論議は数学の体系がモデルになっている。数学の黎明期にあったギリシャでは、自明であることは証明を必要としないとして、そこから論議をはじめることを許していた。しかし、エウクレイデース（英語読みではユークリッド、生没年不詳、前三世紀頃）があらわれると事態は一変した。彼は自明であることから出発することを肯ぜず、いくつかの根本前提から出発するべきことを主張した。

彼の著書である『幾何学原本』（ストイケイア）には二十三の定義、五つの公準、五つの公理を掲げ、そこからすべての定理を導くことによって、幾何学を完全な論理の体系にした。これは論理によって一つの体系をつくり上げる際の典型とされ、後にニュートン（1642～1727）が『プリンキピア』（1687）を著す際に、構成の手本としたといわれる。

無定義概念について

無定義概念について補足して述べておきたい。原初の〝根源的場〟から性格を異にする二つの〝場〟が派生する。一つは〝遍在的場〟であり、もう一つは〝離散的場〟である。これを他の概念から説明することはできない。したがってこれは無定義である。

遍在的場はまた全域的場であり、連続的場でもあると述べたが、これらの言葉はそれぞれの〝場〟のあらわれ方によってつかい分けられる。もっとも、遍在性をもたない場が全域的で連続的な場をつくることは難しいであろう。そのくらいの関係である。

〝遍在的場〟のなかには〝時空間の場〟も含まれるが、ここで注意すべきは、〝時空間の場〟がまずあってそれが〝遍在的〟であったというのではなく、実在するのは〝遍在的場〟のほうであり、そのあらわれの一つとして時空間の世界があるという関係になっており、その逆ではない。しかし、〝遍在的場〟のなかにある限り、時空間はどのようにも変化し得るし、時間と空間とは互いにどのような関係にもおかれ得る。あえて言えば、〝遍在的場〟にあるのは時空間だけではないかもしれない。それ以外に私たちの知らない(あるいは知り得ない)別の連続体を含んでいて、気づかぬうちに私たちはそのなかに浸っている可能性も否定できない。

離散的場についても同じことが言える。離散的場はまた局在的場であり、非連続的場であると述べたが、互いの性格に関係はない。ここでも実在するのは〝離散的場〟であって、そのあらわれの一つとして質量やエネルギーという量子的世界があるという関係になっており、その逆ではない。しかし、そのゆえに質量とエネルギーはどのようにも変化し得るし、質量とエネルギーとは互いにどのような相互関係にもおかれ得る。ここでもあえて言うならば、〝離散的場〟は物質やエネルギー以外にも、私たちの知らない(あるいは知り得ない)別の離散体を含んでいる可能性を否定できない。ダーク・マターやダーク・エネルギーは、あるいはここに入るのかもしれない。

この論考では遍在的場と離散的場という言葉とならんで、巨視的と微視的という言葉がつかわれている。この言葉は遍在的環境あるいは離散的環境のなかでの、物質やエネルギーの挙動を言いあらわすときにつかわれる。

無証明命題について

無証明命題についても補足しておきたい。〝根源的場〟が〝遍在的場〟と〝離散的場〟の二つのあり方をもっていることに対応して、それぞれを活動させる要因が必要になる。

まず、遍在的場に関していえば、光速度定数の名でよばれる定数〝c〟は、遍在的場の属性になっており、遍在的場におこるすべての事象は、光速度定数〝c〟によって支配される。光はこの〝場〟におかれているので、時空間の枠の支配を受けて光速度としてあらわれているが、光だけでなく、この〝場〟

でおこるすべての物理量の相互作用には、必然的にこの定数が関与することになる。そういう意味では〝光速度定数〟というより〝遍在的場定数〟というべきかもしれない。光はたまたまその一つの例であった。

たとえば、質量とエネルギーの相互変換には光が直接かかわらないのに、$E=mc^2$という式に光速度定数〝c〟が入っているのは、それが時空間のなかでの反応であるためである。ここでは遍在的場の性格が優越して、質量とエネルギーの離散的性格は遍在的場のなかに埋没してしまった。

つぎに、離散的場についていえば、離散的場は量子がその活動を規定し、〝量子の場〟をつくっている。量子の場は無数の波長と振動数をもった波から構成されており、それが離散的な性格を生み出している。これをかたちであらわすと無数の弦にも例えられる。そのために、この場をあつかう理論は超弦理論とよばれる。

〝遍在的場〟と〝離散的場〟とは互いに別個にはたらいているようにみえるが、二つの場のあいだには思いがけず密接な関係がある。というのは、遍在的場という全域的場があってこそ局所的場があり得るし、時空間という遍在的で連続的な場があってこそ、そのなかに離散的で非連続的な質量やエネルギーがつくられるという関係になっているからで、〝場〟は互いに相補的に依存しあっている。

時空間は連続的であるから無限に小さくなれるが、質量やエネルギーは離散的であるために無限に小さくはなれないというのも、この相補的関係から生まれる結果の一つである。

一つの弁明　最後にひとこと。根本命題を述べたすぐ後にも記したことであるが、大事なことなのでここでもう一度確認しておきたい。ここに掲げた根本命題と、そこから導かれる三つの世界のあり方が唯一のものと主張しているのではない。別の根本命題を立てることは可能であるし、そこから別様の世界を導いてくることは可能であって、根本命題が一つあれば、対応した世界が一つできる。どのような根本命題であれ、どのような世界であれ、それが唯一のものと主張した途端に、その根本命題と世界とは消滅する。理性は多様な根本命題と世界が存在することを当然とし、それが唯一であることを許さないからである。

この論考に掲げる根本命題と三つの世界は、あまりにも独自であり、おそらく異端に属するであろう。それを臆面もなく述べきたったのは、理性が多様な世界の存在を許すと信じてのことである。そこに矛盾と誤謬のなからんことを願うのみである。

理性世界をつくる三つの小世界

この論考では世界を物質世界、生物世界、心の世界の三つに分けて考えていくことを基本方針としてきた。世界の全体を大世界、三つの世界を小世界とよぶならば、これから小世界の考察に入っていくわけだが、大世界で基幹原理のもとに世界を構築するという手段をとってきたのに倣って、小世界という状況下では基幹原理がどのような特殊なかたちであらわれるかをみていくことになる。

その限定された原理が、小世界での構成原理となる。幾何学でいえば基幹原理が公理であり、構成原理は定理にあたる。それぞれの世界について、その世界の発祥、その世界の構成原理、その世界の独自性という順序で話を進めていこう。

（1）物質世界

（a）物質世界の構成原理

物質世界の発祥は、そのまま宇宙の開闢ということであり、それについてはすでに考察を重ねてきたので、ふたたびはとり上げない。したがって、ここで物質世界の構成原理を考えていくとすれば、物質世界に特殊なことがらを規定する原理ということになってくる。その数はあまり多くない。

物質世界は遍在的場と離散的場の二つに分かれて存在するから、それを規定する構成原理もまた二つに分かれる。その一つが時空間の場についての原理であり、もう一つが物質・エネルギーの場についての原理である。それはまた巨視的にみた世界と微視的にみた世界という区別にもなる。

（i）遍在的場の構成原理（〝時間・空間の場〟に代表される）　遍在的場と離散的場という二つの場のあいだの関係は、微妙かつ複雑である。というのは、時空間の場に代表される遍在的場から世界を眺めるというのは、おおむね巨視的に世界をみることになって、その場合には時空間の場を支配する遍在性が、すべてに優越してはたらき、そのなかに物質・エネルギーの場を支配していた局所性は埋没してしまい、局所性に独自の性格は表面にほとんど出てこなくなる。

こういう状況のもとでは、物質・エネルギーの変化や運動が本来もっているはずの独自性は、時空間の場の枠組みに抑えられて発揮できないままになり、物質・エネルギーの変化や運動については、巨視的なあらわれ方しかみられなくなる。

すなわち、時間の遍在性によって、物質・エネルギー反応の継起性と不可逆性が保証されるから、それが物質・エネルギーの不滅則となってあらわれ、空間の全域性によって物質・エネルギーの並立性が保証されるから、それが物質・エネルギーの変化と運動の不可逆則としてあらわれている。両者を総合したかたちがエントロピー増大則である。これが巨視的な環境での構成原理となる。

（ⅱ）離散的場の構成原理（〃物質・エネルギーの場〃に代表される）　物質とエネルギーが巨視的な時空間の場におかれたときは、上に述べたとおりの挙動を示すが、いったん微視的な場に移行すると、まったく違った挙動をあらわすようになる。

巨視的から微視的な世界に入るとは、つぎのような状況を想像したらよいであろう。時空間はその連続性のゆえにいくらでも小さくなれるのに、物質とエネルギーはその離散性のゆえにあるところまでしか小さくなれない。したがって、時空間十分に小さくなったときには、そこに量子という粒子性が露出してあらわれてくる。

こういう状態におかれると。こんどは物質とエネルギーのほうが時空間の連続性を無視して、量子としての独自の挙動をとるようになる。このときにはすでに時空間の連続性は無視できるので、量子としての非連続性が表面に出てきて、対象についての観測値が確率的にしか確定できなくなる。これが微視的な環境での構成原理となる。

巨視的世界では世界を遍在的場からみており、世界の連続的面に足場がおかれている。連続的面から眺めたときには、時空間的記述と因果的記述とは並立しているので、同時に記述することができる。

しかし、微視的世界では世界を離散的場からみており、世界の非連続的面に足場がおかれている、非連続的面から眺めたときには、時空間的記述と因果的記述とはもはや並立しておらず。互いに相補的になっており、こういう状況のもとでは、両者を同時に記述することはできない。

以上に述べてきたことをまとめるとつぎの二つになる。

［物質世界の構成原理］

1　巨視的環境では、物質・エネルギーの不滅則、その変化の不可逆則、エントロピー増大則が成立する。ただし、エントロピー増大則は上の二つの法則から導かれる。

2　微視的環境では、対象の状態についての観測値が確率的にしか記述できず、時空間的記述と因果的記述とが相補的となり、両者を同時に記述できない。

（b）物質世界の独自性

宇宙の創生からはじまって、物質のあり方を究めていった道すじは、結局のところ物質世界の探求そのものであった。それを担ってきた学問分野が物理学であったことを思うと、物理学を自然学の王道とされていることもうなずける。

事実、中世ヨーロッパで大学がはじめてつくられたとき、そこに設けられた学部は神学、哲学、法学、医学であったが、そのうちの哲学はいまでいう物理学と数学を包含していたと考えられる。錬金術から化学が派生し、医学から生物学が独立を果たしたのは、それに遅れること久しいから、物理学と数学とはやはり学問の王者、学問の根幹とよばれるにふさわしい。

原初の世界の探求がそのまま物質世界の探求になっているので、ここでその探求についての物理学の貢献の跡をふたたび辿ってみることはしないが、ふり返ってみれば、その道のりの困難さと、成果の見事さに、あらためて賛嘆の念を禁じえない。

物質世界探求の意味

だが、物質世界を探るのはじつは恐ろしいことでもある。ふつうにはあまり言われないことだが、ここでは物質世界を理性的に探究することが目的であるので、あえて記すことにした。

物質世界はいわゆるビッグ・バンによって、宇宙が開闢すると同時にはじまったとされている。これで宇宙の開闢は説明され、物質世界のはじまりも説明されたと、一般には理解されているが、ここには大きな陥穽がある。なぜなら宇宙がビッグ・バンによってはじまったのであれば、ビッグ・バン以前があったはずであり、時間はこのときすでに流れ続けていたことになる。また、ビッグ・バンがはじまったからには、はじまるべき空間が用意されていたはずであり、空間はこのときすでに存在していたことになる。時間も空間もビッグ・バンを起点として存在しはじめたのではない。

それでは何がここではじまったのか。それは物質とエネルギーという存在が、ここではじめて出現したということである。それかあらぬか、時間と空間とはどれほどでも無限に小さくなれるという連続的な性格をもっているのに対して、物質とエネルギーとは無限には小さくなれず、一定の限界があるという不連続性をもっている。これが量子という単位である。

つまり、ビッグ・バンによってはじまったのは量子という不連続の世界であり、ビッグ・バンはすべてのはじまりではなかったのである。それなら時間と空間のはじまりを含めて、真の宇宙の開闢をどう考えればよいのか。こうして先に述べたようにすべてを生み出すべき〝根源的場〟という概念に到達せざるを得ないことになったのである。

話をもとにもどして、物質世界は物質とエネルギーという量子的な性格をもった二つの要素からなっていることを知った上で、物質世界の探求の意味を考えてみよう。物質世界はその開闢当初において、水素とわずかのヘリウムしか存在しなかったが、恒星が世代を重ねるとともに重い元素もつけ加わり、現在の状態が実現している。しかし、宇宙的時間からすればそれは一瞬のことで、元素組成の変化はいまもなお継続しており、遂にはもっとも安定した原子核をもった鉄（Fe）元素がすべてを占め、宇宙はふたたび無と静寂の世界に陥るとする見方がある。

この論考で物質世界の構成原理を考えているのも、現在という瞬間についてのことであって、遠い未来にまでは及ばない。未来には果敢なく消滅するかもしれない物質世界や、そのなかにつくられる生物世界や心の世界を考えることに、どれほどの意味があるかと思うと空しくならざるを得ない。

しかも相手とする宇宙は、私たちの知らない隠しカードをもっているらしいから、こうした考え方がいつ覆されるかもわからないのであれば、われわれ人類はいわずもがな、地球も太陽系も銀河系もなくなってしまう何兆年も先の遠い未来のことを考えるのは、人類を引き継ぐ未来の知的生物にまかせる方がよいのであろう。

物質世界を探るというのは、じつはこういう虚しさと寂しさに耐えることであった。それゆえになおさらのこと、物質のつくる日月・星辰の世界、生物のつくる草木・鳥獣の世界、心のつくる喜怒・哀楽の世界の愛おしさが増してくるのであろう。そういう気持ちでこれからの考察も続けていこうと思う。

物質世界の三系列　物質世界の諸法則は上に挙げた二つの構成原理を基盤において成立していった。その結果として、一連の系列がつくり出される。その一つは素粒子に発し、原子、分子、物質、星、銀河系という無機的な系列となった。これはいわば主系列であって、無機体としての物質そのものがあらわす系列である。

ここにもう一つの系列があって、それは分子に発し、高分子、細胞、個体、社会という有機的な系列となった。これはいわば傍系列であって、有機体としての生命があらわす系列である。ところがさらにもう一つの系列があって、それは生命体のなかにあらわれる無形の有機体としての心があらわす系列である。これは傍系からさらに枝分かれした傍系の傍系になっている。

こうして私たちは物質世界、生物世界、心の世界という三つの世界をもつことになったのだが、太い幹をなしている物質世界からみれば、生物世界のあり方はいわずもがな、心の世界にいたってはまことにか細い小さな枝でしかない。生命も心もまことに愛しむべき存在なのである。この論考ではこういう世界観のもとに、これから生物世界と心の世界をとり上げようとしていることを強調しておきたい。

(2) 生物世界

(a) 生物世界の発祥

生物世界は物質世界の次元を超えられるか　生物世界は物質世界のなかに開かれる。この言明にはいくつもの問題がある。というのは、すでに存在している物質世界のなかに、新しく生物世界が開かれるためには、もとの物質世界の構成原理を崩さずに、新たに生物世界の構成原理を設定しなければならないが、この二つの構成原理は互いに連続性を保ちつつ、別の世界であるからには、不連続でもなければならない。これはかなりの難問である。

さらに問題がある。新しい世界の構成原理というその〝新しい〟とはどういうことか。つくられた世界の構成原理の示す命題が、以前の世界の命題の次元を超えたことをもって〝新しい〟とするなら、次元を超えたことをどうやって判断するのか。これも難問である。

以下には生物世界という新しい世界が、物質世界の次元を超えたと思われるいくつかの事態を記していくが、それが以前の世界の次元を超えたとみるか否かは、これを見る人の判断にゆだねるしかない。ともかくも、以下にその事態を記してみよう。

（ⅰ）核酸分子が自己触媒能をもった　核酸という高分子が自己触媒というきわめて特異な能力を獲得し、それを基礎に据えて有機体という体系をつくり上げた。このことはすでに述べたので、ここではくり返さないが、有機体をつくるとは一つのシステムを完成させることであって、単に有機化合物が存在しただけで有機体がつくられるわけではない。有機体が成立したことは、物質世界と連続性を保ちつつ、次元を超えたと見做せる事実ではないか。

（ⅱ）核酸分子は情報をもった　つぎに、核酸という分子は四種類の塩基をもち、それらに任意に一定の配列をあたえ、その配列が一つの意味をもつにいたった。意味は情報となり得る。つまり、分子が個性をもち、それぞれが独自の情報をあらわす可能性をもった。これは無機化合物、有機化合物を通じて、きわめて独特のありようである。これも物質世界の次元を超えたと見做せる事実であろう。

（ⅲ）核酸分子は生物的自己を確立した　核酸分子は自己触媒と自己複製のはたらきによって、他の核酸分子とは別個に存在する独自の〝生物的自己〟を主張しはじめる。〝生物的自己〟はみずからをすべての中心に据え、自己の存続を最優先におく。ときには他の分子を無視したり圧迫したりもする。こうなると自己中心的な挙動がとれる分子ほど、存続の確率が高くなり、優勝劣敗という冷酷無残な掟がここにはじまった。これも物質世界の次元を超えたと見做せる事実ではないか。

(b) 生物世界の構成原理

核酸分子が物質でありながら、そのあり方が物質世界の次元を超えたと見做せる事実は、このようであった。それはとりもなおさず生物世界の構成原理となる。

まず、核酸分子が達成した有機体という体系は、有機化合物が存在しただけでは到達できない状態である。自己触媒という能力が、いくつもの偶然を重ねて生み出した奇跡ともいえるあり方であり、このことが生物世界をなり立たせている第一の構成原理となる。

つぎに、核酸分子が情報をもつということは、各々の分子が独自性を獲得したということで、分子に個性があたえられたことである。核酸分子が生物的自己の性格を露わにしたことは、分子の世界に排他的な競争原理をもち込んだことで、将来の生物世界のすがたそのままである。これが生物世界での第二の構成原理である。

〔生物世界の構成原理〕

1　核酸分子が有機体という体系を確立する。有機体の体系はさらに自己発展を遂げ、核酸分子から細胞、個体、社会へと有機体の階層を重ねていく。すなわち、有機体の体系は階層性をもつ。

2　核酸分子はそれぞれが情報と個性をもち、そのことによって生物的自己を確立する。生物的自己は自己中心性を発揮して、優勝劣敗の競争世界をつくる。これは生物世界のすべての階層に当てはまる。

（c）生物世界の独自性

ここで少しく視点を変え生物世界に独特の現象を探って、生物世界がもつ意味を考えてみたい。いったん生物世界が成立すると、この世界を維持していくために、新しい技術がいくつか必要になる。何よりも先に、核酸分子の自己複製が遂行されるには、複製のための素材が必要であり、そのためのエネルギーも必要になる。

原始の地球環境にはそのどちらもが、そのまま利用できるかたちで存在していたであろう。それゆえに核酸分子のかたちで、原初の生命が誕生したのであったが、やがては環境中に物質としての素材も、それを活用するエネルギーも乏しくなっていく。

物質代謝があらわれる　まず素材となる物質についてはどうしたか。自己複製のために必要な物質が、そのままのかたちで手に入らないとすれば、これと近縁の物質を原材料として、目的とする物質に変えなくてはならない。これが化学的な合成反応のはじまりである。まずは核酸分子自身を合成するために、その素材となる四種類の核酸塩基と二種類の糖を、手近にある近縁の物質から合成しなくてはならなくなり、やがてはかなり遠縁の物質からでも合成しなくてはならなくなっていく。こうして合成反応の鎖は一つまた一つと増えていく。これが核酸塩基のような窒素化合物や、糖のような炭水化物の代謝反応の原型となった。核酸分子は物質代謝という一連の化学反応がはじまるについて、中心的な役割を演じている。

やがては核酸分子のための素材だけでなく、たんぱく質や脂質についても同様のことがおこったであろう。こうして合成反応はその鎖の環を一つずつ繋げていき、遂には膨大な物質代謝の鎖の網目ができ上がった。いま私たちが眼にしている物質代謝の網目は、けっして一挙にしてつくられたものではない。その完成までには、どれほどの年月を必要としたことであろう。網目の一つずつが、長い歴史の痕跡であることを思うべきである。

エネルギー代謝があらわれる　つぎにエネルギーである。物質世界には熱エネルギーもあり、電気エネルギーもあるなかで、核酸分子はその合成のために燐酸の化学結合エネルギーという特殊なかたちを選択した。これは核酸分子の構造からして当然であった。核酸の構成成分には燐酸を結合させた四種の塩基が含まれており、それがそのままエネルギーの供給分子として利用されることになった。なかでもアデノシン三燐酸（ATP）やグアノシン三燐酸（GTP）の名はよく知られている。

核酸分子でのこういう事情が発端となって、あらゆる生物のすべての反応は、このかたちのエネルギーしか利用できなくなっており、さまざまのかたちのエネルギーはいったん燐酸の結合エネルギーに転換された後に、合成反応その他のためのエネルギーとしてつかわれることになった。いうなれば、これは生物世界のエネルギー経済圏での両替作業であり、そこでは燐酸の結合エネルギーが一種の国際通貨になっている。核酸分子はエネルギー代謝の問題においても中心的な役割を演じている。

死が出現する　生命が維持されるためには死が必要であるといえば、逆説めいて聞こえるであろうが、それはこういうことである。多細胞個体が出現すると、細胞のあいだに役割の分担がおこった。というよりも、役割分担が目的で多細胞の個体というかたちが生まれたのであった。一つの個体のなかに運動に特化した筋細胞、興奮伝達に特化した神経細胞などが出現した。これは個体が生きていく上で、はなはだ好都合なことであった。

　だが、体細胞と生殖細胞の分離には、少しばかり違った意味が含まれる。ここでの役割の割りつけが、生殖細胞には個体の再生が振り当てられ、体細胞には個体の死が振り当てられたからである。生命体はいままで知らなかった死と再生に、このときはじめて出逢うことになる。

　このことを理解するには、生命のあり方をもう一度ふり返ってみる必要があろう。核酸分子や細胞は自己複製によって分裂し増殖はするが、そこには死というものはない。百歩ゆずって分裂以前の分子や細胞が分裂によって死んだとしても、それと同時に再生がおこっており、再生によって死は打ち消され、償われている。少なくともそこに崩壊と消滅をともなう死は見出せない。

　だが、体細胞と生殖細胞が分離すると、そのあいだには画然とした再生と死の分離がおこる。生殖細胞は生命を再生させる役割を独占し、体細胞が死の役割を独占する。つまり、体細胞のみに純粋の死、すなわち再生をともなわない崩壊のみの死がおとずれる。これはいままで死を知らなかった生命体にとって衝撃であったし、生き方についての大きな転機となった。

　最大の問題は純粋の死を分担するのが、個体のうちで脳を含む体細胞であることで、脳が体細胞に属しているばかりに、脳はみずからにふりかかった再生なき死という運命について、懊悩しなければならぬ羽目に陥った。だが、その解決は脳のはたらきの一つである理性の手にあまる。それは理性で扱える域を遙かに超えているからである。したがって、ここでもこれ以上何も述べることができない。それは霊性の領域での問題であろうが、そこでもおそらく完全な解決は望めないであろう。

　生命の不完全さが生命を維持させる　ここまでみてきたことは、つねに不完全さがつぎの発展を促すということの連鎖であった。素材の欠乏が物質代謝を生み出し、エネルギーの不足がエネルギー代謝を生み出し、一個の細胞の能力不足が多細胞の個体を生み出した。これを極言すれば、生命という系の欠陥が生命を支えているともいえるほどである。生命はみずからの欠陥を補うべく、つねに拡張をつづけねばならなくなり、みずからにはたらきかけてその変容を追いつづける。こうして生命は瞬時も立ち止まることができなくなった。

これはいかにもせわしないことにみえるが、じつはそのことが生命を存続させている原動力になっている。というのは、生命が何らの変容も必要としないとすれば、それは生命が完全であったときのことであろう。完全であればそのままにあることがもっとも安定した状態であるから、変容を促す動機はどこからも生じない。変容は完全なものから不完全なものへの変容でしかないからである。

ところが、完全と思われていた生命は、けっして完全でもなければ、安泰でもない。なぜなら、いったん環境が変化すれば、これまで完全であった生命は、たちまち不完全な生命となり果てるからである。しかもこれまで変容を必要としなかった生命は、変容するすべを知らない。こうして完全な生命は滅亡するほかなくなる。生命は不完全であればこそ、存続が可能なのであった。生命はこういう運命を担いながら、この先もなお存続していくであろう。これは私たちを含めて生命をもつものにとっての希望でもあるが、また不安の種でもある。

(3) 心の世界

(a) 心の世界の発祥

心の世界は生物世界の次元を超えられるか

ここでも物質世界のなかに生物世界が開かれたときと同

じ問題を解決しなくてはならない。すなわち、生物世界を支える構成原理を崩すことなく、そこに以前の次元を超えた構成原理の命題を設定しなければならない。もし、設定された命題が心の世界を開く前提として承認されなければ、心のはたらきは生命活動の一つとなって心の世界は開かれず、生物世界が拡張されただけのことになる。

先の生物世界の場合につづいて、ここでも心の世界が生物世界の次元を超えたと思われる事態を記してみるが、是非の判断はこれをみる者にゆだねられている。

(ⅰ) 心的自我の創出　心は無形であり、心の世界も無形である。無形の心を活動させているのは心的自我であり、その心的自我を構成するのは、記憶に由来する事実表象と印象表象であり、それを支える論理原理と感情原理である。これらはいずれも無形である。

こうしてつくられる心的自我もまた無形であるが、その心的自我を個別に弁別できるのは、心的自我自身によって蓄積された記憶のみである。ところが、その記憶は心的自我そのものでもあるから、心的自我自身が心的自我を弁別していることになる。

これは一種の自己回帰になっており、〝知る自我〟としての主観的自我と、〝知られる自我〟としての客観的自我とがここで合一する。心的自我の自己回帰性は、その独立独歩的な行動性となってあらわれ、生物的自己であったときに受けていたさまざまな束縛から解放されて、心的自我は思うがままに自由にふるまえる存在となることができた。

すべてが無形の存在でありながら、それらのあいだにともかくも関係をとり結び、心的自我を成立させた。こういう心的自我のあり方は、有形の身体をそなえた生物的自己のあり方とは一線を画している。

そういう心的自我からつくられる心の世界もまた、生物世界の次元を超えたと見做せるのではないか。

（ii）心的自我は生物的自己と訣別する　心的自我のあり方は生物的自己のあり方と異なる。生物的自己はその本来の役割として、生存競争のただなかで自己を保全していかねばならない。そこには自然淘汰という情け容赦のない厳しい掟がある。生物的自己にとっては何よりも自己の存続が優先される。他者の存在が自己の存続にとって障碍となるならば、これを消滅させることも厭わない。その行動には何の容赦もなく無慈悲であって、いわば機械論的といえよう。

心的自我のあり方はこれとは対照的である。心的自我は他者の心的自我の存在をつねに意識し、あるときにはこれを憧憬と尊敬の対象とし、あるときにはこれを同情と憐憫の対象とする。このときにはみずからのとる態度が何を目指すかが考慮に入っている。その行動はいわば目的論的である。この違いは心的自我をして生物的自己からの決別を余儀なくさせ、遂には両者の対立にいたる。対立については別に論じなければならないが、このことからも心の世界は生物世界の次元を超えたと見做せるのではないか。

（b）心の世界の構成原理

ここまで述べてきた心の世界の特徴は、そのまま心の世界の構成原理になっている。

まず、心は無形であるがみずからの記憶によって心的自我を創出し、心的自我によって心的自我そのものを自覚させた。このことによって心の世界が確立した。これが構成原理の第一である。

つぎに、心的自我は生物的自己から切り離されて、独自の途を歩みはじめる。そのとき、心的自我は生物的自己から離脱して、生物的自己が背負っていた制約からも脱却する。

［心の世界の構成原理］

1　記憶が成立すると、記憶は心的自我を確立する。心的自我は生物的自己とは別次元の存在となる。

2　〝知る自我〟と〝知られる自我〟のあいだに自己回帰性が生じ、心的自我には独立独行性があらわれ、生命体を拘束する遺伝子の支配から自由になる可能性にもつながる。

この二つの原理からつくられる心の世界の中心には心的自我が据えられるが、この心的自我がもっている自己回帰性から必然的に心的自我の独立独行性が導き出されてくる。心的自我は生物体のなかにおかれていながら、〝わが道を往く〟式の行動をとりがちで、それが生物としての制約からときとして逸脱していくことのあるのは、この独立独行性のあらわれであろう。これが極端になった場合には、生物本来の制約である遺伝子の支配からも解放される可能性さえもあり得るのではないか。このことはまた別に論じなければならない。

（c）心の世界の独自性

心の世界の構成原理をみて思うことがある。物質世界のなかに生物世界が開かれたとき、二つの世界のあいだには連続性とともに不連続性が同時に存在していたが、二つの世界のあいだに際立った対立というものは見られなかった。ところが、いま生物世界のなかにおかれている心の構成原理をみると、不連続的というよりも対立的とよびたくなる。

生物的自己と心的自我との相克　生物的自己がその自己中心性を発揮するなかで、心的自我はあえて自我の存在を主張することをやめて、みずからの心的自我に独自のあり方を追求しようとする。心的自我はつねに他者の存在を念頭においており、それが心的自我の他者尊重性となってあらわれる。

だが、心の世界はつねに生物世界のなかにある。そこで他者をつねに尊重しつづけることには、理想としてはともかくもかなりの無理がある。そこでおこることは心的自我と生物的自己の葛藤であり、心的自我の側からすれば煩悶である。

心的自我と生物的自己とのあいだに横たわるこの超えがたい溝に対して、理性はどのように反応するか。心的自我がみずからの存立を危うくする生物的自己からの挑戦に直面したとき、理性は無策であるわけにはいかなかった。そこに倫理という規律があらわれたのは、生物的自我に対抗するための一つの方策であったろう。だが、その方策は無残にもしばしば失敗に帰する。

心的自我からの呼びかけに応じて、倫理の途を正直に歩んだものの多くが不遇と不運に泣き、逆に、生物的自己からの呼び声に応じて暴虐の限りをつくした徒が、終生にわたって栄耀栄華を誇った例は挙げるにいとまもない。司馬遷（前145～前86）の著した史記には、〝天道、是か非か〟という語がある（伯夷伝）。これは心的自我と生物的自己の葛藤に苦しめられたものの、偽らざる呻き声であろう。

生物的生命と心的生命の相克　生物的自己と心的自我とのあいだの、自己中心性についての葛藤はこのようであった。さらにそれにつけ加えたいことがある。生物的自己の主体としての〝生物的生命〟と、心的自我の主体としての〝心的生命〟とのあいだにも、超えることのできない断絶がある。〝心的自我〟という言葉を、わざわざ〝心的生命〟という言葉におき替えたのは、ここで生命の尊厳を問題にしようとするからである。心的生命という特別な生命があるわけではないが、このような意図から心的自我を担うものとしてこのようによんだ。

一見したところ、生物世界には生命の尊厳というものが存在しないかにみえる。たとえば、ある種の生物では子孫の存続のための手段として、膨大な数の卵を産み落とし、そのなかでわずかに数個の卵の生存に賭けているが、ここでは生命の価値が確率の問題になっている。また、自然淘汰という場では、個体は選抜されてその生存の可否が定まるが、ここでは生命が優劣の比較の対象になっている。

いずれも生物的自己の本性のあらわれであって、こういう事例をみると、生物的生命の次元では、個々の生命に尊厳性があると認めることが難しくなる。では、心的生命ではどうか。すでに心の世界の構成原理として、心的自我は心的自我みずからによって創出されるとしている。これは心的生命の存在自体が〝自律的〟に確立されていることを意味していよう。これとは対照的に、生物的生命は決して自律的に確立されるものではなく、環境次第で〝他律的〟にその存在が許容されているに過ぎない。

生命の尊厳はその自律性に依拠してのみ言い得ることがらである。心的生命は自律性のゆえにその尊厳を主張することができる。自律ということがなぜそれほどにも強い力をもつのか。それはみずからによって律せられた規制が、他のすべての規制に優先してみずからを律するからである。カントは自律性をもってあらゆる自由を超越した自由であるとし、すべての道徳の基盤となるとしたほどである。生命の尊厳が心的生命においてのみなり立つと考える根拠はここにある。

だが、心的生命の尊厳は決して安泰ではない。その背後ではつねに生物的生命が隙を窺っていて、生物本来の性向を露わにしようとし、心的生命の尊厳をたえず脅かしている。これを防ぐことができるのは自律のみであり、したがって自覚のみである。生命の尊厳はある意味ではきわめて脆弱なものといわねばならない。それだけにいっそう自律性と自覚性が重んじられねばならなくなる。

理性世界の未来

ここまで理性世界の三つの小世界を個別に考察してきたが、ここからは理性世界の全体を見渡して、その現在と未来の展望を試みよう。理性によって自然の理解が深まったことは言うを俟たないが、いくつかの問題点をもあらわにした。このことに眼をふさぐわけにはいかない。それを明らかにすることは、この先で理性を十分にはたらかせる上でも、欠かすことのできない視点となるはずである。問題は理性の内部にも、外部にも見出される。順々に記していこう。

(1) 理性を脅かすもの

理性よ、驕るなかれ　まず、理性は人に真の安住の場をあたえることができたか、と問うてみよう。何ごとかを知り得たとき、知り得た悦びは得たものの、なおまだ先を知りたいとの思いが、いっそう強まるのではないか。これは焦燥感、渇望感とまでは言わないまでも、安堵感、充足感とは隔たりがあるように思う。

これは理性の本質がなせるわざで、つねにさらなる展開を追及せずにはいられないという性格が、その原因になっている。これはよく言えば理性のはたらきの原動力になっている好奇心であるが、どこまでいっても安心と満足は得られない。

だが、これは人の人生観によることで、ただ安泰であるだけが人生の目的ではないとして、つねに求めるものをもつことに満足を感ずるという考え方も十分になり立つ。この考え方では理性が内部から脅かされているとしても、それが理性のあるべきかたちということになり、脅かすという表現をつかうのは控えねばならなくなるが、いましばらくつかわせてもらう。

理性を脅かすものはまだある。理性は合理的であろうとする。その合理性が理性を脅かす。合理性といえば世界を秩序づけるものとして、理性のはたらきを援けこそしようが、脅かすとは意外である。合理性がなぜ理性を脅かすのか。

このことを最初に体系化したのはマックス・ヴェーバー（1864～1920）であった。手段として合理的であろうとしても、価値として合理的であろうとしても、そのいずれもが紙一重で機械論的となり、人間性からは遠く離れて、理性が本来意図したところからも外れてしまうというのである。

問題になるのは合理性だけではない。偶然性についても同じ事情がある。人智の及ばぬ領域を偶然性とよぶならば、人間の存在も偶然であり、人の出逢いも偶然であり、偶然は運命と同義語となる。必然的な因果律から自由であったニーチェ（1844～1900）は、運命愛を説いてつぎのように語った。「偶然性と必然性とは、運命性という一点で溶融する。逃れられぬ運命であるなら、何ごともそれがあるのとは別様であることを欲してはならない」と。

日本では九鬼周造（1888～1941）が著書、『偶然性の問題』（1935）で、必然にのみに依存する西欧哲学から速やかに脱却し、偶然性に強く感化されている東洋的哲学に回帰すべしと説き、〝遭遇〟や〝邂逅〟（Begegnung）の貴さを説いた。だが、偶然の哲学はいずれの所説をみても、いまだ発展の途上にあり、いま私たちが求めている充足の世界に達するにはほど遠いように思う。

理性を脅かすのは内部からだけではない。外部から迫ってくる脅威がある。それは理性によって切り捨てられたものからの復讐といえるかもしれない。そこには非合理的なもの、非論理的なもの、偶然的なもののすべてがある。理性はこれらのすべてに対して寛容でなかった。だが、本来はこれらのものによって、理性が支えられているのであった。そのことを理性は忘れていたのである。

理性がそれだけで閉じた世界をつくることができるなら、そのなかでは理性は十全であり、そこに限界を生ずることはないであろう。だが、理性はみずからに統合できなかったものを意識的に排除した。それがベーメ兄弟たち（1937～　、1944～　）のいう〝理性の他者〟にほかならない。彼らによれば〝理性の他者〟こそが、理性をして理性たらしめていたのである。これは非理性的な世界なくしては、理性世界が存在し得ないことを意味しており、また理性のみが単独で判断し、決断し、行動することの危うさをも意味している。

理性に盲目的な信頼をおくことを躊躇した思想家はまだほかにもいる。フランスのガッサンディ（1592～1655）もその一人である。事物の本質を理性によって把握することは、有限な人間にとって不可能であると考え、感覚の所与をそのまま受け入れながら、その不備を補うものとして理性を用いるべきことを主張した。理性はその最大限の整合性をもって、現象を説明することをもって足れりとする。だが、それでは不十分だと考えている。つまり、理性は理性のみで完全ではなく、むしろ理性は感性の補助者として考えるべきだというのである。

（2）理性に何を期待するか

非理性の大海のなかに浮かぶ小島のような理性世界

ここまで理性についてもっぱら批判的にみてきた。しかし、それは理性を過少に評価しようとするものではなく、むしろその反対である。理性の領域にみられる整然たる秩序は、人間の智慧が獲得した得がたい財宝であることは疑いを容れない。しかし、理性を過大に評価することは、それに溺れるに等しく、これはまた理性には相応しくないであろう。私たちにあたえられている理性の限界を知った上で、理性によって世界の理解を深めていくこと、それこそが理性に相応しい。

結局のところ、理性はみずからを野放図に拡げることをせず、むしろ制限することによってその特質をあらわにすることができたし、自然を含む世界の理解に大きく貢献してきた。だが、それは理性から排除されたものが無意味であることを意味しない。私たちは理性の特質を知るとともに、それとならんで理性の限界を知ることによって、世界の真の理解に達し得ると信じたい。

理性にはどういう限界があるのか。その最大のものが、じつは論理がつくり出す限界であった。論理は理性を支えているものであるのに、それが限界になっているとは意外である。ところが、論理のはたらきが及ぶ範囲をよく考えてみると、それは因果関係の支配する領域であり、原因という発端と、結果という終末をもった領域だけであった。

逆にみれば、私たちは世界に原因という発端を刻みつけ、結果と終末という印をつけることによって、世界を理解しているともいえよう。だが、印がつけられるのは、この世界のごく一部分に過ぎない。原因と結果の印がつけられる領域とは〝考えられる〟領域であり、印のつけられない領域とは〝考えられない〟領域であった。そして〝考えられる〟領域は〝考えられない〟領域ですっぽりと覆われていて、そこはもう理性の支配の及ばない領域になっている。むしろ〝考えられない世界〟という大海のなかに、〝考えられる世界〟という小島がぽっかり浮かんでいるようなものであろう。うっかり小島から外に出ると、大海に落ちて溺れる破目になる。

原因や結果の印をもたない、もしくはつけられない領域はいくらもある。宇宙のはじまりがそうであり、一者の存在にも、ものごとの本質にも、原因・結果の印はついていない。理性のはたらきが及ぶ範囲はこの世界のすべてではなく、その一部分にすぎないといい、理性によって自然界のすべてを把握することはできないというのはこのことを指している。

理性は昔から信じられていたように、あるいは期待されていたように、人類の智慧の頂点にあって、すべてを支配するという存在ではなかった。その理性を陰で支えているものがあり、さらにいえば理性を超えるものさえもあることに、人はそろそろ気づかねばならない。

人名ノート

エウクレイデース（Eukleides：前300年頃）

ギリシャ最大の数学者として名高い。アレクサンドレイアで活動したこと以外に、生涯について知られたことは少ないが、彼の多くの著作はギリシャ語原典で存在する。

彼の著書であるストイケイアでの用法では、公準が〝点には位置のみあって、大きさをもたない〟のように幾何学の基礎となる命題を指すのに対して、公理は〝部分は全体より小さい〟のように数学全般に亘って基礎となる命題を指しており、両者は区別されているが、現在では公準も公理とよぶのがふつうである。

彼がプトレマイオスⅠ世に幾何学を教えたとき、王がその煩雑さに耐えかねて、「もっと手っとり早く幾何学を学ぶ方法はないか」とたずねたところ、「幾何学に王道なし」と答えたという話は有名。

シュレーディンガー（Erwin Schrödinger：1887～1961）

ウィーンに生まれ、同地の大学を卒業した後、ブレスラウ大学を経てチューリヒ大学教授となる。早くに波動力学を提唱した先覚者であり、現在でも彼の基本方程式はシュレーディンガーの波動方程式と呼ばれ、量子力学の基礎となっている。ナチスに抵抗してアイルランドのダブリンに移住したが、そこで専門から離れて一般向けになされた〝生命とは何か〟という講演は示唆に満ちたもので、今日の分子生物学を予見するものであった。後に書物のかたちで世に出たが、〝生命は負のエントロピーを食べている〟という表現はこの講演のなかにある。

ドーキンス（Richard Dawkins：1941～　）

イギリスの進化生物学者。オックスフォード大学を卒業して、同じ進化生物学者のティンバーゲンの助手を勤めた後、カリフォルニア大学バークレイ校を経て母校オックスフォード大学に戻り教授となる。1976年に出版した『利己的遺伝子（The selfish gene）』は進化生物学にパラダイム変換をおこし、和訳を含め13カ国語に翻訳された。このなかで彼は〝生物個体の形質はすべて個体に宿る遺伝子に支配されており、個体とは遺伝子の乗物としての生物器械である〟と述べたことは有名である。

司馬遷（前145～前86）

前漢の歴史家。官は太史令。匈奴に降った将軍の李陵を弁護したために、武帝の怒りを買い、宮刑に処せられたが屈せず、時勢を痛憤して『史記』を著した。

ベーメ兄弟（Gertmut Böhme：1937～　、Hartmut Böhme：1944～　）

兄弟二人で『理性の他者』（1983）を著し、理性に先行し、理性によって排除された非理性的なものが、逆に理性を可能にしていると説いた。カントの理性批判は理性の境界を設定することには成功したが、境界を設定したことは、理性がそれを脅かす他者から逃れて、安全地帯に逃げ込んだことになる、というのである。

兄弟で同じ志をもち、ともに立派な業績を挙げたことには興味がそそられる。二人のあいだにはどのような論争が交わされたのであろうか、対立することはなかったのだろうか。ドイツにはもう一組グリム兄弟という例があるし、中国には無着と世親の兄弟がいる。これはそれぞれの国民性や、時代の事情と何かかかわりがあるのだろうか、この点にも興味をひかれる。

ガッサンディ（Pierre Gassendi：1592～1655）

南仏の小都市デーニュに近いシャンテルシエの農家に生まれた。幼い頃から非凡な才能をあらわし、若くしてパリの王立学院（後のコレージュ・ド・フランス）の教授となった。彼は懐疑主義の哲学者として名高く、デカルトが明証性の上に彼の哲学を構築したことに対してきわめて批判的であった。

ニーチェ（Friedrich Wilhelm Nietzsche：1844～1900）

ドイツの思想家。ボン大学、ライプツィヒ大学で古典文献学を学ぶ。若くしてバーゼル大学教授となるが、後に教授職を辞し、漂泊の生涯をおくる。彼の思想である「強者の道徳」や「強者の論理」が、本人の意思とは別に歪んだ理解に基づいて、ナチ政権のもとで政治的に利用された面もあったが、彼の真の目的は解放のエネルギーを強めて、理性一辺倒の近代思想を崩すことにあった。

九鬼周造（1888～1941）

東京帝国大学を卒業後ベルリンに留学し、ベルクソンやハイデガーに直接師事した。帰国後、京都帝国大学教授在任中に病没。著書『いきの構造』（1930）では、安易な融合感情を拒否する一種の緊張関係においてこそ、いき（粋）はなり立つと述べ、〝いき〟というきわめて日本的な感情を現象学的に分析した。また、『偶然性の問題』（1935）では西欧の伝統的形而上学の本質を、一元性と必然性の一致と見て、その克服の途を二元性と偶然性の一致に見出そうとした。詩歌にも造詣が深く、みずからも多くの作品を遺した。

第Ⅱ部のまとめ

理性とは〝考える〟という営為によって、この世界に秩序をあたえる能力である。この能力によって自然界でおこっているさまざまの事象を、事実表象のかたちで心的内界にとり込むことができた。だが、事実表象は自然界の事象のすべてを捉えることはできない。ここに理性の能力の限界がある。

理性は論理原理によって運用される。この原理は記憶に由来し、記憶がつねに関与するが、そのことからくる偶然性を避けることはできない。ここにも理性の限界がある。このような性格をもつ理性は、みずからの世界を構築することによって、自然界を理解しようとする。構築がすなわち理解である。それが物質世界であり、生物世界であり、心の世界である。

構築はつぎのように進む。まず、宇宙のはじまりには〝根源的場〟という状態が存在した。これは無定義概念であって、一種の〝無〟であるが、ここにはある種の揺らぎがあって、その揺らぎのゆえに、ここから時空という遍在的・広域的・連続的という性格をもった場と、量子の場という離散的・局所的・不連続的という性格をもった場という対照的な二つの場が派生する。この二つの場を基本において素粒子が創出され、素粒子から物質が創られると、ここに物質世界が開かれる。

つづいて、物質世界での法則性を維持しつつ、核酸という物質分子のなかに自己触媒というより高次の能力が開発されて、ここに生物世界という第二の世界が開かれる。

最後に、生物世界での法則性を維持しつつ、神経系という生物的な構造のなかに記憶の能力が開発されて、この記憶を基礎において統覚の能力がつくられ、さらには理性や感性のはたらきが生まれてくる。ここに心の世界が開かれる。これで三つの世界がそろってあらわれた。

これらのすべての世界は根本的前提としての〝根源的場〟という概念の上に、論理によって構築されたものである。したがって、根本前提が異なればそこには当然ながら異なった世界が出現するはずである。

（第Ⅱ部　了）

Ⅲ　感性、受容し総合する心

感性は言語による表出を拒むという特質をもっている。それは感性が論理を超えた領域に属していることを意味していよう。その機微にあえてふれようとした思想家は、これまで洋の東西を問わず幾人かあった。その言うところはいずれも何ごとかを表現しようとして、そのための言語を遂に見出せなかった呻き声にも聞こえる。

これを東洋にみれば、大乗経典の一つである金剛般若経にある「即非の論理」とよばれるものが、それにあたるであろう。「AはAに非ず、ゆえにAなり」というかたちであらわされるもので、Aとはたとえば山であり、川であり、美であり善であり、生であり死である。このとき「AはAである」という同一律や「AはAでないものではない」という矛盾律を否定し去り、それでもなお残ってくる「A」という命題を掲げようという趣旨である。これを鈴木大拙（1870〜1966）は「即非の論理」と名づけた。

また、西欧にこれをみれば、ドイツの神秘思想家であるニコラウス・クザーヌス（1401〜1464）がいて、彼はこう語っている。「無限という状態においては、すべての相違は同一となり、あらゆる多は一となる」と。これが彼のいう「反対の一致」である。さらにこうも言う。「無限なるものを認識することは、人間の知性によってはできない」と。これを会得することが、彼のいう「知ある無知」である。

言語による表出を拒まれたとき、そこに言語を超えたメタ言語の世界があらわれる。それは神話の世界に一脈通ずるところがある。人間はいつの時代にも、おのれの理解を超えたものに対して神話によって説明をあたえ、それによって安心を得てきた。そのことは一見神話とは無縁にみえる現代においても変わらない。科学による自然の理解は華々しい進歩を遂げたが、それだけ周囲の闇はいっそう深くなったともいえる。そこで人はますます神話を必要とするようになり、神話を荒唐無稽といって済ますわけにはいかなくなった。神話もまた科学の進歩に応じた深化を遂げねばならないが、その役割を担っているのが、まだその姿をはっきりとは見せていない感性なのであろう。フランスの比較神話学者であり、宗教学者でもあるデュメジル（1898～1986）は、神話をもたぬ民族がもしあるとすれば、それはもはや生命を失った民族である、とまで言っている。

断っておかねばならないが、感性を理性よりも優位におこうとしているのではない。ルネサンス以降、私たちは理性の明晰さに目をうばわれ、感性を育てることをおろそかにしてきた。私たちは新しい神話のかたちで、感性の意義を再確認し、その復権を望もうというのである。じつをいえば、現在の科学においてさえも、神話は思いがけないかたちであらわれはじめている。感性を欠いた科学、あるいは神話を欠いた科学の恐ろしさに、人はそろそろ気づきはじめた。感性の探求とは現代の神話を求めることでもあろう。憧憬や共感、あるいは慈愛や憐憫の情なしに、私たちは一日も生きてはいけない。「人はパンのみにて生くるにあらず」というが、人は理性のみでは生きていけないのである。

人名ノート

鈴木大拙（1870～1966）

金沢出身で東大在学中に鎌倉円覚寺で見性し、大拙の道号を受けた。彼は仏教思想の核心に、心と物質の二元論では捉え得ない霊性の存在を見出し、霊性的自覚は世界性をもつとの確信のもとに、禅をはじめとする仏教思想を広く海外に紹介した。

西田幾多郎は大拙の旧制第四高等学校（金沢）以来の親友である。大正十四年にはその西田の請いにしたがって真宗大谷大学に移り、しばらく教壇に立った。やがて大学を退職したが、その後も多くの著作を残しており、『禅論文集』三巻を代表作とするほか、講演をもとに書かれた『禅と日本文化』（岩波新書、1940：原文は英語）は、海外で広く読まれた。

ニコラウス・クザーヌス（Nicolaus Cusanus：1401～1464）

ドイツの神秘主義的思想家。人間の有限な知性によっては、無限なるものを捉えることはできないというのが、彼の一生を通じての根本思想であった。すなわち、神は無限であり、無限なるものにおいてはすべてが一致する。神においてはいかなるものも対立し得ず、最小なるものと最大なるものさえも一致する。彼はこれを〝反対の一致〟とよんだ。主著として『知ある無知』（1440）がある。彼は著作だけでなく教会の改革にも奔走したが果たさず、失意のうちに亡くなった。

デュメジル（Georges Dumézil：1898～1986）

フランスの宗教史家であり、比較神話学者でもある。コレージュ・ド・フランス教授。かつては衰退していたインド・ヨーロッパ語族の神話・儀礼の比較研究を、再活性化させた功績は大きい。彼の思想の特徴として、神話に見られる世界観を聖性、戦闘性、生産性に区分したことが挙げられるが、これには賛否両論があり、いまだに決着がついていない。だが、彼の業績はレヴィ＝シュトロースやフーコーらの仕事にも、大きな影響をあたえている。主著に『神々の構造』（1958）、『ゲルマンの神々』（1959）などがある。

1 〝印象表象〟があらわれる

〝真・善・美〟を体現する表象

意味と価値
印象表象とは何か
印象表象の分化
印象表象はなぜこれほど複雑になったのか
印象表象はなぜこれほど複雑でなければならないのか

意味と価値

雲の流れに春や秋の息吹を感ずるとき、心のなかでは印象表象が動いている。また、わが身の来し方行く末を思うとき、心のなかでは感情原理がはたらいている。この二つの要素によって感性世界の活動は維持されている。

人の生き甲斐はその人が抱く希望と、描く理想に深くかかわっている。感性のはたらきがこれと無関係であろうはずがない。感性は身の回りでおこるものごとが希望に沿うものであるか、理想に適うものであるかに、絶えず気を配っている。それが一つにはものごとの意味と価値という評価というかたちをとり、もう一つには快と不快という心情となってあらわれる。

いま述べた意味と価値、快と不快という言葉は、すぐつづいて説明するように、ふつうに思われているよりも懐の深い含みをもってつかっている。いずれも感性世界を動かす力をもっているが、まず意味と価値を問題にしよう。快と不快についてはすぐつづいてとり上げる。

意味と価値には、理性的と感性的の二つがある　このようにいうと、理性世界には意味も価値もないのかと反論されるであろう。理性世界にも意味もあれば価値もある。だが、そのあり方は感性世界におけるあり方とは大きく異なる。それは理性世界と感性世界とが目指すところが異なることに起因する。

理性世界が目指すのは、この世界を余すところなく理解することであろう。したがって、理性的なあり方としての意味は、この目標に資するところがあれば意味があり、なければ意味がないことになる。価値についても同様であろう。これが理性的意味であり、理性的価値である。

一方、感性世界が目指すのは、この世界に希望をもたらすことであろう。したがって、感性的なあり方としての意味は、この目標に資するところがあれば意味があり、なければ意味がないことになる。価値についても同様であろう。これが感性的意味であり、感性的価値である。

誤解を恐れずにいえば、理性的意味と価値は私たちの心にじかに訴えるものではなく、それが有用か否かで決まってしまう。しかし、感性的意味と価値はこれとは異なり、私たちの心を揺さぶり、希望と理想に溢れさせる力をもっている。このように意味と価値は理性世界に属するよりも、より深い意味で感性世界に属しており、人が生きていく上でなくてはならぬ重い位置を占めている。これから感性世界を探っていこうとするのも、遥かに理想を望み見て、希望を実現させようとする願いからである。

ところが、意味と価値という二つの言葉はきわめて広範な意義を含んでおり、思想家によって意見はまちまちである。たとえば〝意味〟については、アメリカの心理学者であるオグデン（1889～1957）とイギリスの批評家であるリチャーズ（1892～1979）の二人が、『意味の意味』（1923：The Meaning of Meaning）という奇抜な表題をもった書物を書いているし、〝価値〟については、ドイツの哲学者であるヴィンデルバント（1848～1915）やリッカート（1868～1936）によって、価値哲学という一つの大きな哲学分野が拓かれている。

こういう本が書かれたり、一つの学問体系がつくられたりするほどに、意味と価値とはその間口が広く奥が深い。そのせいでもあろうか、意味や価値の本質となると、現在にいたるまで未解決のままである。そういう事情もあるので、ここでは両者の本質はさておくとして、感性世界を探る基準としての意味と価値をみることに限って論議を進めたい。その際にこの論考では独自の立場をとっているので、それをつぎに記しておこう。

（a）意味と価値は心的内界の創出物である　まず第一点として、意味も価値も心的内界に創り出されたものであり、外界の事物に意味や価値がそなわっているのではないと考えている。すなわち、外界の事象はただ存在するのみであって、事象それ自体は〝意味〟とも〝価値〟とも無縁であるが、外界の事象に向き合った人が、その事象が自分にとってどういう意味と価値とをもつかを問うたときに、その人の心的内界にその事象の〝意味〟と〝価値〟が、はじめて創り出されてくるものとした。それが反転して外界の事象に投影されると、外界の事象そのものに意味や価値があるようにみえるが、それは見かけだけのことであって虚妄である。これは意味と価値を現象としてみていこうとすることに通ずる。

（b）意味と価値はその性格を異にする　つぎに第二点として、意味と価値はともに対象をみる主体側からの解釈のかたちであるが、この論考では異なった性格をあたえた。すなわち、〝意味〟を対象がどのように〝感得〟されたかにかかわるものとした。このとき〝意味〟のあいだに軽重はない。つぎに〝価値〟を対象がどのように〝了解〟されたかにかかわるものとした。このとき〝価値〟のあいだには軽重が生まれている。

言い換えれば〝意味〟によって、対象は感性的に〝掬い取られ〟、〝価値〟によって、対象は感性的に〝納得される〟ということになろう。〝意味〟と〝価値〟をこのように規定して、こういう用い方をするのは、この論考に限ってのことであるので、その規定を文章にしておいた。

［意味］

意味は外界の対象が、内界でどのように感得されたかをあらわす。意味には軽重がなく、意味は内界においてのみ効力をもつ。

［価値］

価値は外界の対象が、内界でどのように了解されたかをあらわす。価値には軽重があり、価値は内界においてのみ効力をもつ。

この規定からも知られるように、対象が感性的に把握されるには、はじめから対象のなかへ入るのではなく、まずは外観を眺めるだけにとどめておき、そこで表面的な〝意味〟が求められる。つづいて、対象を深くまで掘り下げるようにして〝価値〟が求められる。だが、対象に意味を見出したとき、そこにはじめて価値が見出されるという関係にあるので、二つの階梯を切り離すことはできない。

受容されたばかりの知覚表象は意味とも価値とも無関係であるが、中枢での照合作用を介してまず意味が付与され、ついでそれが他の意味とも対比されることによって、価値に変換されるという経過をとる。その価値次第でどのような心情的な性格をもった印象表象に変換されるかが決定され、その心情はさらに深化の途をたどっていくことになる。

ここではまず意味の観点から感性のはたらきを考察し、その後に価値の観点からの考察に進もうと思う。そうすることによって、意味と価値との関係をいっそう明らかにしていきたい。

感性を支配する快と不快の心情　感性世界には意味と価値とは別に、もう一つ重要な支配的な要因がある。それは快と不快の心情である。感性のあり方について意味と価値が大きな役割をもっていることは、いま述べたとおりであるが、快と不快の心情はそれとは別のところで活動している。その活動たるや、感性世界を根源から揺り動かすというほどのものである。意味と価値が静的にはたらくとすれば、快と不快は動的にはたらくとでもいえようか。

意味と価値とは対象のあり方についての判別であったが、快と不快は対象があたえた過去の経験に依拠した判別であって、まったく別の範疇に属するが、心的内界に生じた快と不快の心情は、そこにいかなる印象を生み出すかについて決定的な役割を果たす。さらに言えば、感性世界にあらわれるすべての事象の底層には、つねに快と不快の心情がはたらいている。これはこの論考の全体を通じての一貫した考え方である。

ここでつかっている〃快〃と〃不快〃という言葉は、いわゆる〃心地よさ〃とか〃心地悪さ〃というような軽い意味ではない。それとはおよそ異なる重い意味合いを含ませており、奥深い内容をもったものとして扱っている。この〃快〃はときとして魂が魅了されるほどに好ましいものとなり、この〃不快〃はときとして身を震わすほどに忌まわしいものとしてあらわれる。重い意味合いをもつとはこういうことである。

快と不快の心情は、意味と価値の判別とは、範疇を異にすると述べたが、じつは深いところでつながっている。人が美なるもの、善なるもの、真なるものを感じとったとき、彼はそれを快として受け止めているが、いずれの場合もその背後では、ことがらの意味と価値を問うている。そのゆえに、はじめは感覚的な美、善、真であったとしても、やがては心の奥底にまで深く沈んでいき、そこで感動的な美となり、人格的な善となり、渇仰的な真となっていくことができる。

そのとき〃快〃は希望と理想にはっきりつながっている。ものごとが理想という目標に沿って進んでいるとき、それは前途への期待感と満足感として〃快〃が感じとられ、この目標から逸れているならば、それは前途への不安感と失望感として〃不快〃が感じとられる。これはこの章のはじめに感性的意味と感性的価値について述べたこととまったく同じである。逆にみれば、人は快と不快の心情を頼りにして、世界に希望を見出し、理想を実現させようと励むともいえよう。ただの〃心地よさ〃などではなく、人として生きていく上で大事な指標の一つにもなっている。

印象表象とは何か

印象表象を規定する　前置きがだいぶ長くなったが、感性世界を探っていこうとするにあたって、その手立てが印象表象と感情原理の二つになることは、これまでの考察からも明らかであろう。その際にはまず印象表象の考察からはじめようと思う。というのは、感性世界を目に見えるかたちにしてくれるのは印象表象であって、感情原理は陰に隠れてはたらいているので、すぐには目に見えない。そこで、感性世界の全体像を掴むことを優先して、はじめに印象表象をとり上げようというわけである。これは理性世界を探るのに事実表象を先にして、論理原理を後にしたのと同じ理由である。

感情原理と印象表象については、第Ⅰ部の「心の要素」ですでに規定してあるので、それをここに再掲しておこう。

［感情原理と印象表象］（再掲）

外界の事象が受容される際に、その事象が以前にあたえた好悪の心情を選別の基準にとって、記銘がおこなわれるときには、二種類の統覚のうち後験的統覚のみがはたらく。

このとき後験的統覚は感情原理のかたちをとって知覚表象にはたらきかけ、これを印象表象に変換する。ここに感情原理と印象表象という一対の関係が確立する。

〝印象〟の語を規定する　これに関連して、印象表象というときの〝印象〟とは何かを問題にしよう。外界でおこるさまざまの〝事象〟を感覚器が受容したとき、その人の主観によって心的内界に〝印象〟

があらわれる。だが、内界にあらわれる〝印象〟は、外界でおこっている〝事象〟のあり方とは無関係である。二つは別ものである。〝印象〟は心的内界にのみあらわれ、ときには外界の〝事象〟から離れて、内界で独立してはたらく。理性世界でみた〝外界の事象〟と内界の〝事実〟のあいだにも、これと同様の関係にあったことを思い出してほしい。

そういう事情があるので、まず〝印象〟という言葉を規定してから、論議をはじめるのが順序であろう。理性世界でも〝事実〟を規定してから理性世界の考察をはじめたが、ここでも同じ理由からである。参考のために、以前に記した〝事象〟の規定も併せて掲げておいた。

[事象]（再掲）

事象とはそれを心が受け止めようと、受け止めまいと、そのこととは無関係に外界でおこっているできごとを指す。

[印象]

外界の事象が知覚表象として心的内界に入ったとき、感情原理がはたらく状況にあったならば、知覚表象は〝印象表象〟のかたちに変換される。このときの心的状況のあり方を〝印象〟とよぶ。

この規定はあべこべではないか、印象とは心的内界に生まれた心情そのものではないか、印象表象への変換がなぜ必要なのか、という疑問が必ずや出てくるであろう。それについての弁明をここでしておかねばなるまい。

事情はこうである。生まれてきた心情を印象として規定しようとすると、まず心情そのものを規定してかからねばならないが、それは困難をきわめる。いまは感性の要素に印象表象があることを前提にして論を立てており、その印象表象についてはすでに規定してあるので、印象表象が形成されることが、印象の成立と同義になる。それがこの規定で印象表象を表に出した理由である。理性で〝事実〟を規定したときに、〝事実表象〟が表に出ていたのも同じ理由からであった。なお、〝感情原理〟の規定については、つぎの章でとり上げることにしてある。

右に記した規定はあたりまえのことを言っているようにみえるが、じつはそうではない。そのこともここで説明しておこう。自然界では森羅万象というくらいに種々雑多な事象がおこっているが、それが印象表象に変換されるまでには、いくつかの段階を踏まねばならない。

外界からの刺激が知覚表象として受け入れられた瞬間には、そこにあらわれる知覚表象の性格は中性的、もしくは両性的であって、事実表象へも印象表象へも変換される可能性をもつが、ここでつぎのような振り分けがおこなわれる。もし、事象の物性的なあり方を目安にしたときには、論理原理がはたらいて事実表象へ向かい、そこに理性世界がひらかれる。ここにいう〝物性的なあり方〟とは、心情を差し挟まないというだけの意味である。これに対して、事象が快をもたらすか、不快をもたらしたかを心情的な目安にしたときには、感情原理がはたらいて印象表象へ向かう。このときはじめて感性世界が開かれる。

印象表象の成立　あまり気づかれないことだが、印象表象にとって大事なことがある。後者のように〝印象〟として心情的に受け入れられたときには、その印象と反対の性格をもった印象が対になって生成される。なぜ対をつくるのかといえば、それは振り分けの作業が、二つの性格を天秤にかけてその軽重を量っているからである。印象は一種の平衡感覚であって、ある印象に対しては、反対の性格をもった印象が、釣り合いをとるためにあらわれる。このように印象表象は正負両方向の符号をもって同時に生成されるのだが、ふつうには反対の符号をもった印象表象は意識されないまま意識下界に隠れてしまい、一方だけが意識界に残される。

反対の符号をもつ印象があらわれる裏には、快に対する不快の心情が潜んでいる。たとえば、純に対する不純であり、潔に対する不潔である。前者が好意的な心情で受け入れられるのに対して、後者はおおむね拒否的な心情をともなうので、ことさら意識下に隠されてしまうのであろう。しかし、これには逆もあって、不純や不潔のほうが興味を惹き、純粋や清潔を抑圧することがある。これは嗜好の問題でもあろうが、もっと深層での心理が絡んでくるので、ここではこれ以上深入りしない。

これがさらに義に対する不義、徳に対する不徳、仁に対する不仁になってくると、同じく主観による判断ではあるのだが、やがてそれを許せるか、許せないか、という判断になっていき、これは個人的な嗜好を超えて、倫理の問題になってくる。このことは後にもう一度とり上げねばならないが、ここでは問題を指摘するにとどめておこう。

意識界と意識下界

いまも意識下という言葉が出てきたが、感性世界に特有のこととして意識下界の問題がある。意識下界は独自の構造と枠組みをもっており、印象表象はそこで意識界とは異なった独自の展開を示すことになる。印象表象が意識界ではたらいている陰で、意識下界に沈んだ印象表象からの影響を受けているのだが、それは意識には上ってこない。だが、意識下にからのはたらきかけがあるからこそ、意識されている印象表象がこのように華麗なあらわれ方をみせるのであり、もしそれがなかったならば、そのあらわれ方は浅薄なものにとどまるであろう。

しかし、よいことばかりではない。ときには恐るべき結末を招くことがある。それは意識下での印象表象の成長が意識界での成長を上回って、意識界にある印象表象の存在を脅かし、遂にはこれを圧倒して、その破壊につながるような場合である。美の探究者が陰ではたらく醜の表象の力で破滅した例は、多くの文芸作品で目にすることができる。

たとえば、アンデルセン（1805～1875）の童話にある『影法師』は、その一つであろう。その主人公はふとしたことから自分の影法師を相手に、対話を交わしていくのだが、しだいに影法師のほうが強くなって、主人公が影法師に乗っ取られてしまい、挙句の果に破滅してしまう。童話にしてはおそろしい話だが、この影法師は意識下界ではたらく陰の表象の隠喩にほかならない。

このように意識下界には多くの問題があって、本来なら意識界と並べて述べていきたいのだが、筆者にはその力もないのでこれまでとしたい。ただ、意識界での印象表象について考えているときには、その陰に意識下界からのはたらきがつき纏っていることだけは忘れないようにしたい。それが感性世界に独特であるだけに、尚更のことである。

印象表象の分化

印象表象が成立するまで　これから印象表象の分化について個別に述べていきたいのだが、印章表象の分化には特殊な過程が含まれているので、分化が成立するまでの過程をまず羅列的に述べてから、各論に入っていくことにしたい。

（ⅰ）事実表象と印象表象の振り分け：外界の事象は、感覚器を介して知覚表象として受容され、それが中枢に送られて事実表象と印象表象の二つに振り分けられる。事象のあり方を基準にとった場合には、事実表象に分化し、事象があたえる快・不快の心情を基準にとった場合には、印象表象に分化する運命を担う。

（ⅱ）〝前〟印象表象という段階の介在：印象表象の分化には、〝前〟印象表象という特殊な段階がある。これは知覚表象が意識界に入るか、意識下界に入るかの振分けのための、一種の踊り場であるか、印象表象の分化に独特の存在として扱うことにした。

（ⅲ）振り分けによって印象表象への分化が決定すると、分化はさらに進んで情感、意欲、憧憬の三想念を帯びるにいたる。これらの想念は互いに混淆しあえるという特殊な状態にある。これは理性における事実表象の分化ではみられなかったことである。

事実表象の場合には三階梯は序列をなしていて、まず存在が確定していなければ、概念はつくられないし、つぎには概念が確定していなければ、命題はつくられないという具合で、事実表象の階梯には動かしがたい序列があった。だが、印象表象の三想念のあいだには序列はなく、それどころか相互のあいだにはつねに緩やかな浸透さえおこっている。これが階梯とよぶことを避けて想念の名でよぼうとする理由である。

（ⅳ）ここで生まれる想念は正と負という互いに反する記号をもっているから、これらのあいだに相互浸透が可能になったとすると、想念のあいだの混淆の度合いは想像を絶したものとなろう。その過程や結果をすべて述べることなど、到底不可能なことであるが、できる限り踏み込んでみたい。

以上が印象表象の分化についての概略である。これを表にして示しておいた。そこにはやや先取りしたことも含まれているが、この表に沿ってこれから説明していくのが好都合であろう（表Ⅲ・1）。

（i）情感表象（情感の想念を帯びた印象表象）：美なるものと、醜なるものを弁別する

ここにみるように、情感表象という表示の後に、長たらしい注釈がついている。理性では〝存在確認

表Ⅲ・1　印象表象の分化過程

刺激の受容	領域の選択	想念の分化	想念の役割	想念の深化
〝前印象表象〟の状態におかれた知覚表象は、意識界と意識下界のいずれに入るかの選択を待つ。	意識下界：前印象表象の状態に止まることが多い。	大部分は無限定状態を維持しつづけるが、一部は三想念の性格をもった印象表象に分化して、意識界にある印象表象に陰からの影響を及ぼす。		
	意識界：前印象表象は印象表象に変換され、感情原理の位相（括弧内に示す）に応じて三想念に分化。	情感表象に分化（感得原理）。	美と醜の弁別。	感覚の美（醜）から精神の美（醜）へ。
		意欲表象に分化（志向原理）。	善と悪の弁別。	情緒の善（悪）から人格の善（悪）へ。
		憧憬表象に分化（洞察原理）。	真と偽の弁別。	畏敬の真（偽）から渇仰の真（偽）へ。

の階梯にある事実表象〟を単純に〝存在表象〟と一言に約（つづ）められ、何の注釈もいらなかったのに、感情表象に限って注釈がつくのはなぜか、といわれるであろう。じつは理性と感性でつかわれる表象のあり方の違いが、ここにはっきりとあらわれている。

先ほどもふれたように、理性では存在表象は一つの階梯であって、事実表象の序列のなかでの地位をあらわしている。だが、感性では事情を異にして想念が階梯ではなく、何らの序列的な地位をもあらわさない。それどころか他の想念と対等に混淆してはたらき、いずれかの想念に偏ることはあっても、純粋に一つの想念だけを帯びるということはあり得ない。

だが、ある想念が純粋なかたちであらわれたなら、どういうあらわれ方をするかを知っておかなければ、他の想念と混淆したかたちがどういうものになるかを想像することも難しくなるであろう。それを補うべくこの注釈がつけられた。

つぎの章で詳しく述べるが、一つの印象表象はいくつかの想念を併せもっているから、これを三次元の仮想空間のなかにおいてみると、三つの想念についての座標値として示すことができる。印象表象のあり方を可視的にみると、このようになる。

前置きがだいぶ長くなった。情感の想念に話を絞ろう。情感の想念のあらわれ方の根底には、快と不快の心情がはたらいていることはいうまでもない。いま何らかの事象についてある経験をしたとすると、そのときのもっとも素朴な反応は、その経験が〝快〟をもたらしたか、〝不快〟をもたらしたか、を察知することであろう。ここでその〝快〟と〝不快〟とはどういうものであったかが問題である。

はじめは単なる感覚的な快や不快であったとしても、それが心的内界で熟成されていくと、予期していたよりも遥かに広い領域にまで拡がる。快と不快の感覚はそこで想念のかたちに転換されるが、その想念は多面的で多能的な性格をもち、そのために生成される表象にも〝情感〟といういくらか漠然とした名称があたえてある。

〝快〟はまず美にあらわれ、その美は深化する

くり返し述べているように、〝快〟という感覚は多様なあらわれ方をするが、それを心情という面からみると、もっとも単純には〝美〟としてあらわれる。ただ、それは心的内界でのできごとであって、快をあたえた外界の事象に美があるわけではない。外界の事象に美しいものがあり、醜いものがあるかにみえるのは虚妄であって、外界の事象には美もなく醜もない。美や醜を生み出すのは心的内界においてであり、情感の想念のはたらきである。

外界の事象がまったく変わらずにあっても、心的内界においては情感の想念がはたらいて、感覚的で皮相的な美から、内省的で精神的な美へと大きく変貌していく。これが情感の想念の深化である。そういうことが可能であるのも、情感の想念の動きが外界の事象から切り離されて、内界でのできごとになっているからである。

情感の想念の深化は〝快〟の心情の深化と相呼応しており、直覚的な〝快〟から内省的な〝快〟へと深化を遂げていく。この深化の過程は〝階梯〟の深化とは大きく異なるので、これを〝快の様態の深化〟とよび、情感についても〝情感の様態の深化とよぶことにした。

〝快〟の様態は希望と理想に結びついたとき、その深化は殊に著しくなる。情感の一つである〝美〟についても、その例外ではない。この考え方を裏づけるかのように、美についての論議を歴史的に顧みると、美を希望や理想に結び付けた考え方が、しばしばあらわれている。

たとえば、美学の創設者といわれるバウムガルテン（1714～1762）は、〝真の美とは感性的な完全性である〟と述べているし、ドイツ観念論の創始者であるカント（1724～1804）は、〝美とは構想力と悟性のたわむれである〟と規定した。いずれも美を希望と理想へ向かう道程として、あるいは意味から価値へ向かう道程として捉えているといえよう。私たちが統一の美や、調和の美を感じとれるのは、それが未来への希望を宿しているからであり、また、畏敬の美や、崇高の美を感じとれるのは、それが遥かなる理想を目指しているからではないか。

情感の想念が希望や理想と結びついたとき、それは美としてあらわれると述べたが、広く見渡してみると、あらゆるものごとの印象を、希望と理想を判断の基準にとって判断したときは、その判断の基盤には、必ず美と醜の観念がはたらいており、さらにその底流にまで降りてみると、そこには快と不快の観念が伏在していることに気づく。快・不快と美・醜の観念は、それほどにも広範な領域に亘ってはたらいている。

こういう複雑な関係が成立する裏には、当然ながら感情原理のはたらきが介在しており、決定的な役割を演じている。それについては感情原理の章であらためて述べよう。

美と醜の対立　情感の想念のはたらきには正と負の両方向がある。美を正の方向に向かう快であるとすると、負の方向に向かう醜が同じ比重をもって存在することを忘れてはならない。私たちが美しいものを見たとき、そこに一抹の危うさを感ずることがあるのは、美の裏にある醜なるものを、意識下に抱き込んでしまうからであろう。〝美〟が単独で存在することは困難であって、陰ではつねに〝醜〟に裏打ちされている。なぜそういうことになるのか。

美の語は日本語の古訓ではウルハシ（ウルワシ）であり、山川の佇まいであれ、人の心にみられる情愛であれ、整ったさまをあらわす言葉であった。見て快いさま、つまり〝ミヨイ〟ことであった。一方、醜の語は日本語では〝ミニクシ〟と訓読されるように、見たくないもの、見ることを拒むものを指していた。かつてはこのように単純明快であった美の形而上学が、近世になって崩壊してしまった。〝心理学的美〟なる逆説的な観念が生まれてくると、美しくない芸術という一見矛盾した考えまでが理論化されるようになって、いまでは美の概念が単純ではなくなってしまい混乱状態に陥っている。こうして〝美〟は単独では存在できなくなってしまった。

この混乱状態にも理由がある。それは美というものが一種の平衡観念であって、正と負の両方向に向かう力の釣り合いは、いつでも崩れる可能性を秘めている。心のなかに美についての情感の想念が生まれたときには、必ず反対方向に向かう醜についての情感の想念がつくられている。ふつうならその一方だけを意識に上（のぼ）せ、もう一方は意識下に沈めて陰の表象にしておけば、片方で美が著しい深化を遂げても、他方で同時に醜も同じく深化するであろうから、これで均衡のとれた美が成就するはずであった。

ところが、人は醜に思いがけない魅力を感ずることがある。〝怖いもの見たさ〟の好奇心ということもあろうが、これは意識下にある醜の印象表象が思わぬ成長を遂げて、意識界にある美の印象表象の力を圧倒してしまったからである。

醜について語った美学者は少ない。醜について思索した思想家もまたわずかである。この論考でもそれほど深くまで踏み込むことはできなかった。しかし、醜に反撥して生まれる美があることは確かであり、醜そのものに美を感ずることがあるのもまた確かであるなら、美のみを見て醜には目を背けるのは、片手落ちというものであろう。

世の中には〝ミタク〟もないような醜がたくさんある。そういうときに〝ミタイ〟ものとしての美を求めるのは当然の成り行きであろうし、〝ミタイ〟ものとしての美の輝きはいっそう尊いものになるであろう。醜あっての美というのはこういうことであろうか。

（ii）意欲表象（意欲の想念を帯びた表象）：善なるものと、悪なるものを弁別する

善と悪　ある人物によっておこなわれた行為、さらには社会で広くおこなわれている行為には、善きものがあり、悪しきものもあるかに思われる。だが、これらは外界の事象一般と同じであって、それらは単に営為としてあるだけで、そこに善し悪しの区別はない。善し悪しの別があらわれるのは心的内界においてであって、そこでの弁別によることである。

心的内界での弁別はどのようになされるのか。ここでも快と不快の心情が大きな役割を演じている。すなわち、心的内界に生まれてくる印象が好ましいものであれば、それは善きものとして受け入れられ、好ましくないものであれば、それは悪しきものとして退けられる。快として求めるか、不快として退けるか、この弁別には〝意欲〟が必要である。ここで意欲表象が選択の役割を担ってはたらくことになる。

この選択がなされるについては基準が必要になる。その基準はここでも希望と理想である。すなわち、意欲の向かう先に希望と理想の二つを見てとれるか否かが選択の鍵になっている。この基準に適っていれば満足感が湧き、それが意欲的には〝快〟として承認され、ここに〝善〟が発見される。もし適わなければ不満感が湧き、それは意欲的には〝不快〟として拒否され、ここに〝悪〟が発見される。この見

方では〝善〟とは理想に向かう意欲を指し、〝悪〟とは理想に背く意欲を指している。

これもまた面倒な考え方と思われるであろう。善と悪の観念はもっと単純なことであって、ことがらが善いか悪いかだけで十分ではないか、というのがふつうの考え方である。だが、突き詰めていくと、意欲のかかわらないことがらについて、善悪の判断をすることが難しくなり、最終的には善なる意志をもって究極の善とするほかなくなってくる。これは善の概念を極めつくした末に得られる結論に等しいものになっているが、それについては後に述べる機会がある。

それはそれとして、意欲表象にはさらに複雑な事情を抱えている。というのは、意欲表象が正と負の両方向に向けて想念をつくる性質をもっているので、正の方向に向かう意欲表象が〝善〟をあらわすとすれば、負の方向に向かう意欲表象は〝悪〟をあらわすことになり、この両者は同時に生成されるからである。

〝善〟だけが生成されていればまだしも、〝悪〟が同時に生成されるとなれば、〝善〟だけを考えているわけにはいかない。その上、意欲表象はその様態を直覚的から内省的へと深化させていくので、〝善〟と〝悪〟の隔絶はさらに大きくなる。これが昔から喧しく論じられている善と悪との相克の問題である。

悪がもつ意味　古今の思想家による善悪についての論議にも、そのことが反映されているようにみえる。たとえば、イギリスの思想家のホッブス（1588～1679）は絶対的悪というものはなく、ある人にとっての嫌悪と憎悪の対象が悪であると述べたし、オランダの哲学者スピノザ（1632～1677）は、善とはわれわれに有益であると認知されるもの、悪とは善であることを妨げるもの、と規定した。どちらも善を相対的なものと考えている。

その後になって、カント（1724〜1804）は熟慮の末に、〝善なる意志〟のみに〝善〟の本質を認めた。それ以外の基準によって善を規定することの困難さを感じたのではないか。カントはさらに〝善〟と対になる〝悪〟について、人間が自愛の原理にしたがって行為することと断定した。彼は原因としての意志の力を重んずる立場をとり、行為の結果を重んずる立場を捨てた。〝結果としての行為〟よりも、〝原因としての意志〟を尊重したのである。善は実践を成立させる根拠となるといわれるのは、このことを意味している。善悪の問題はここにいたって最終的な決着をみたといえよう。これ以上に説得力のある言説はない。

意欲表象には正と負の両方向があり、どちらも活発に活動している。正の方向に向かったときには、そこに共感や親近感のような好感情が生まれるが、負の方向に向かえば、そこでは反感や嫌悪感のような悪感情が蠢きはじめる。心的内界においては、両者は同時に生成されており、片方が速やかに意識下にすがたを隠してしまうので、気づかれないだけのことである。

善と悪との相克　意欲表象は正負の双方に向けてはたらき、善の対極には悪がすがたをあらわす。悪は意識下に沈んでいったんそのすがたを隠すことが多いが、思いがけないときにあらわれて、意識界の善の印象表象に干渉してくる。悪が人を惹きつけることがあるのは、その一つのあらわれであろう。

悪の起源がどこにあるかについては、昔から論議が絶えない。ことにキリスト教の立場では唯一神で善なる神が創造したこの世界に、なぜ悪があるのかが説明できず、悪が存在すること自体がパラドックスになっている。トマス・アクイナス（1225?〜1274）は、悪を神が人間にあたえた試みであるとし、罪と罰の起源をここにおくことによって一応の解決をみたとされている。このことは前にも述べた。だが、悪はそれほどにあってはならないものであろうか。

この論考では悪の起源について、一つの仮説を立てた。感性空間のなかに善へ向かう印象表象が生成されると同時に、必然的に悪に向かう印象表象が生成される。ここに悪の起源がある。つまり、善の観念もまた一種の平衡観念であって、善は必ず悪の裏打ちをもっており、それによって心は均衡を保っている。悪を排除して善のみを求めることはできないのである。

(iii) 憧憬表象(憧憬の想念を帯びた表象):真なるものと、偽なるものを弁別する

美にかかわる情感の想念や、善にかかわる意欲の想念では、それが扱うべき対象がはっきりしていた。美にあっては感覚が主であり、善にあっては行為が主であった。ところが、真にかかわる憧憬の想念にいたって、扱うべき対象がはっきりしなくなる。それは〝真〟そのものが個別の対象から離れて、世界の全体や、存在そのものにかかわってくるからであろう。こうして憧憬表象は世界のあり方についての〝真〟や、存在のあり方についての〝真〟を求めはじめる。

〝憧憬〟がもつ意味　感性の目標が希望と理想にあるとする立場からすると、〝真〟とはものごとの〝真の意味〟であり、〝真の価値〟であり、究極的にはものごとの本質そのものということになろう。また、感性のはたらきの根幹には〝快〟の感情が伏在するという立場からすると、〝真〟とはものごとの本質に迫れる〝快〟であり、〝偽〟とは本質から離れる〝不快〟であるといえよう。いずれの立場をとってみても、〝真〟にはものごとの本質がかかわってくる。

そこには美や善の本質の探究までもが含まれ、それをも含めたすべての真が求められることになる。さらには〝真〟そのものの本質までが問われるにいたる。これは人にとっての究極の問いということになろう。憧憬表象はこの課題を担うことになるが、憧憬表象はそれに応えるだけの力をそなえていなければならない。果たしてそれは可能であろうか。

不可能かも知れないという危惧と不安があるにもかかわらず、人は〝真〟を求めてやまない。それは人が究極の本質に対して、衷心から畏敬の念を抱いているからであろう。このことを重くみてこの心情を〝憧憬〟とよび、そこにかかわる表象を〝憧憬表象〟と名づけたのであった。そこでは可能・不可能の問題は度外視されている。

こういう大きな不安を抱えつつも、憧憬の想念は深化していく。それにつれて憧憬表象がもつ意味性や価値性は昇華されて、倫理性へと変換を遂げるにいたる。このときには同時に〝真〟のかたちも変化しており、直覚的で表面的な〝真〟から、内省的で倫理的な〝真〟に向かっていく。〝真〟の究極のかたちとは、ものごとの辻褄が合うことなどではなく、その倫理性に見出される。これが〝憧憬〟の語がもつもう一つの意味である。

憧憬の想念が深化した後にも、快と不快の心情はなお活動をつづけており、この境地において〝真〟が希求されるのは、そこに倫理的な快があるからであり、〝偽〟が嫌悪されるのは、そこに倫理的な不快があるからである。快・不快の心情の根深さはここにも見てとれよう。

心的内界にはすでに情感の想念や意欲の想念が数多くの蓄積されているはずで、それらのあいだには協調もあり、軋轢もあったであろうが、それらは憧憬の想念においてすべてが統合され、一段と次元の高い倫理的な快へと向かおうとするのである。

真と偽の対立　憧憬表象も正負の両方向をもつので、当然ながら真があれば偽もある。ところが、ここでは真と偽とを対立させる意味を見出すことが難しくなっている。偽についての役割がはっきりしないのである。

美と醜、善と悪の場合には、両者の対立についての意味があたえられたのに、これはきわめて対照的なことになった。美や善についての意味は、それに対して負の意味をもった醜や悪とのあいだに平衡関係を築くことによって、かえってはっきりしたのだが、真にあっては偽とのあいだにこういう平衡関係がつくれない。真はあらゆる偽を排除するなかで、独り孤立して存在する。しかも、何を真とし、何を偽とするかは個人によって異なることさえある。こうして偽の行きどころはなくなる。

このように〝真〟という概念には〝美〟や〝善〟とは大きく異なるところがある。これまで美と善については、そのいずれもが平衡観念であると述べてきたが、真については平衡観念とはいえず、理想観念とでも名づけられるべき存在となった。

〝真〟とは何か、〝真なる〟とは何を意味するかという問いに関連して見逃せない考え方がある。それはニーチェ（1844～1900）がツァラトゥストラの言葉を借りて述べた言葉である。それはつぎのように語られる。

「あなた方には真に向かう意志がある。真に向かう意志とは、この世界の一切について、それを思惟することができるように、また見ることができるように、そして聞くことができるように変えることである。それはあなた方が感覚で捉えたものを、その究極にまで思考し尽くさねばならないということである」。

「あなた方が世界とよぶものが、このようにして創造される。あなた方のもてるすべてのものが、すなわちその感性が、その心象が、その意志が、そしてその愛が、ここでみずからの世界となる。このとき、あなた方の至福の感情が生まれてくるに違いない。これはみずからが創造主となること、つまりは神になることにほかならないが、この希望をもたずしては、不可解で背理に満ちたこの世界を生きていくことはできない」、と。（訳は氷上英広氏によるが、この論考の表現に準じて、訳文の表現にいささかの変更を加えたことを許されたい）。

ニーチェによれば真を希求した結論はこのように厳しい。彼は神がすでに死んだと考えているから、神に依拠するような〝真〟を求めることはできない。したがって、真を求めるとはみずからが神に代わって〝超人〟の地位を占めることになるというのである。この言説のすべてを肯定するわけにはいかないとしても、真を追求することの厳しさと、その拡がりの茫漠さについての指摘はそのとおりであろう。

この拡がりは感性をも超えた霊性の世界にまでつづくと思われるので、霊性の章でもう一度とり上げて論じてみたい。超人の思想についても同様である。以上で印象表象につくられた三階梯の考察を終えるが、ここまでの議論を表にまとめておく（表Ⅲ・2）。

印象表象はなぜこれほど複雑な想念をもつようになったのか

印象表象がこれほどに複雑であるのは、感性としての特異性がそれを要求しているからである。以下にその特異点を順に挙げていこう。

印象表象の特異性がそれを要求する　理性の最大の関心事はこの世界を細大漏らさず理解することであり、感性の最大の関心事はこの世界を僅かなりとも損なわずに受容することであろう。この目的のた

表Ⅲ・2　印象表象にあらわれる三想念、その役割と様態の変化

想念	特徴
情感	・快・不快のあらわれの一つとして、美・醜が弁別される。 ・対象の美的意味と価値を問題にする。 ・感覚の美（＝直覚的）を出発点におき、感動の美（＝内省的）へと昇華する。
意欲	・快・不快のあらわれの一つとして、善・悪が弁別される。 ・対象の善的意味と価値を問題にする。 ・情緒の善（＝直覚的）を出発点におき、人格の善（＝内省的）へと昇華する。
憧憬	・快・不快のあらわれの一つとして、真・偽が弁別される。 ・対象が真の感性の目標である理想に適うか否かを問題にする。 ・畏敬の真（＝直覚的）を出発点におき、渇仰の真（＝内省的）へと昇華する。

めに理性では事実表象は整然とした秩序のもとに論理性を発揮していくし、感性では印象表象が希望と理想を目指して価値性を追求していく。

印象表象は正負の値をそなえた一対の組として生成される　理性では事実表象が正の値の値をもって生成されていたのとは対照的に、感性では印象表象が正負の値をもった一対の組として生成される。

これは印象表象がつねに一種の平衡状態として存在することが原因である。正負の値をもった印象表

象は、いずれもそれぞれの想念を深化させていくので、最終的には正負の想念をもった印象表象のあいだには、平衡関係を破りかねないほどの隔絶が生まれてくる。そのいずれを採るかは、そのときの情況にもよろうが、かなりの苦痛を伴うはずである。これが印象表象を複雑にしている第一の原因である。

印象表象は後験的統覚のはたらきによって生成されている　すでに述べたことをくり返すが、理性ではたらく事実表象は、先験的統覚に由来する論理原理によって生成されるが、感性ではたらく印象表象は後験的統覚に由来する感情原理によって生成される。

後験的統覚は文字通り何らかの経験があった後に、はじめてはたらきはじめる。先験的統覚であれば、情報は経験に先立って設けられている枠組みに、いわば待ち構えられたかたちで組み込まれていくが、後験的統覚にあっては、枠組みが前もって用意されているわけではないので、情報が入力された後から、それぞれの情報に応じた枠組みをつくっていかねばならない。

枠組みがそのつどつくられるとなれば、過渡的な段階も必要になるであろうし、枠組みの調整も必要になるとなれば、そこにつくられる枠組みも当然複雑になってくる。これが印象表象を複雑にしている第二の原因である。

印象表象は意識界と意識下界の双方に分かれて存在する　意識下界でのはたらきをもつのは、感性世界に特有のことであって、印象表象もその一つである。

意識下界での印象表象のはたらきは、深層心理学の領域で扱われるべき問題であって、ここでそのすべてを述べることはできないが、それでも印象表象について述べようとするなら、まったくふれずに済ますわけにはいかない。必要なことに限って記していこう。

意識下界に入った印象表象は、一種の無限定の状態を保ちつつ、上層の意識界ではたらく印象表象に対して影響力を及ぼしつづける。ジェームズ（1842〜1910）のいう〝純粋経験〟や、ベルグソン（1859〜1941）のいう〝純粋持続〟も、この状態のあらわれの一つである。

この状態はほとんど瞬間的にあらわれ、一瞬後には消失するかにみえるが、完全に消え去ることなく潜在的にそのはたらきを残しており、印象表象に対して影響力を及ぼしている。私たちはみずからの意志や行動が自由であると信じているが、じつはそうではなく、これを支配する陰の力が存在する。その一つが意識下からの影響力である。

印象表象がつくられるときには､つねに反対の性格をもった表象と対になってあらわれる。美には醜、善には悪、真には偽という具合であった。その片方はおおむね厭わしいものとして、意識には上せず、意識下に沈められる。しかし、ときには沈みきりにならず、意識下から反対向きの印象表象に対してはたらきかけ、みずからの厭わしさを捨てさせるばかりか、魅力を感じさせるまでになる。これが意識下からのはたらきかけであることを気づかずにしまうことが多い。

気づかれずにいる意識下からのはたらきかけはまだある。意識界にある印象表象が本来の発現を果たせず、何ごとかが陰に潜んでいるという感覚だけが残り、理由のない漠とした苛立ちであったり、もの悲しさであったりする。これらはその理由を問われてもはっきりとは答えられないのがつねである。俗にいう〝虫が好く、好かない〟という感じ、あるいは〝虫の知らせ〟〝腹の虫〟などは、この類（たぐ）いであろう。昔の日本人は意識下ではたらく印象表象の存在を、いつのまにか知っていて、これを〝虫〟とよんだのではないか。

また、意識下におかれた印象表象が、個体の短い経験を超えてあらわれている場合がある。種族としての太古からの経験にまで遡るような記憶が、意識下に残されているのはその一つの例であろう。スイスの心理学者ユング（1875～1961）のいう〝元型〟とは、こういう記憶の一つである。その正体は意識下につくられた印象表象が、書いては消され、書いては消された挙句に、消しきれなかった記憶が、枠のなかにこびり付いたものではないか。よく挙げられる例だが、多くの民族の神話や伝説のなかに、蛇が恐ろしい動物として定着しているのは、過去にいくたびも蛇からうけた恐怖の経験が消し残され、痕跡として残されたものであろう。

これらの例は私たちが自覚しない記憶を保持し続けており、それがしばしば抵抗し難い力をもって行動を束縛することを示している。いかなる意志をもってしても、この種の印象記憶から自由にはなれない。意志下ではたらく印象表象は、私たちにとって隠れた支配者であるかもしれない。これが印象表象を複雑にしている第三の原因である。

印象表象の分化の様態を、理性での事実表象の分化と対比させて表に示しておいた。理性では事実表象が階梯を上っていくたびに、表象の次元が高まっていくが、感性では印象表象が互いに対等の次元を保ちつつ、三つの想念に分かれた後に、それぞれの想念が独立に深化を遂げる運びとなる。この表では意識界での分化に限定した（表Ⅲ・3）。

印象表象はなぜこれほど複雑でなければならないのか

内界につくられる印象表象を、可能な限り外界の多様な事象に対応させたい　同様のことをやや違っ

表Ⅲ・3　事実表象（理性）と印象表象（感性）の特性を比較する

事実表象	刺激が知覚表象として受容される。	中間過程はなく、直接に事実表象へと変換される。	事実表象に変換された後、存在・概念・命題の三階梯をこの順序で上る。階梯に次元の序列がある。	三階梯が進行するにつれて、把握される事実の範囲は拡張され、大きく統合される。これによって理性の体系は堅固になる。
印象表象	刺激が知覚表象として受容される。	中間過程としての前印象表象の段階があり、それを経た後に印象表象に変換される。	印象表象に変換された後、情感・意欲・憧憬の三想念に分かれる。想念に次元の序列はない。	三想念は深化して〝直覚的様態〟から〝内省的様態〟に移行する。こうして感性の体系は豊潤になる。

た面から考察してみよう。印象表象が複雑であれば、感性はどういう利点を享受できるのか、という観点である。じつは感性世界がこれほど豊かであって、私たちの感情生活がその豊かさを謳歌できるのは、印象のもつこの特異な複雑さによっている。

　自然界でおこる事象に対応して、心的内界には事実表象と印象表象という二つの表象がつくられる。このとき、自然界のはつねに連続的に変化しているのに、表象への変換はある瞬間、つぎの瞬間というふうに断続的にしかおこなわれないために、心的内界に生成された表象は、極端にいえば、断片的な事実もしくは印象のつながりになっている。こうして自然界の事象の像と、心的内界で表象がつくる像のあいだにズレが生じ、相互の対応は失われてしまう。これでは心的内界での事象の把握は完全とはいえない。

非対応には二つの場合がある。一つは個別の事象についての詳細な内容が、把握できなくなる場合であり、もう一つは事象全体の内容が把握ができなくなる場合である。前者を仮に個別性での非対応とよび、後者を多面性での非対応とよんでおこう。どちらの非対応も望ましいことではないが、理性と感性ではその重要さが違っている。

理性においては個別性が重視される　事象の個別性を重視するとは、世界の把握についての深まりを重んずることに通じ、事象の多面性を重視するとは、世界の把握の拡がりを重んずることに通ずるとすれば、理性においては把握の幅よりも深まりのほうがより重要になるのに対して、感性においては両者がともに重要であって、いずれかをより重んずるという立場はとれない。

世界の把握に幅の広さがあることと、把握に深まりがあることとは、理性にとっても、感性にとっても重要であることは疑いないが、無理を承知であえて比べてみるなら、理性においては探索のなされ方が細かく深いことが、遠く広くあるよりも優先されるといえよう。それは理性が法則性を基盤として立っているゆえに、その法則性を確実に捉えるためには、世界を広く遠くまで見渡すよりも、狭く深く掘り下げることがより重要になるからである。言い過ぎを許していただくとして、探索の範囲がどれほど広かろうとも把握が浅きに過ぎ、そこに法則性を見出すことができなければ、世界を理性的にみて確実に把握したとは言いがたいのではないか。
感性においては個別性と多面性の双方が重視される　それに引きかえ、感性にあっては世界の探索が仔細であることと、それが広範に亘ることとが、同等に重要になる。両者のあいだに軽重の差はない。感性は意味性と価値性を基盤として立っているのであれば、狭い範囲を掘り下げることも大事であるが、全体を広く見渡すことも、それと同じように大事になる。なぜなら、広い世界を知らなければ、比較という見地が疎かになり、世界についての大局観はまず得られないからである。

感性はこの要請に応えるべく、いくつかの手立てをそなえている。その一つが想念の個別性を経糸（縦糸）とし、もう一つが想念の多面性を緯糸（横糸）として、全体が網目になっていることである。感性は経糸と緯糸の二つを兼ねそなえ、かつはそこにつくられる網の目を緻密にすることによって、世界を漏れなく掬い取るという方策をとった。これによって要請に応えようとするのである。この網の目は細かければ細かいほどよく、目の数が多ければ多いほどよい。だが、網の目を無限に小さくすることはできないので、事象の連続性がまったく損なわれずに掬い取れたかといえば、その目標にはまだ遠いといわざるを得ない。これが印象表象のはたらきの限度であり、それはまた感性のはたらきの限度にもなっている。

このことを見事に言い当てた言葉がある。中国で天台宗の三祖とされる智顗（ちぎ）の著した『摩訶止観』にみえる「一目（もく）の羅（ら）は鳥を獲る能わず、鳥を獲るはただ一目のみ」という言葉である。網の目が一つしかないような網では、鳥はつかまえられないが、たくさんの目をもった網をつかって、鳥をつかまえてみれば、鳥を捉えているのはその中のたった一つの網目でしかなかった、ということになろう。

この言葉を印象表象のあり方に引きあてて考えると、印象表象という網全体が大きく拡がっていなければ、千変万化する外界の多様な事象を大きく掬い取ることはできないし、その網の目ごとの個性がはっきりしていなければ、外界でおこっている個性的で特異的な対象を、狙うことはできないということになろうか。印象表象が多面性と個別性の二つをともにそなえていなければ、世界を捉えることはできない。理性世界と違って、感性世界はこういう独特の役割と活動とがあり、そのなかに入るにはそれに対応するだけの態度が要求される世界なのである。

人名ノート

リチャーズ（Ivor Armstrong Richards：1892～1979）

イギリスの批評家。チェシャー県に生まれ、ケンブリッジ大学に学び、母校の教壇で講じた後、1943年からはハーバード大学に移る。そこで心理学を基礎におく文芸批評を試みている。

後に心理学者のオグデン（Charles Kay Ogden：1889～1957）とともに『意味の意味』（The Meaning of Meaning：1923）を執筆した。今日でこそ意味は哲学の主要な題目になっているが、当時としてはきわめて破格で斬新な視点であったために版を重ね、いまでも言語哲学、記号論、意味論の分野での古典となっている。著書のなかにある意味の三角形（思想、象徴、指示物の三者を、因果・表示・指示の関係で結ぶ三角形）は有名である。

ヴィンデルバント（Wilhelm Windelband：1848～1915）

ドイツの哲学者で西南ドイツ学派の創始者とされる。ポツダムに生まれ、フィッシャーやロッツェを師とする。前者からは哲学史の薫陶を受け、後者からは価値哲学の構想を承けた。チューリヒ大学、フライブルク大学、ハイデルベルク大学などで教鞭をとる。人間のいとなみを価値の観点から捉えることを目指して価値哲学をたてた。

リッカート（Heinrich Rickert：1868～1936）

ドイツの哲学者で西南ドイツ学派に属する。ダンツィヒに生まれ、1896年にフライブルク大学教授となるが、ヴィンデルバントの後を承けてハイデルベルク大学に移り、その生涯を価値の根源性の考究と、価値哲学の精緻化にささげた。

ユング（Carl Gustav Yung：1875～1961）

チューリヒ大学で精神医学を学び、分裂病などの治療に従事するうち、コンプレックスという現象に着目して分析心理学を新たに創設した。これはユング心理学の名でよばれている。一時フロイト（Sigmund Freud：1856～1939）の考えに共鳴したこともあったが、後に意見の相違が明らかとなり訣別した。

ユング心理学の特徴は、集合的無意識を重視するところにあり、神話学、文化人類学、宗教学などとの関連が深く、これらの分野に大きな影響をあたえた。

智顗（ちぎ：538～597）

中国南北朝の梁（りょう）、陳から隋代にかけての仏教者。中国天台宗の大成者で、慧文（えもん）慧思（えし）につづいて天台宗の第三祖に列せられる。摩訶止観（まかしかん）は荊州にある玉泉寺での講説を集めた書物で、仏教の実践修行の要諦を止観にあらわし、これを体系化した。天台三大部の一つ。

2 〝感情原理〟のはたらき

〝真・善・美〟を現前させる原理

感情原理とは何か

ふたたび意味と価値について　感情原理のはたらきを考察するにあたって、考察の基準となるものの一つは印象表象の場合と同じく〝意味〟と〝価値〟の二つであった。同じではあるが、印象表象の役割が意味と価値のもつ力を発揮させることにあるのに対して、感情原理では意味と価値を創出することにあるので、基準の扱い方にも両者でおのずからの違いが出てくる。もう一つの基準である快と不快についても同様であるが、くどくなるので省略する。

感情原理は意味と価値を生み出していくだけの能力をもたねばならないし、印象表象はその意味と価値を展開していくだけの能力をもたねばならない。両者がこういう関係にあるとすると、感情原理は意味と価値を創出する動因ということになるが、動因となるためのエネルギーはどこからくるのかといえば、一つには感情そのものがもっている積極性であり、二つには感情原理が由来する統覚に内在している内発性である。どちらも外からくるものではない。この性格が感情原理のはたらき方に独特の風格をあたえている。

感性がもっとも重視する意味と価値に対する感情原理が向き合う態度をあらわすのに、感得、志向、洞察という言葉を用いて、これをそのまま感情原理の三つの位相として扱うことにした。この言葉は感性が自然に向き合う態度そのままであり、受け入れ側の反応の深浅の度合いをあらわしている。詳しいことはそれぞれの項目でも述べられている。

〝感情〟という語について

論議に入る前に、この論考では感情という語を、ふつうよりも広い意味につかっているので、ひとこと記しておかねばならない。それは感情を消極的な感傷にとどまるものとせず、さらに広く積極的にはたらきかける力をもったものとして扱うということで、たとえば、ものごとの全局面を見渡せるような直覚的な俯瞰能力や、ものごとの内奥にある本質を見抜く内観的な洞察能力も、感情に含まれるとした。

また、何ごとかについて不意にある着想が湧いたり、自分でも思わぬ行動が触発されたりして、それがどこからきたものかわからないことがあるが、ここではこういうはたらきも一種の感情として扱っている。ここには意識下にある印象表象がかかわっているのであろうが、意識下での動きまでも感情に含めている。

こういうものはふつう感情とはいわないが、感情が統覚と深いかかわりがあり、その統覚には錯綜した事象のなかにあって、それを統合するだけの力をもっていることに関連づけて、感情についてもその力が発揮できるものと考えて、感情のなかに数え入れた。

感情原理の特質　感情原理には理性の論理原理にはみられない特徴がある。以下にはそれを列挙していこう。

（a）感情原理の奔放性　感情原理に顕著な特性としてまず挙げられるのは、そのはたらき方の自由奔放さであろう。この自由さは外からくるものではなく、内からくるもの、つまり内因的、内在的にもっている自由さである。しかし、その自由さはまかり間違えば感性そのもののあり方が無秩序になり、感性全体の目指す方向を見失わせかねない。

感情原理のはたらきが一方で極端なほどの〝複雑さ〟を抱えていながら、他方ではこれと矛盾するかにもみえる〝自由さ〟を享受している。感性世界がこれほど芳醇な世界となったのは、その支配原理である感情原理がこういう矛盾に満ちた特異な性格をもっていることに、その最大の理由がある。

なぜ感情原理のはたらきがこれほど自由無碍であり、また、そうでなければならないのか。その最大の理由は、感情原理がそれだけの大きな自由度をもっていなければ、突如としてあらわれる現象に対して、即座にそれに反応する印象表象を創出して、その印象表象に新しい意味や価値をあたえることはできないことにある。さらに、その意味や価値を理想に向けての創造というかたちに結実させるとすれば、ほとんど無限にも近い自由度が要求される。

（b）感情原理の〝内因性〟と〝内在性〟　感情原理がこういう特性をあらわすことができる〝動因〟もまた外からあたえられるものではない。それは内から発するもの、すなわち内発的要因ということになるが、動因が内発的であるためには、その原因がもともと内在的でなくてはならない。動因を誘発する原因は何か。

このことに関連して、〝内在〟(Immanence) についてのアンリ (1922～2002) の言説は重要である。彼によれば内在とは内にとどまりつつも、一つの世界を顕現し得るほどの力をもっているという。アンリはこれを〝根源的自己受容性〟と表現した。この言葉もまた難解であるが、この論考に則していえば、感情原理が感性の中枢にあって内在の立場を確立し、その力によって外界の事象の本質を情感としてあらわす、ということになろう。心的内界ではたらく統覚は、まさしくこの力をそなえている。

内在性の力についてはメルロ・ポンティ (1908～1961) の言及も見逃せない。彼によれば、内在性は自我を超えて〝前人称的〟にはたらくことができ、ときにその意志が身体的にあらわれることさえあるという。彼の考え方にしたがって感性のはたらきを眺めてみると、感性はつねに自然という対象と一体化しようと動いており、自然と対峙して距離をおくことはない。感性と一体化された対象は必然的に内在的となる。この内在性のために感性のはたらきは、彼がいう如くに全身体的な反応としてあらわれ、その力を発揮して感性世界を豊かなものにする。そこに主役として登場するのが、いま問題にしようとしている感情原理なのである。

(c) 感情原理を再規定する　感性にあらわれるさまざまの発想や行動には、こういう陰の力が重要な役割を演じているのであって、ここでは陰の力としての感情原理を、このように多重的な意味合いをもつものとして扱っていきたい。感情原理についてはすでにいったん規定しておいたが、その後にさらに論議を重ねたので、その結論も加えてここであらためて再規定しておこう。

［感情原理の再規定］

感情原理：感情原理は主として後天的統覚のはたらきによって心的内界に内在的に創出され、外界の事象があたえる心情をあらわす印象表象の生成にあずかる原理である。

言うまでもないことながら、これからの論議はここに再規定された感情原理に基づいて進めていくことになる。

感性空間という考え方

理性と感性のはたらきを空間としてみる　理性や感性のはたらきを一目で見ようとするなら、これを空間での動きとして眺めるのが一番であろう。これで両者の違いがはっきりわかる。

（i）理性空間：　まず理性空間である。この空間はきわめて特異であって、そこに入ってきた事実表象はただ一方向にのみ移動できる。その移動は論理原理の階梯にしたがい、存否の階梯から相関、集約の階梯へと位置を変えていく。

それにつれて事実表象は存在表象の状態から、概念表象、命題表象の状態へと変化していく。存在表象の状態にあっては同一律に規定されて存在そのものが確定し、概念表象の状態では矛盾律に規定されて概念が確立し、命題表象の状態では排中律に規定されて命題が確立する。

この三階梯はこの順序のとおりに配列し、すべて一方向を向いており、階層を飛び越えることはできず、逆転させることもできない。空間というより、大きな坂道とみる方が理解しやすいであろう。

（ii）感性空間：　感性空間はこれとまったく様相を異にする。ここに入ってきた印象表象はあたかも鳥が大空を舞うように自由自在に動き回る。動きながらも、感情原理とのあいだにはつねに一定の関係で結ばれている。

この空間は感情原理の三位相が支配し、印象表象が感得の位相と結合したときには、表象は情感の想念をあらわし、志向の位相と結合したときには意欲の想念を、洞察の位相と結合したときには憧憬の想念をあらわす。

情感の想念は感得の位相の深化につれて、感覚の美から感得の美へと深化していく。意欲の想念は志向の位相の深化につれて、情緒の善から人格の善へと深化し、憧憬の想念は洞察の位相の深化につれて、畏敬の真から渇仰の真へと深化していく。これについては後に詳しく説明する機会がある。

感性空間には負の領域が存在する。そこでも印象表象には同様の変化がおこっており、正の位相とのあいだに一種の釣り合いを形成しているが、これは多くの場合、意識下でおこなわれていることなので、別に扱いたい。

（1）感情原理の三位相

印象表象の個別性と多面性　まず感情原理の三位相から考えていこう。知覚表象が感性空間に入ってくると、そこに感情原理がはたらいて、印象表象に転換される。印象表象が感性空間のなかにおかれると、感情原理の感得、志向、洞察の三位相に応じて、印象表象には情感、意欲、憧憬の三想念があらわれるが、それぞれの想念は互いに独立しながら対等であり、いずれかの想念が他の想念の出現を排除することはない。これが印象表象の個別性である。

この独立、対等の個別性を保ったまま、印象表象は互いに混淆する。いずれか一つの想念のみをもつことは滅多にない。これが感情原理による印象表象の分化にみられる特徴である。

感得、志向、洞察という感情原理の三位相は、いうなれば智、情、意のはたらきにほかならないから、心の動きをその多岐な面に亘って対応できるというわけである。ついで、その感情原理からつくられる印象表象が情感、意欲、憧憬の三つの想念を共有することによって、千々に乱れてはたらく感情の諸相をも隈なく捉えられるようになった。これが印象表象の多面性である。

感情原理の位相と印象表象の想念とは、こういう関係をたもちつつそれぞれの特徴を発揮していく。その様子を位相ごとにみていこう。

(i) 感得原理(感得の位相にある原理): 印象表象を〝情感〟の想念に導く

感得の位相にある感情原理を感得原理の名でよんだが、これは理性の論理原理での存否原理などのあり方とは大きく異なる。印象表象についても記したことだが、ここでもその理由を述べておこう。

三次元の感性空間では三種の感情原理が、それぞれ軸となって空間を支えている。印象表象は空間のなかにあって三つの軸性に対応した三つの座標値をもっている。つまり三つの位相を分有している。大方の印象表象はすべての軸性からの影響下にあって、単独の軸性の影響を受けることはあまりない。それは印象表象がちょうど軸上に載っている場合に限られる。

理性における論理原理の場合には、論理原理が階梯をなしており、存否原理がはたらき終えなければ、つぎの相関原理は発現できないという順番がある。感情原理の場合にはこういう順番はなく、三つの位相が同時に発現している。こういうわけで、ある印象表象についてみたとき、それがたまたま感得の位相からの影響を最も強く受けていたならば、それはどういう結果を生むかを、典型的なあらわれ方としてみようというのが、注釈がついた理由である。

先へいってからあらためてふれることになるが、感情原理の三本の軸性は、軸の値が大きくなっていくにしたがって、印象表象の深化が促される。深化は直覚的から内省的へ向かうというあらわれ方をするが、その度合いを様態の語で示している。感情原理のはたらきは三つの軸性からのはたらきかけに加えて、それぞれの軸性での様態の深化という面が重なっている。これもまた感情原理のはたらきの重要な部分を占めているので、それぞれについて述べていくはずになっている。ここでも名前のつけ方には苦労する。

話を感得の位相にもどそう。〝感得〟の語はある経験が快（楽）であるか、不快（苦）であるかを、素早く察知し弁別することを指している。知覚表象が感性空間に入って印象表象のかたちに変換される際に、それが快・不快に関連があると識別されれば、この軸性がはたらいて、すぐさま情感の想念への転換が促される。そのときの状況によって正と負のいずれかに向けられるが、正の符号をもった表象のみが意識界にとどまり、負の符号をもった表象は意識下界に沈んでしまうことが多い。

快・不快にもさまざまあり、苦・楽にもさまざまある。快には単なる感覚的、生理的な快にはじまり、心を揺り動かすほどの快にいたるまで、多くの段階があるし、不快にもちょっとした心配事から、人類の終焉についての苦悩まで限りがない。それらの数限りのない段階のすべてに亘って感得原理がはたらき、そのすべてに対応した情感の想念がつくられる。その多様さは想像を絶する。

これほどに多様な対応が可能であるためには、私たちの側でもある程度までの経験、あるいは慣れが必要である。長いあいだの経験は印象表象のかたちで内界に残されてあり、それらは一定の統合を果たしている。これが経験であり、慣れを発揮させる素材となる。

情感という反応はすぐさまにもおこりそうに思われるが、じつは慣れがあって、はじめて可能になっている。これには大きな意味がある。人によって同じ事象に対して異なる反応をおこすのは、過去から蓄積された経験に差があるためであって、経験による慣れがここで一つの閃きとなってはたらくからである。この閃きが人それぞれに異なった情感を発生させている。

人は無からは何ものも創造できない。みずからのうちにある経験から生まれた情感から、新しい意味と価値を見出すほかに、創造へ向かう方途はない。創造は情感から生まれるが、そこには一閃の直感を必要とする。それが感得ということの勘どころである。

(ii) 志向原理（志向の位相にある原理）：印象表象を〝意欲〟の想念に導く

〝志向〟とは意志の実現へ向けて具体的な構想をもつことである。なぜここに志向があらわれるのか。それはつぎの事情によっている。

人は同じような経験を何度もくり返しているうちに、その経験からいくらか外れた状況に遭遇したときにも、これに対処できるようになっていく。それは記憶のなかにある経験が、いったん解きほぐされて自由になり、それが再結合を果たすことによって、一種の飛躍を可能にしているからであろう。ここには習熟から類推への移行がみられる。これは決して小さなことではない。類推には意志が必要であり、志向の力がなくてはならないからである。

しかし、類推には限度がある。それにもかかわらず、それだけのことと思ってはなるまい。なぜなら、ここでは多くの経験が抽象化されており、抽象的観念となった経験は、経験され得ない観念をも生み出すことができるからである。

ここにも創造に必要なもう一つの力の源泉がある。志向原理のはたらきは、創造や創作で構想を立てる上で大きな役割を果たす。先には感得原理によって、創造への〝動機〟が得られることに喩えたが、志向原理においては創造の〝実現〟に向けて一歩を進めたことになる。

(iii) 洞察原理（洞察の位相にある原理）：印象表象を〝憧憬〟の想念に導く

〝洞察〟とは内に動因をもった内在的な顕現の力であり、それを根底において印象表象を真の意味と価値の探求に向かわせるのが、洞察の位相の役割である。ここでは習熟からのさらなる飛躍が要請され、それを可能にするのが洞察原理である。この原理によって大局的把握が可能になる。世に名人・達人といわれる人が、一瞬にして全局面を把握し、快刀乱麻を断つがごとくに判断を下す例を見聞きするが、それが洞察原理のはたらきの一つである。

洞察がこういう域に達するのは容易なことではない。その奥底には膨大な経験が潜んでいる。発明の天才であったトマス・エディスン（1847～1931）が、〝天才は９９％の汗と、１％のインスピレーションである〟と語ったのは有名な話である。洞察もこれと同じく経験と努力の蓄積なしには生まれない。洞察もまた努力の別名であろう。

思想が混迷に陥っているかに見えるいまの世界ほど、洞察の力が求められるときはない。人間は内省ということを知って以来、さまざまの悩みを抱え込むことになった。大きくは国家・社会という場における相互の協調と対決であり、小さくともなおざりにはできない個人という場では、生と死との融和と対決である。これらの悩みに向き合うのは理性よりも感性である。

　感性の責務は大きい。感性がその洞察力によって、ものごとの本質を見抜かなければ、数々ある悩みの解決に向けて一歩も踏み出せない。ここではたらくのが洞察原理であり、それに呼応してあらわれる憧憬表象である。洞察原理に期待するところはきわめて大きいといわねばならない。以前には理性のはたらきに関連して〝理性よ、驕るなかれ〟と記したことがあったが、今や感性のはたらきに関連して〝感性よ、しっかり励め〟と言いたくなる。ここまで述べた感情原理の三つの軸性の特徴を、表にまとめておいた（表Ⅲ・6）。

表Ⅲ・6　感情原理の位相に対応して、印象表象のあり方は変動する

感情原理	対象	特徴	印象表象のあり方
感得の位相	情感の想念の成立にあずかる。	もっぱら受動的な態度に終始する。	対象を快・不快の水準で弁別することを基本におき、美的意味と美的価値を追求する。
志向の位相	意欲表象の成立にあずかる。	意志が加わって、態度は能動的となる。	ものごとのあるがままのすがたにあきたらず、あるべきすがたを求めて、善的意味と善的価値を追究する。
洞察の位相	憧憬表象の成立にあずかる。	思惟を超えた飛躍性があらわれる。	希望と憧憬の念を基本におき、ものごとの本質を求めて、真的意味と真的価値を追究する。

（2）感情原理の二様態（直覚的様態、内省的様態）

ふたたび感性空間にもどって、それが示唆してくれることを考えてみたい。感性空間の三軸はその伸びに沿って位相の軸値が増大していくが、それに伴ってこれに対応する印象表象の想念の性格も変化する。これは感情原理についていえば、そのはたらきの奥行の増加にあたり、印象表象についていえばその内容の深まりにあたる。この論考ではこの変化を感情原理と印象表象の双方ともに〝様態〟の語を用い、直覚的様態から内省的様態への深化と言いあらわす。このことは以前にも述べた。つまり、これは感性世界全体の深化である。

直覚的とは印象の受け入れ方が皮相的で表面的な段階にとどまり、ほどなく受け流されるかもしれないような状態にあるが、内省的とは印象を深く受け入れ、これを糧として種々の感情を触発し、さらに発展させていく環境をつくることを指している。

（i）直覚原理（直覚的様態にある原理）：情念的であることが特徴

まず直覚的様態における印象表象について考えていこう。まだ十分な経験を積む機会がなく、感情原理の位相の深化が浅いあいだに、印象表象がつくられる機会に出逢うと、その印象表象は直覚的様態の傾向を帯びる。この印象表象には情念的傾向が強くあらわれるのが特徴であって、直感的でときには飛躍的でさえある。ときに非自覚的になることもあるが、その直覚によって未経験の事態にも対処できる。

直覚的様態のあらわれ方は印象表象の想念ごとに大きく変わる。情感の想念において美を追求する際にも感覚的美の段階にとどまり、その鑑賞においても皮相的である恨みは消し難い。意欲の想念において善の概念の把握は、行為の結果に基づく段階にとどまり、動機にまで踏み込むだけの力をもたない。

だけの力はない。これらのすべてに亘って、いかなる印象を抱いたかについての自覚は乏しい。それが直覚ということであろうが、行動に移されるにあたっては直情径行的になる。

厳しいことばかり述べたが、内省的様態に対比しての特徴を述べたに過ぎず、美、善、真のいずれについても、その概念を確立し、これを希求する基礎を据えるだけの力をもっている。

(ii) 内省原理 (内省的様態にある原理)：観念的であることが特徴

つぎに内省的様態である。やがて経験も豊かになり、感情原理の位相が十分に深化を遂げた後につくられる印象表象は内省的様態を帯びる。この印象表象は観念的傾向が強く、人格的で倫理的である。自覚的であってその思索はつねに十分に練られている。

内省的様態においてもそのあらわれ方は印象表象の想念によって大きく変わる。情感の想念においては、美の概念に精神的な美をも含めることを認め、善や真の概念の基底に美の存在することを知るにいたる。意欲の様態では究極の善なるものを、善なる意志に求めるという考え方に同調して、結果の実をみた善なるものという考えを排除する。洞察の想念においては、真なるものを希求する願望がきわめて強くあらわれ、それはほとんど渇仰の域にまで達する。

直覚的様態と内省的様態とをひとまず区別してみたが、感性空間でその境界をどこかに定めるなどということはもちろんできないし、同じ直覚的様態と言ってもそのなかには大きな差があり、しかもそれが個々人ごとに異なるのであるから、結局のところ、様態とは一つの傾向をその弱いものから強いものに向けて配列したに過ぎない。それでも直覚的と内省的の二様態に差のあることは確かであって、それぞれのあらわす特徴を表にまとめておいた（表Ⅲ・7）。

感情原理の展望

感性世界に意味性と価値性を樹立するには、その主体となるべき感性的自我を必要とする。理性世界にも法則性と論理性を成立させている理性的自我があったが、同じく自我であっても両者は大きく異なった性格をもっている。理性的自我は先験的統覚に基盤をもち、その先験的統覚は極端にいえば自然界の動きとは別個にはたらくゆえに、周囲の変動にも動ずることなくみずからの世界を切り拓いていっ

表Ⅲ・7　感情原理の二つの様態における印象表象の活動

印象表象／感情原理	情感の想念	意欲の想念	憧憬の想念
直覚的様態	〝美〟の表象は統合され、美醜の概念が確立される。非自覚的である。	〝善〟の表象は流動化し、善悪の概念が確立される。非自覚的である。	〝真〟の表象は自由化され、真偽の概念が確立される。非自覚的である。
内省的様態	感覚的〝美〟の追求から、情操的〝美〟の創出に向かう。自覚的である。	意志的〝善〟の追求から、人格的〝善〟の創出に向かう。自覚的である。	畏敬的〝真〟の追究から、渇仰的〝真〟の創出に向かう。自覚的である。

た。理性的自我が不変・不動の存在として、理性世界の確実性と不変性を保証していたのはこのゆえであった。理性的自我はこういう性格をもっているので、これを体得することには困難をともなうとしても、その性格のゆえに悩むことはなかった。

だが、感性的自我はこれとは対照的に後験的統覚を基盤にもち、自然を含めた周囲の状況の変動によって、あるいはみずからの経験の積み重ねによって、立ち位置を変えるという特質をもっている。それは感性の目指すところが希望であり、理想であって、その希望も理想も環境によって変貌していくためである。理性が目指す自然界の秩序の追求は、環境によって変化することなどあり得ないのとは対照的である。

感性的自我がこういう独特の性格をもつために、意味性と価値性そのもののあり方までも、ときに影響を受けることになる。これは一面では感性世界の多様性に通ずるが、それよりも感性世界にとっての不安定要素となる危険性のほうが問題である。

理性世界も多様ではあったが、それは整然とした多様さであった。それに引きかえ、感性世界の多様さはとり留めのない多様さである。感性世界は秩序の尽きたところからはじまるといっては誤解を招きそうだが、秩序の尽きたところに超越があらわれるのも事実であろう。そこにこれまであらわれることのなかった愛と慈悲の世界、生と死の世界が開かれる。こういう世界を超然と観照的に眺め得るのは、身を不条理の世界において、はじめて可能になるのかもしれない。いずれにせよ、感性世界にはこういう不安定さと不条理さとがある。それが感性世界の魅力の一つであることは疑えない。そのすべては感性的自我のなせるわざである。

〝不条理なるがゆえに、われ信ず〟と宣したのはアウグスティヌス（354～430）であった。そもそも彼がこの言葉を述べたのは、私たちにとって最大の矛盾であり、最大の不条理でもある死が契機であったことを思えば、はじめから矛盾は覚悟の上であったろう。人は不条理に直面したとき、絶対なるもの、そして無限なるものを求める。だが、そこはすでに感性世界を超越しており、観照的感情といえども達し得ない領域である。私たちはいま感性の領域の境界に立っているのであろう。外界の事象の多様性に対応すべく、印象表象には可能な限りの拡がりをあたえ、感情原理には可能な限りの深まりをあたえてここまで考察をつづけてきた。

このように愛と慈悲、生と死を機縁として、感情原理はその深化をきわめる。どちらも無限の問題をかかえており、無限に対して感情原理はほとんど無力である。感性にその限界をもたらすもの、それは先の理性の場合につづいて、ここでもまた〝無限〟である。無限の問題はいずれの場合にも「躓きの石」になっている。その解決はつぎの考察の対象としている霊性のはたらきを俟つほかないのであろう。感情原理の話から少し逸脱し過ぎたようである。

感性空間に負の領域が存在することの意味　三次元の感性空間には軸の中心に基点が存在するが、ここは感性的自我をあらわしており、おそらく感性世界の重心ともいうべき点であって、人は感性的自我に重心をおくことによって心の釣り合いを保っている。もし、一つの印象表象の座標が、いずれかの軸に偏り過ぎたならば、人の心も傾いて不安定となり、不安に満たされるであろう。それを補償するのが、負の符号をもった印象表象であって、これは逆方向の軸上におかれた陰の印象表象、あるいは影の表象（Schatten Vorstellung）となってあらわれる。このことは当人にも気づかれないままに過ぎるのがふつうである。
正の印象表象がつくられるのと同時に、自分では気づかぬうちに負の方向に影の表象がつくられているとすれば、人はつねに正負二つの表象をもっており、潜在的に二重人格者になる可能性を抱え込んでいることになる。この可能性が表面化しないで済むのは、感性空間の中心にある感性的自我のもつ統合の力がはたらいているからである。この力が弱まったとき、正負の印象表象は互いにせめぎあい、収拾のつかぬ混乱状態に陥る。感性空間の基点にある感性的自我の重要性が、ここであらためて感じられるであろう。

人の心は自由であるべきだ、とよくいわれる。しかし、少なくとも感性空間をみる限り、人は同時に正負の情念を併せもっている。一方だけを自由に選択するわけにいかないという意味で、人の心は完全に自由ではない。人が二重人格にならずに済んでいるのは、感性空間の中心を占めている感性的自我の力であって、感性的自我の力が空間の平衡を保たせているのであろう。感性的自我の力を鍛えるのは、感性的意志の力に頼るほかない、倫理学という学問の存在理由は、おそらくここにあると思われる。

感性の復権を求める

理性的世界と感性的世界とを対比させてみると、私たちがあまりにも理性に囚われていて、しかもそのことにどれほど気づかずにいるかを、思い知らされる。それは理性が誤っているというのではない。ただ、理性世界が唯一の世界ではないにもかかわらず、それのみで世界を覆い尽くすことが、人智によって可能であると思い込んでいるのが、誤っているというのである。

もとより感性もまた人智の営みであることに変わりはない。ただ、感性の求めるものは理性とは違ったところにある。宇宙にはもともと人間はいなかった。人間があらわれた後も人間は死すべき存在でしかない。人のいない宇宙には言葉もなく、論理もない。しかし、宇宙は厳然として存在する。人のいなかった宇宙に存在したものは何であったのか、人が消え去った後にも存在しつづけるものは何であるのか。もし、それをしも真なる実在というならば、理性はけっして真なる実在を窮め得たとはいえないであろう。

感性的世界、そこは理性にとって一種の異界であり、魔界ですらあったかもしれない。しかし、かつて人はその異界のなかに生まれ、かつ生きてきたのであった。それを暗黒であるとして、ひたすら暗黒をなくそうとつとめたのが理性であった。それとともに感性世界はしだいに痩せ衰えていったかに見える。

いま、世界は明るくなったと思っているが、人は明るい世界にだけ生きているのではなかった。その証拠に人は死について何も語れない。そこは言語を超えた世界であり、いまは異界となった世界なのであろう。私たちがあらゆる矛盾を乗り越えるには、その世界をもう一度よび戻さなくてはならないようである。

人名ノート

アウグスティヌス（Aurelius Augustinus：354～430）

教父時代における最大の神学者、哲学者といわれる。ローマ帝国の末期に北アフリカに生まれ、長い放蕩と異教との交わりの後に、劇的な回心を経験して修道生活に入った。キリスト教神学の一つの典型を形成し、その出自にもかかわらず「西欧の父」とさえよばれる。彼の哲学の基調は「内省の形而上学」であり、「知を求める信」である。永遠なる神の国と万物が復活し集うすがたを、遙かに望みつつ世を去った。

3　感性のつくる世界

希望と理想の実現に向かう

感性世界とどう向き合うか

理性は世界を築くが、感性は世界を育む　感性世界のあり方は、理性世界とは本質的に異なる。それなら、感性世界を考えていくにあたって、理性世界とは別の手法を見出さねばなるまい。

すでに見たように、理性世界はみずからの世界を律する論理原理をもっており、その論理は先天的統覚に由来するものであった。先天的ということを生物学的に言い直せば、遺伝的にすべてが決定されているということであり、生物にとっては嫌も応もなく、これに従うほかない至上命令になっている。

したがって、理性世界のあり方を考えていく場合には、先天的に賦与されている論理にしたがって一つの根本前提を立て、それが導くとおりの世界を構築していく以外に方法はない。理性はこのようにして自然を理解してきた。その結果が、いま私たちの知っている理性世界のすがたであり、すべてが論理法則によって支配されていることが印象的である。

だが、感性世界ではこうはいかない。感性世界はみずからの世界を律する感情原理をもっているが、感情は後天的統覚に由来しており、後天的ということを生物学的に言い直せば、何を受け入れるかについて、あらかじめ何も決められていないということであり、そうなるとすべてをありのままに受容し、これをみずからの心的内界で育（はぐく）み、その世界を観照していくほかない。感性はこのようにして自然と向き合ってきた。その結果が、いま私たちの知っている感性世界のすがたであり、そこでは観照という態度が印象的である。

そのことが理性は〝もののことわり〟を究めようとし、感性は〝もののあわれ〟を味わおうとする態度の違いとなってあらわれている。この対照的ともいえる態度の分岐点はどこにあるかといえば、それは理性が世界を構築することによって、これを理解することを目指し、感性が世界を育成することによって、これを観照することを目指すところにあった。

感性世界にはこういう特徴があるので、この世界を支える柱となる原理は、石を積むように世界を築いていく無機的な原理ではなく、自然をいとおしんでいく有機的な原理となるであろう。それが感情原理なのであった。そのはたらきの結果として、真・善・美という三つの価値を基礎においた感性世界があらわれ、やがてみるように、そこは法則性ではなく価値性が重んじられる世界になっていった。

こういう事情があるので、感性世界を記述するについても、理性世界の場合とは違った方法をとることになった。すなわち、理性世界の記述では論述に先立って基本命題を掲げ、そこから論述をはじめていったが、感性世界の記述では論述を終えた後に、帰結命題を提示するというかたちをとった。そこでは真・善・美を規定するという怖れげもない表現がみられるが、これはこの論考が到達し得た結論という意味であることをお断りしておきたい。

感性活動の基底には〝快〟の心情の動きがある　くり返し述べているように、心的内界に真・善・美の価値が創出される原点には、内界に生ずる感覚的かつ生理的な〝快〟が存在するという立場が、この論考の出発点であった。

すべての感性活動の基底では〝快〟の心情が動いているというのは、あまりにも割り切りすぎた見方と思われるかもしれない。だが、考えてみて欲しい。どれほど深遠な徳性の発揮においても、その成就には必ず快の感情をともなっているではないか。そこでは単なる情緒的な〝快〟にとどまらず、それは人格の調和という〝快〟のかたちを経て、倫理的な〝快〟にまで深化している。〝快〟は単なる感覚ではなく、悦びであり、達成感であり、幸福感である。〝快〟という感情は、ふつうに思われているよりも、懐の深い感情であった。ここで扱おうとする〝快〟はこういう意味での〝快〟である。

（a）〝快〟の感情は深化する　〝快〟の感情にあらわれるこのような深化は、どのようにしてなし遂げられるのか。人が快を求めて止まないのは、感性の基盤に希望と理想がおかれていたことに、その原因がある。いかなる希望も快へ向かう願望として具現化される。その願望が大地に根をおろし、そこから伸び出していく幹が〝快〟となり、その先に生い茂る枝葉がすべての意味と価値になっていく。

しかも、その価値は幾たびもの心的脱皮を経て精神的な価値となり、人格的な価値となり、人倫的な価値へと深化していく。その深化が向かう方向によって、ときに美となり、善となり、真となる。これが感性世界の発展のすがたであり、価値の深化の道すじである。

（b）意味性をもつ快から、価値性をもつ快へ　意味と価値についてはすでに規定したとおり、どちらも世界についての解釈のかたちであるが、その示すところには違いがみられる。〝意味〟は世界をどう〝感得〟するかにかかわり、〝価値〟は世界をいかに〝受容〟するかにかかわるからである。意味が価値へ変換されるには、外界でおこった事象の表面に触れてみただけではこと足りず、その事象を内界に受容して、これと一体化されねばならない。これは一つの変革であるが、感性はその変革を実現させている。

この変革を可能にしたのは、感情原理と印象表象のはたらきである。この二つは統覚の能力を受け継いで、世界を変貌させていく能力をもったからである。そこでは情念の表出にとどまる可感的な状態を、観念の表出を可能にする可想的な状態にまで深化させ、外界の事象との一体化を可能にした。これが感性世界における意味性から価値性へ変換の経緯である。

（c）価値のあり方はさまざまである　意味性から価値性への変換がなし遂げられると、つづいてはその価値性は多様化していき、さまざまのあり方があらわれる。価値はなぜ多様化するのか。それは私たちが希望と理想の実現に望むところが多様であるからである。

希望にしても理想にしても、人の抱くところのものはさまざまであるから、求められる価値もまたさまざまにならざるを得ない。人がどういう希望や理想を抱こうと、それは自由であるから、どういう価値を求めるかも自由である。ただ、それが希望や理想のあり方にかかわっているのが興味深い。

さまざまな価値のあり方があるなかで、ここでは理性的価値と感性的価値ということをとり上げてみたい。これは難しい問題である。理性の活動は価値とは何の関係もないのか、理性は価値と無縁であってよいのか、ということからしてまず問題になる。

もし、理性の活動に価値がかかわりをもつとすれば、それはある事象が事実として確実であることに見出されるであろう。この確実さは論理の確実さであるから、その論理の前提が正しいという条件のもとでの確実さではある。ともあれ、この確実さにすべての人が承諾をあたえるならば、それは普遍的な価値になる。理性的価値とは事実の確実性であるといえよう。

だが、感性的な立場からすると、これは価値ではなく、単なる事実の認識である。感性的にみた価値とは、つねに希望と理想の二つが基準となって、それに近づこうとする一切のことがらに価値が見出される。だが、それはある人には当てはまっても、別の人には当てはまらない。まったく個別的なことであり、普遍性とは縁がない。感性的な価値とは理想を実現する可能性にある。

理性的価値と感性的価値とは、こうして真っ向から対立した。どこに解決点が見いだせるのか。常識的にいえば、普遍的性格をもった理性的価値を基盤に据えて、そこに個人としての感性的価値を上乗せするということであろう。理性的価値の範囲内であれば波風は立たないが、一歩感性的価値の範囲に入るとことは紛糾する。

たとえば原子力を例にとってみれば、このことは明白であろう。原子の分裂がエネルギーを生み出し、同時に質量の減少をともなうことが事実として発見され、また、原子の融合が無限のエネルギーを生み出し得ることが事実として発見された。それは理性の立場では確実な事実として、その価値を主張できる。

だが、感性の立場では単純には答えられない。原子力に正の価値を見いだすこともあろうが、負の価値を見いだすこともあろう。理性は事実だけを示せばそれで終わるが、感性はその事実に対して意味と価値という複雑な問題を絡ませるので、ことは複雑になる。人はそのあいだに挟まれて、戸惑うばかりである。

感性的価値があったばかりに、それが困惑の種を蒔いたかにもみえるが、理性的価値だけをみて、感性的価値を無視することはできないし、ことに負の価値を無視することは許されないであろう。いま、自然科学のあり方が問われているのは、このことである。

紛糾する価値観のなかで、感性世界を育てることの意義

こういう複雑きわまる状況になかにあって、感性世界を育てていくことの意義を、あらためて考えてみたい。人間のもつ智慧が理性と感性に分裂したために、人はそのはざまにあって困惑することになって久しい。外界にはあるがままのかたちで〝事象〟が存在するだけであるが、それが心によって受容されると、心の内界では〝事実〟と〝印象〟の二つがつくられる。そのうちの〝事実〟は法則性によって支配されており、価値とは無縁のままで済ますことができるが、もう一方の〝印象〟は価値性と切り離すことができないために、こんどはさまざまの価値のあいだでの相克に直面することになる。

価値はある印象を是とし、別の印象を非とする。それだけならまだ簡単だが、ときには同じ印象が是と非に分かれて、葛藤がはじまる。それは外界の事象からくる印象にも、内界の事象からくる印象にも均しくおこる。たとえば、先に述べた原子力についての印象がある面では是とされながら、別の面では

非とされるのは、外界の事象からくる印象の例に挙げられよう。また、人の生死についてあるときは納得し、あるときは納得できなくなるのは、内界につくられた印象のあいだでおこる葛藤の例であろう。どちらも深刻であるが、この類の葛藤はいくらもあり得る。そのすべての場合について、人はいかに決断すべきかを、感性は厳しく問いつづける。

では、人はいかに決断すればよいのか。ここに私たちが感性を育てる意義が見出せよう。人が生きていく上で頼りにしているものの一つが事実であり、もう一つが希望であった。理性が事実を担い、感性が希望を担う。事実と希望とは車の両輪であり、どちらかが外れたなら車は転覆するであろう。ところが、ここに価値というもう一つの重い負荷が車の片方だけにかかってしまった。

いま感性世界のあり方をあらためて探ってみようとするのは、負荷の片寄りがあるにもかかわらず、車の両輪を滑らかに廻して、私たちの心が傾くことなく未来へ向けて走っていける途を探ろうがためである。

過去の思想の流れを顧みると、いつの時代にも理性が優位を占めることが多く、感性に対する眼差しは必ずしも暖かくなかった。そのために車輪の片寄りはいまも放置されたままになっている、ここで求められるのはこれまで陽の目を見ることの少なかった感性の復権であって、理性のもつ法則性と、感性のもつ価値性のあいだに平衡をもたらす手段を探り、この二つを均しく扱うことによって、心という車の転覆を避けることであろう。

感性の目指す希望と理想をつねに心中に抱き、それが指し示す方向を見誤らないこと、これが感性にゆだねられた決断であり、感性世界を構築することの最大の意義といえよう。その感性世界は印象表象と感情原理の二つの要素によって動いている。印象表象には三つの想念からなり、感情原理はそれに対応して三つの位相をもっている。これから印象表象と感情原理の相互作用を通じて感性世界のあり方を見ていこうとしているのだが、そこに価値の問題がどのように絡んでくるかという視点を大事にしていきたい。その概略をあらかじめ表にしておいた。以後の記述はこの表に沿って進められる（表Ⅲ・８）。

表Ⅲ・8　感情原理の三位相とその深化によって、印象表象にあらわれる想念の変化

感情原理の位相	印象表象のはたらき	直覚的様態の段階	内省的様態の段階
感得の位相（情に相当）	美を顕現させる。情感の想念の表出に関与。	感覚的な美であり、調和の美にとどまる。	情操的な美となり、崇高の美のかたちが実現する。
志向の位相（意に相当）	善を顕現させる。意欲の想念の表出に関与。	情念的な善であり、相対的な善にとどまる。	人格的な善となり、仁愛や慈悲のかたちが実現する。
洞察の位相（智に相当）	真を顕現させる。憧憬の想念の表出に関与。	畏敬の真であり、相対的な真にとどまる。	渇仰の真となり、絶対的な真に近づこうとする。

感性が育む世界

（1）美の世界

（i）〝美〟の観念の成立と、その歴史的変遷

美とは何か　ギリシャでは美とは調和の美（ハルモニア）であり、均整の美（シンメトリア）であった。プラトン（前428〜348）はこれを美のイデアとした。美は対象としての個物の性質にあるのではなく、対象である個物がイデアを分有することによって、美が成立するという考え方をとった。越えて中世に入っても、美の模範になる典型がどこかにあるとする考え方はほとんど変らない。たとえば、アウグスティヌス（354〜430）はこの流れを享けて、神のあたえた秩序の完全さに美の典型をみると考えた。古代から中世にかけては、こういう考え方がいつも思想の中心におかれていた。

だが、近世に入って、カント（1724〜1804）はその著書「判断力批判」で、美とは人の〝構想力と悟性との自由な遊動のうちにある〟と断じ、いかなる超越的対象からも演繹されず、またそれに還元されないと説いた。つまり、美の存在はイデアの力によるのでもないし、万能の神の力とも無関係だとしている。これはきわめて革新的な主張であった。ここで美はあらゆるものから自由になった。

しかし、この考え方が嵩ずると、〝美は乱調にあり〟という主張にもなり、悪や悖徳にも美があるとされかねない。さらには、悪や悖徳のようなものには生命の活力が潜んでいるとして、この考えを是認する主張まであらわれた。こうなると、美はどこまでも自由であって自律性をもたず、捉えようがなくなってしまう。美に自律性がなくてもよいのかという反省があらわれるのは当然であろう。

近代に入って美は〝曰く言いがたきもの〟として扱われるようになる。これはいままでの乱調の美と

いう考え方に対する一つの反省のかたちであろう。バウムガルテン（1714～1762）はこのように混乱し、かつ曖昧になってしまった美に対する認識を、もう一度建て直して完全にするための学問がなくてはならないと考えて、『美学』全二巻を著した。美学（Ästhetik）の語が、感性（aisthesis）の学を意味していることに注目しておこう。こうして美が感性の領域にあることまでは示されたが、美とは何かという肝心の問いには、明確な答えをあたえられないまま現在に至っている。

この論考では新しい観点を設けて、そこから美の観念に一つの根拠をあたえることを試みようと思う。それは美とは何かという問いに一つの答をあたえることにもつながるであろう。新しい観点とは何か。

それは先に述べたように、感性空間という場を設けることによって、感情原理の三つの位相を軸性として捉え直してみることである。それぞれの位相が直覚的から内省的へと深化を進めていったならば、感性空間のなかに位置する美の印象表象はどのような範囲を占め、そのなかでどのような性格の変貌を遂げるかを見ることで、美の概念を規定してみようというのである。そこでは当然ながら醜の観念の動きも伴うことになり、美は醜との平衡関係として規定されるはずである。

(ii) 美の世界を心的内界に育む

美の観念の発祥　一つの事象が知覚され、心的内界で一つの印象のかたちをとったとする。このとき、その当人の心的内界に〝快〟の感情が生まれ、満足を感じたとすれば、その印象は〝美〟とよび得るであろう。

ただ、この印象と満足感とはそれを受け入れた当人にのみ当てはまることであって、美が生まれたとするのも当人限りのことになる。ここに生まれた美の世界は、まったく個人的なものとなって、余人のまったくあずかり知らぬことになる。

（a）意識下界での美　意外なことに、美の世界は意識下界にも開かれている。意識界での美を語る前に、そのことにふれておかねばならない。意識下界の美というと不思議に思われようが、いまも述べたように意識下界には〝前印象表象〟が保持されており、この無限定な表象のはたらきによって、意識下界にも特殊な美が生まれてくる。このときの美は無常というかたちをとるのが特徴である。

分化への過渡期にある前印象表象がもつ一種の無限定性と空白性を反映するかのように、無常の美は変幻自在である。それは絵画や音楽のような芸術的な美とはまったく異質であって、鑑賞の対象にはならないし、意識的にこれを美として主張することもできない。ただ個人の心のなかにひそかに生まれ、育まれるだけである。これを表に出してあれこれ弁ずれば、顰蹙の的となるくらいが落ちであろう。しかし、西欧にも東洋にも、こういう美は明らかに存在しており、それをさまざまなかたちでみることができる。

西欧での展開　西欧では無常が清貧のかたちをとってあらわれた。たとえば、アッシジの修行僧であったフランチェスコ（1181/82～1226）や、イタリアの神学者であったボナヴェントゥラ（1217頃～1274）などによって唱えられた清貧の思想がそれにあたる。彼らは清貧の生活のなかに美を感じとったのであろう。この清貧の思想はやがて神秘思想への道をたどっていく。清貧から神秘へ向かう道筋は明らかでないが、その底には無常の美と、儚さの美があったのではないかと思われる。神秘も一種の美であって、これもまた意識下に沈んだままの〝前印象表象〟がつくり出す無常の美の一つにあらわれである。

東洋での展開　一方、東洋についてみれば、永遠の存在を否定する仏教思想とたまたま合致したために、無常の観念は仏教の根幹に据えられることになった。それはときには厭世的な傾向をもつことにもなったが、インドや中国では必ずしも悲観的な世界観にはつながっていない。それは無常の観念が縁起説などの高度な思索へ進んだことも影響しているであろう。また、日本ではやや特異な発展をして、風雅の道へと向かった（世阿弥：1363?～1443?）。そこでは儚さに感動を覚える情緒的な幽玄味としての無常観となっている。幽玄の美もまた意識下に沈んだ儚さの美の一つであろう。

西欧では清貧をいい、東洋では儚さをいう。いずれも本来なら負の価値しかもたなかったはずの不如意の状態を逆転させて、そこに正の価値を見出したという点では共通している。これは一種の〝つむじ曲がり〟であろうが、ここに〝前印象表象〟の特異的なあらわれ方が見てとれる。というのは、〝前印象表象〟に源をもった行動は、その理由を問われても答えることができないからである。

儚さにおいても同じであって、なぜ儚さを感ずるのかを問われても、〝そこはかとなく〟としか答えられないであろう。また、それらはいずれも世俗の名利や栄達を是としない立場から生まれたものであることにも、興味をそそられる。これも〝つむじ曲がり〟のあらわれの一つであろう。どうやら〝つむじ〟のありかは、〝前印象表象〟の領域であるようだ。

（b）意識界での美　美が本格的に活動するのは、もちろん意識界が主になる。そこでは美の観念が印象表象の深化とともに変化していく。感情原理が感得の位相をとり、印象表象が情感の想念にあるとき、典型的な美のかたちがあらわれるが、感情原理の他の位相からの影響を受けて、美のかたちは複雑になっていく。また、感情原理が位相軸の原点に近いとき、印象表象は直覚的様態をとり、原点から離れるにつれて内省的様態の色合いが濃くなり、印象表象は情念的から観念的へとそのすがたを変えていく。

技巧の美から調和の美へ　直覚的様態での美のかたちの一つに技巧の美があり、内省的様態での一つのかたちとしてそれが調和の美へ昇華していく。このことは古典絵画に多くみられる写実の技巧的な精緻さから、近現代に向けて調和的な安定さへの変遷が、一つの例になろうか。ホラティウス（前65～前8）は彼の『詩論』で完全な技巧を、美の極致として称えている。彼のいう技巧の美はすでに調和の美に迫っており、「神は細部に宿る」といわれるのは、このあたりの機微をいうのであろう。

感覚の美から精神の美へ　直覚的様態の美から内省的様態の美への変化には、もう一つのかたちがある。それは甘美な感覚の美から、崇高な精神の美への変化にあらわれる。このときには感情原理が感得の位相だけでなく、志向の位相をも活動させている。ここでは美が技法の問題というより、人間の精神活動のとしての想像力の発露となっている。

西欧で思想の問題として精神の美が論じられるようになったのは、ルネッサンス以降のことである。この考えはヘーゲル（1770～1831）の『美学講義』においてその頂点に達した。それは崇高の美、完全調和の美への道であり、絶対的美を求めてのあくなき挑戦であった。

だが、絶対的美は理想のなかにのみ存在し、現実の存在ではないことがしだいに明らかになっていき、そこに残ったものは美への詠嘆の情と、未完成に終わるしかない慨嘆の感のみとなった。それは美というものがどこかに存在するわけではなく、美は対象とそれに向き合う当事者との関係のなかにあり、しかも美は対象に存在するのではなく、対象に向き合う人の感性的主観に依存するためであって、その判断は個々人にゆだねるほかないことに原因がある。ここはもはや感性的美の限界に近い。

日本では精神の美が武士道という特異なかたちをとってあらわれる。武士道はその長い歴史のなかでさまざまに変貌していった。あるものは朱子学の影響をうけて〝士道〟とよばれる特異なかたちをとったが（山鹿素行1622～1685、荻生徂徠1666～1728など）、ときには『葉隠』（山本常朝1716）にみるように、やや歪んだかたちをとり、死を賛美する主張にまでなっていった。その後、新渡戸稲造（1862～1933）は『武士道―日本の魂』（1899）を著し、そこでは武士道が日本固有の道徳体系として考え直されている。

西欧と東洋にみられる美の意義について考えてきたが、いずれにおいても絶対の美とするべきものは見出されなかった。絶対の美なるものが果たして存在するかどうかは、絶対の真が存在するかという問題とも絡めて、後にもう一度あらためてとり上げよう。

(iii) 美の世界の特質

美の観念の複雑さ　感性空間という場のなかで、感情原理があらわす感得の位相がはたらくとき典型的な美が現れる。これが美の発祥であった。それに加えて、感情原理の他の位相である志向や洞察の位相の介入によって、崇高の美など精神性のあらわれとなる美のかたちも生まれてきた。さらには感性の深化に応じて直覚的領域の美があるかと思えば、内省的領域の美がある。美とはまことに自由である。

美を感ずる対象　人はさまざまのものに対して美を感ずるが、そこには何かきまりのようなものがあるやに思われる。感覚としては五感のうちで視覚と聴覚のはたらくものが主な対象となっていて、味覚や嗅覚に対してはあまり言われない。見るものとしては絵画や風景であり、聴くものとしては音楽や鳥の声が挙げられよう。そのほかに人の所作や行為も対象になる。所作としては舞や礼法があり、行為としては犠牲的行動などに美が感じられる。

美の対象となるものに何か共通な点がみられるかと探ってみてもこれはというようなものはない。強いて言えば、見る、聞くという感覚は、受け入れられた後に心的内界で育まれ、ふたたびその対象に投げ返されることが多いので、外界との交流はそのまま続いている。その反復が美の観念をよびおこしているかにみえる。逆にいうと、見る、聞くに美を感ずるには慣れ必要なのかもしれない。

一方、嗅ぐ、味わうという感覚はそのまま内界にとどまって、外に投げかえされることは少ない。ここでは外界との交流は切られたままとなる。そのためかこれらの感覚は経験がなくとも即座に受け入れられ、何らの慣れも習熟も必要ではない。

もっとも味覚には美味という言葉があり、嗅覚を楽しむ香道には香の美感という言葉があるので、これは言い過ぎかもしれない。しかし、美にはどうやら二通りの美があるらしいとまでは言ってもよさそうに思える。

カント（1724～1804）が美を定義して〝構想力と悟性との自由な遊動〟と述べたのも、このあたりのことと関連がありそうにみえる。ここには〝遊動〟(Schwebung) という表現を。用いられている。これは感覚が対象とのあいだに交流をもっていることを意味していよう。

美は感性の専有物か

カントのこの定義は、美についてのきわめて理性的な見方といえよう。これが普遍的な美の一つのかたちであることは、疑いをいれない。だが、これですべての美を尽くしているかとなると、俄には肯（うべな）い難いところがある。

なぜなら、感性においては美をどのように捉えようと自由であって何の制約もないのが本来の美のすがたであり、美に普遍性を求めることはむしろ美の否定であり、美の冒涜ですらあろうからである。感性世界では美の観念がまったく個人的なものであって、他からの容喙を許さない。厳しくいえば、感性世界では美について他者と語り合うことすらも、できないはずである。

こうして美は理性的美と感性的美に分かれてしまい、どちらも硬直して動きがとれなくなった。こういう状況にいたっては、絶対的美を求めることなどほとんど絶望的であろう。しかし、現代にいたって、美の観念をこういう状況においたままでよいのかという反省があらわれる。アドルノ（1903～1969）やドゥルーズ（1925～1995）の言説がそれである。そこでは現在の混乱から抜け出すには美をあらわす語彙の再検討や、現今の社会環境に即応する美の再発見が求められており、問題は原点にもどってしまった感がある。

美の観念は理性世界よりも、むしろ感性世界に属するかにみえて、じつは感性世界をも超えるような何ものかを含んでおり、美の位置はいまだに確定していない。絶対的な美が存在するのか、それとも存在しないのかの結論は、いましばらく待たねばならないようである。

【美を規定する】

1　心的内界に生じた〝快さ〟が、その人にとって満足のいくものであったとき、その人の心的内界に美の心情が生まれる。美の対象は感覚としては視覚と聴覚が主で、そのほか人の所作や行為も対象になる。

2　美の観念の発生はその人に限定されたことであり、余人のあずかり知らぬことである。

（2）善の世界

（i）〝善〟の観念の生成と、その歴史的変遷

善とは何か　善とは外界に存在する何ものかではなく、外界に向けて何ごとかをなそうとするときに、心的内界でそのなすべき行為を選択する根拠である。だが、その内容は何かとなると、意外なことだが、いまだに明らかになっていない。

善をはじめて思想の問題にしたのは古代ギリシャにおいてであった。その端緒を開いたのはソクラテス（前470～399）である。彼が若者に危険思想を吹き込んだとして咎められ、裁判の結果死罪を宣告されたとき、「不正をなすよりも、不正を蒙るほうが善である」と語って、あえて死を選びこれを受け入れた。これは彼がみずからの信念を枉げることを不正とみたからであり、たとえ法が誤っていたとしても、それを受け入れることをもって善としたゆえである。

ソクラテスはあることがらが善であるか否かの決定を、自分以外の外部に求めることはできないと考えた。それはみずからの心が決めることであって、そこで善を選びとることが人の生き方の選択基準であると信じて、それを身をもって示した。

このことが機縁となって、プラトン（前428～348）とアリストテレス（前384～322）の二人は、善をその中心に据えた倫理学を成立させた。それが『ニコマコスの倫理学』として今日に伝えられている。

時代が下って近世に入ると、カント（1724～1804）はその著書『実践理性批判』（1877）で、善をつぎのように規定した。すなわち「善とは何らの目的もなしに、意志に向けて〝これをなすべし〟として、絶対的に命ずることである」と。この命令のあり方は定言命法とよばれる。これに対して目的をもってする命令のあり方は仮言命法とよばれ、たとえそこに善があらわれたとしても、それは定言命法によるものより一段低いものとなる、とカントは考えた。

カントはさらに一歩を進めて、善なる意志以外に善は存在しない、と述べるにいたった。これは善が外界のどこかにあるようなものではなく、一人の人の心のなかにあって、その人の意志を規定する観念としてのみ存在することを、端的に述べたものである。これはまさに至言というべきである。

一方、キリスト教の影響のもとでは、善の観念はかなりの迷走を余儀なくされた。本来なら善の観念は単純であるはずであった。なぜなら、絶対の善である神の意志が、善であるはずであり、それのみが善でなくてはならなかったからである。ところが、ここで問題がおきる。絶対の善である神が創造したこの世界に、なぜ悪が存在するのかを説明できなくなった。こうして面倒な神学論争がはじまった。それは長いあいだ紛糾をつづけたが、挙句の果てに、善の不在というかたちで悪を認めることになり、そこに罪と罰の起源をおくとする弁神論が出て、何とか決着をみた。弁神論は神義論ともよばれ、神を弁護する論議を指している。

善とは何か、悪とは何かを問いつめていくと、こういう厄介な問題に出逢う。ふたたびカントの言を借りれば、人間は自由であるがゆえに悪となり得るという。カントはこれを〝根源悪〟と名づけた。思うに、彼は悪を無視して善のみが存在することはできないと考えたのではないか。悪があってはじめて善があり得る。悪の裏打ちのない善は、善でないばかりか、もはや何ものでもなくなる。そこから〝善なる意志以外に善は存在しない〟という言が生まれたと思うと、この言葉の重さはいっそう増してくる。

この論考の立場からすると、感性空間という場では、正の価値はつねにその陰に負の価値を伴っており、善もその例外にはなり得ない。そういう前提のもとで善をいかに扱うかを、これから問題にしていきたい。

(ii) 善の世界を内界に育む

善が成立するのは意識界に限られる　善の観念は意志がはたらく意識界を場として生まれる。意志のはたらかない善というものはないから、意識下界に善は生まれない。

これを感性空間でみると、善をあらわす印象表象は志向の位相軸から離れることがなく、つねに志向の位相軸上で正の値をとり、印象表象は意欲の想念のもとにあることになる。

もし、志向の軸が負の値をとったとすると、そのときは善にかかわっていた印象表象はすべて悪になる。この悪は意識界に出ると出ないとにかかわらず、生れてきた善に対して一種の鏡の役割を果たし、善の生成を確実にし、善の光を際立たせる。悪なくして善はないというのは、悪によって善が脅かされるからではなく、善の出現が悪の存在によって、より確かになるからである。奇矯な比喩を用いれば、物質に対する反物質のようなものであろうか。

これは善の成立に失敗したことを意味しており、それは悪とまでは言わないにしても、怨恨であったり、悔恨であったりするのであろう。善は未成立のまま意識下界へ追いやられる。善なる行為の遂行にあたって迷いが生ずるのは、意識下界に追いやられた失敗した善からの妨害であるかもしれない。これが感性空間からみた善のあり方である。

二つの善のかたち

一つ大事なことがある。意志が発揮されるとき、そこには意志の主体としての自我が必ず存在する。自我とは心的自我の謂であって、生物的自己とは別ものである。生物的自己は自己の存続を図るのみであって、そこに善の問題は存在しない。心的自我についてもいくつかの階層があって、それぞれの自我に対応した善の問題があるが、少なくとも自我を離れて善はない。

二つの自我と二つの善

その自我には階層がある。みずからによって定立される自我があり、他者によって反定立される自我がある。他者によって反定立される自我は、自我のなかではもっとも低い階層におかれる、この自我はつねに他者の思惑を気にしつづけるから、自立することができない。これは他律的自我とよべよう。これに対してみずからによって定立される自我は、他者の視線を気にかけることなく、つねに自立している。これが自律的自我である。

感性空間で善というかたちがみられるのは、感情原理が志向の軸上に一定の値をとり、印象表象に意欲の想念があらわれたときである。善が意志にかかわる限り、志向の軸（つまり志向の位相）と無関係にはなり得ない。

このとき志向の軸値が低いと、志向は直覚的様相の段階にとどまり、善の主体となるべき自我は他律的自我の段階におかれる。その結果として、ここにあらわれる善のかたちも、それに対応して直覚的善にしかなり得ない。志向の軸値が高くなるにつれて、自我は自律的自我へと変貌して、善のかたちも内省的善へと変わっていく。

志向の位相のほかに、感得や洞察の位相からの影響を受けて、善のかたちがより複雑になる場合もある。感得の位相の影響のもとでは美に関連の深い善があらわれるであろうし、洞察の位相のもとでは真に関連の深い善があらわれるであろう。

他律的自我に依存する善は、相対的善にとどまる　話をもとにもどして、他律的自我からみていこう。他律的自我はつねに他者を意識しなければならない。そのために、ここでそこに生まれる意欲にも他者からの介入が付き纏うことになり、他者は自分とは異なった意欲をもつゆえに、その異なった意欲がみずからの自我に立ち向かってくるからである。

このような他者に対抗しつつあらわれてくる善のかたちは、どのようなものになるであろうか。それは自己本位の善、言い換えれば、他律的自我そのものを他者から護るための善というかたちであろう。それはみずからの感覚的あるいは生理的欲求を充足させようとする情念であって、そこで得られる情念的満足感がそのまま善に反映される。それは他律的自我が保全されることを目的とした善であり、他者によって規定された善、すなわち相対的善でしかなくなるであろう。

シェーラー（1874～1928）はかつて〝情念〟を定義して〝志向的感得〟であると述べた。これをいまの場合に当てはめてみれば〝情念的自己保全への志向〟という意味にとれよう。他律的自我のはたらきにはこういう面がある。それが発揮されたときにあらわれるのは、甘くみても善への導入者に過ぎず、善の完成者にはなり得ない。

自律的自我に依存する善は、相対的善からの脱却を図る　志向原理のはたらきが、直覚的様相から内省的様相に移行すると状況はかなり変わってくる。意欲表象のはたらきにかかわる自我が、他律的自我の段階を脱して、自律的自我となるからである。ここではもはや他者の容喙を許さない。

かつて近代哲学の祖といわれるデカルト（1596〜1650）が、〝われ惟う。ゆえにわれあり〟（Cogito ergo sum）と述べたとき、この〝われ〟は自律的自我以外の何ものでもなかった。周囲の何人もこの〝われ〟を否定することはできず、その〝われ〟がものを惟うからには、その〝われ〟の存在と、その〝われ〟の思索とは、揺るぎないものとなり得る。

善の実現には社会的規範からの掣肘がある

自律的自我の確立で、善の問題は解決したかといえば、そうはならない。というのは、自律的自我は他者の介入を拒むことまではできたが、他者の集団である社会からの干渉までは排除できないからである。なぜなら、そこには社会的規範がまだ残っており、自律的自我はまた社会的自我であることをまぬかれないということである。〝人は社会的動物である〟（アリストテレス）とは、社会からの必然的な掣肘があることを意味している。

自分には納得のいかない状態にある社会で、社会的掣肘に抵抗して自律的自我を護りとおすことが、善となるか否かは、難しい問題を孕んでいる。かつての日本で戦争中にいわゆる自由人とよばれた人たちが、自分の主張を枉げなかったために嘗めた辛酸と苦衷は挙げるに暇のないほどで、命を落とした人も数知れない。

それほど異常な状態にある社会を別にすれば、社会的規範はふつうには信義と責任というかたちの掣肘となってあらわれてくる。このとき善もまた信義と責任を守るというかたちをとることになるが、そこにあらわれる善のすがたは、悪くすると信義に背かないだけの、もしくは責任を免れるだけの善となり、社会的規範からの逸脱を犯していないというだけの、相対的善になり果てる可能性がある。これでは真の善からはまだ遠い。

他者の集団である社会のなかで自我の実体が何であるかについては、さまざまの意見がある。相互承認（ヘーゲル）、アンガージュマン（サルトル）、交わり（ヤスパース）、現存在（ハイデガー）など、多くの主張があるが、いずれも個人の水準を超えた〝社会にとっての善〟という新しい善のかたちの模索である。だが、それがどういうものになるのか、どういうものであるべきかについてはなお多くの問題があって、まだ最終的な解決にはいたっていない。

絶対的善を志向する　だが、自我と善とはさらなる変貌を試みる。自律的自我や他律的自我を超克した自我が求められるからである。それが超越的自我であるが、これは自我であって自我ではない。むしろ非自我というべきかもしれない。そこでは自我のすがたは消えて、世界そのもの、宇宙そのものと一体になっているからである。

この間の消息を西欧にみると、超越的善は愛のかたちで論議されており、そのさまざまの論議のなかでウィーンの哲学者ブーバー（1878～1965）の考え方が特筆されよう。彼は人間存在の本質は我（Ich）と汝（Du）とのあいだに結ばれる関係性にあると説き、そのもっとも根源的な関係が〝愛〟であるとしている。

彼の説くところによれば、現代において我と汝の関係が失われ、我とそれ（Es）の関係に堕してしまったことが、愛の喪失につながっている。失われた汝が復活し、さらにそれが永遠化されたとき、愛もまた自我を離れて絶対的なものとなるはずである。ここに内省原理が人格的善と強く結びついていることが見てとれる。このときの我（Ich）は超越的自我そのもののすがたであろう。

一方、東洋では大乗思想に殊に顕著にあらわれているように、智慧と並んで慈悲が仏教思想の中心におかれている。慈は親愛を、悲は憐れみを原義とするが、慈悲と二つ合わせて無量の慈しみをあらわす。何人にとっても自我は最上に愛しい存在であるが、その自我を滅却しなければ慈悲の心には達し得ない。そして仏のあたえる慈悲を指して大慈大悲とよび、愛の究極のかたちとされている。自我を滅却すれば非自我となるよりなく、ここでの慈悲の体現者は超越的自我以外の何ものでもないであろう。

（iii）善の世界の特質

自我を離れて善はないが、自我を捨てなければ真の善にはいたらない　はじめに述べたとおり、善の観念は意識界のみにあらわれ、しかもそれが意欲と深くかかわっているとなると、善はその意欲の、つまりは自我そのものの、あり方いかんによって、そのすがたは変わっていく。だが、ここまでみてきた限りでは、自律的自我であれ、他律的自我であれ、ついに真の善には到達できなかった。では人は真の善であることをあきらめねばならないのか。

善が意志と関連し、意志は自我と関連する。善は自我とは切っても切れない関連のもとにある。そうなると善は自我次第となり、自我のあり方があるだけ善のあり方もあることになる。こういうことでは絶対的善など望みようもない。

カントはこのことを思って、人が望み得るのは善なる意志のみであると述べたのではないか。人はそれ以上を望めない、絶対的善を望むことはできないという諦念が、あの名言を生んだのであろう。

［善を規定する］

1　ある人がみずから〝良し〟と信じたところを実践しようとする意欲を抱いたとき、そこに善とよばれる事態が現前する。ただし、〝良きこと〟は多義的であるので、善とよばれる事態もまた多義的となる。

2　多義的な善は絶対的善とはなり得ない。人が善について望み得るのは善であれかしと念ずるまでである。それ以上のことを望むことはできない。「善なる意志以外に善は存在しない」（カント）。そこが最高の境地である。

(3)〝真〟の世界

(i)〝真〟とは何か

さまざまのかたちをもつ〝真〟　私たちは〝真〟という言葉から直ちに〝真理〟を連想する。それは故なきことではない。〝真〟はそのすがたを真理のかたちであらわすことが多いからである。昔から哲学では〝真理とは何か〟が問われつづけており、〝真理論〟という一つの分野が立てられているほどである。ところが、その真理論のなかで〝真〟について探究していくうちに、〝真〟のあり方について、ニュアンスを異にするいくつかの考え方が出てきた。

たとえば、存在論的真があれば認識論的な真があり、理性的真があれば感性的な真があるという具合である。真というからには、すべての真が絶対的真に収斂していってよさそうに思われるのだが、さまざまな真があってそれぞれに真を主張するとしたら、真はどこへさまよい出ていくのであろう。

これからさまざまなかたちの真を一つずつみていって、真は一つに収斂するのか、それとも多様な真があることが許されるのかを考えていこう。

存在論的真と認識論的真　古代ギリシャ語では真理（alētheia）という言葉が、覆いをとり除いて事実を明らかにするという意味をもっていた。覆いをとり除いていけば真理があらわれるのであれば、真理はどこかに必ず存在していなくてはならない。それは存在としての真を仮定することであるので、〝存在論的真理観〟とよばれており、現代においても一つの真理観として継承されている。だが、真理が確実に存在するか否かについては、誰も知るところではないという、奇妙なことになったままである。

やがて中世に入ると、スコラ哲学の影響のもとで、真理（veritas）について、それを知性と事物との合致とする見解が台頭した。ここではものごとの認識のされ方から真理を捉えようとしている。つまり、何ごとかのありようが、観察者の認識と一致したことをもって真と捉え、認識を表現する言明が真であるか、偽であるかの弁別が議論の中心となる。ここでは存在の真よりも、むしろ認識の真が重んじられており、こちらは〝認識論的真理観〟とよばれる。ここでは真理は確実に存在するのか、真理とは何であるのか、という問いは二の次になるという、これまた奇妙なことになってしまった。

ともあれ〝真〟のあり方には〝存在としての真〟と〝認識としての真〟の二つがあることになった。近代に入ってからハイデガー（1889～1976）や、ガダマー（1900～1976）などによって、二つの真理観には新しい解釈が加えられることになったし、タルスキ（1902～1983）によって真理を数学的に定式化するという画期的で大胆な試みがなされるようになった。こういう場においても、依然としてこの二つの真理観が心理についての二大潮流をなしている。

理性的真と感性的真　〝真〟という観念については、これとはまた別の分け方がある。それは〝理性的にみた真〟と、〝感性的にみた真〟という区分である。

まず理性的真である。それはこの世界を支配する究極の法則を意味している。究極の法則がいったん見出されたなら、そこにはまったく矛盾が存在しないはずである。理性的真の条件は、それが無矛盾であり、完全無欠であることに尽きる。

理性的真は人の好みによって変わるようなものではなく、万古不易の普遍性をそなえた動かしがたい真となる。それはこの宇宙を根源で支配している究極的真とは何であるかという問いにもつながっている。これは存在論的真理の観念にきわめて近い。

理性的真がこれほどの堅固さをもつのは、それが理性的自我を根底に据えているからである。理性的自我は先験的統覚に基盤をもつゆえに外界の変動にも動ずることはない。だが、理性的真はほんとうに不変不易であるのか。

理性的真が頼りとする論理は、ある一つの前提を立てて、そこからある一つの結果を導くことしかできなかった。そしてすべての根本にある根源的前提は、残念ながら求めるべくもない。そのゆえに、理性的真を求めようとすれば、その究極の目標に向かってどこまでも近づくことはできても、そこに到達することは遂に不可能である。理性的真なるものは憧憬の対象とはなり得ても、それを現実には手にすることはできない。それは目標としてのみ存在できる。これが理性的真についての結論である。

つぎに感性的真である。感性世界のなかで、ある対象についてきわめて満足が感じられ、納得がいくものであったとき、それは感性的真となる。これは対象とのあいだに共感が成立したということである。その対象が無矛盾であるからでも、完全無欠であるからでもない。それが心を激しく打ち、魂を揺り動かすからである。このとき共感（Sympathy）が生まれる。

では共感があればそれが感性的真となるか。共感は人がもっている基本的な心情として、これまで多くの思想家によって論じられてきた。たとえば、ヒューム（1711～1776）は共感という感情を、単なる同情や憐憫などから判然と区別している。彼によれば、共感とはみずからの経験と想像力をはたらかせて、他人の行為の動機となった感情を察知し、みずからの感情に転化する能力であると述べた。また、ショーペンハウアー（1788～1860）は人間の生にとってもっとも本質的なものは苦悩であるという彼独自の立場から、共感には共歓と共苦という二つの意味があり、ともに歓びともに苦しむことにこの言葉の本義があるとした。

共感は人間にとって自然的情緒の一つであるが、これは当人にとっては自分自身の限っての感情であって、これを他人に強いることはできない。共感がこのように個人的なものであれば、これを基礎において生まれる感性的真も、また個人的とならざるを得ない。これは存在的真よりも認識的真の性格に近いとみてよいであろう。

なぜ感性的真はこのように個別的な性格を示すのか。それは感性的自我が個別的な性質をもつからである。感性的自我は後験的統覚にその基盤をもち、経験によってみずからの立ち位置を変えるからである。結局、感性的真は内なる自我に求めるほかないことになった。

そうなれば、感性的真の追求とは自我の完成を求めることであり、自我の内に真を建立することになろう。それはまた確乎とした信念の確立にほかならないが、自我の完成にしても、信念の確立にしても、その目的にどこまでも近づくことはできるとしても、究極の到達点には達しない。こうして感性的真もまた不確実な存在になってしまった。

〝理性的真〟に対する〝感性的真〟の優位

それでは理性的真も感性的真も、ともに不確実な存在となって、それを求めることは諦めるほかないのであろうか。

理性的真の着実性は理性的自我によって支えられ、感性的自我の共感性は感性的自我によって支えられている。これが理性的真と感性的真のはたらき方を分ける原因であった。

こうして理性的真は個人から離れて、客観的で普遍的な性格をあらわし、これとは対照的に、感性的真は一人ずつの個人のなかで、主観的で個性的な性格を強くあらわすことになった。ここに感性的真の独自性と特徴があらわれている。それは個人の生き方の指針として、その人の心的内界で中心的位置を占め、生きる基準となり規範となる。それは信念というにほぼ等しい存在といえよう。

感性的真が理性的真と決定的に異なるのはこの点にある。理性的真は普遍的であるゆえに、これを外部に求めることができる。たとえ自分で理性的真を見いだせなかったとしても、外部を頼りにできる、しかし、感性的真はこれを外部に求めるわけにいかない。自分で切磋琢磨して自分のなかにつくり出す以外に途はない。もし、自分で感性的真を見いだせなかったならば、その人はこの世界を生きていく上でのあらゆる判断を、まったく他人に委ねるか、さもなくば渇仰の対象をもつことなく、精神的に流浪の人としてこの世を生きるしかなくなるであろう。

自分とは何ものか、なぜここに生きているのか、こういう問いに対して理性的真はこう答える。「世界の創造主のみがそれを知る。被創造者たる人間の知るところにあらず」と。これ以上は答えてくれない。これでしまいである。だが、感性的真はこの問いに答えてくれる。すなわち、「答を求めて生きよ、つねに求道者たれ」と。これが答えである。つまり、みずからの感性的真を見出すことは、人が生きる上でおろそかにはできない修行の一つである。感性的真が理性的真とは異なっているのは、まさにその点にある。感性的真が理性的真に対して優位に立てるのも、またこの点をおいてほかにない。

それなら、私たちは感性的真だけを求めればそれでよいのか。いやそうではないであろう。理性的真は個人の好みとは無関係に存在し、また発展しつづけて、その普遍性を誇り、感性的真は個人の中に個別に存在し、また展開しつづけて、その孤高性を誇っている。そのあいだに立つ私たちがとるべき道はただ一つである。すなわち、理性的真をあくまでも尊重していくが、みずからの感性的個性に従ってこれを取捨選択し、納得し得たもののみを〝真〟と見做す、これだけである。

ここには〝快〟の感情が動いていることも見逃せない。それは先に述べた感性的個性の納得ということと同じである。人が感性的真を発見するのは、希望と理想を求めて憧憬表象の活動が促されたときにおいてであった。その活動の裏側で〝快〟感情が動いているのを見逃すことはできない。希望と理想に向けて一歩でも歩み進んだと感じられたとき、必ずや快の感情が動いている。

(ii) 絶対的真は存在するのか

絶対的真を求めて　理性的真はその本質として相対的真にとどまらざるを得ないし、感性的真はその本質として個人的真にとどまらざるを得ない、と述べてきた。だが、これは絶対的真についての考察が脇におかれたままの論議になっている。

絶対的真なるものは存在するのか、しないのか。私たちがほんとうに知りたいのはそのことである。歴史的にも絶対的真の存在を希求した思想家は数多い。その言説をまず聞いてみたい。

西欧思想にみる絶対的真　西欧では古くから理性を絶対視するという風潮が強く、絶対的真の存在もこの観点から論じられ、どちらかといえば肯定されることのほうが多かった。そこで肯定された絶対的真とは、無矛盾であり完全無欠の法則性としてすがたをあらわした。だが、それは一見絶対的真であるかにみえながら、じつは絶対的真からは程遠いものであり、条件付の相対的真でしかない。このことは理性的真の論議のなかですでに述べた。

このことを予見したかのように、理性的真の絶対性を疑った思想家が何人かいる。ここではその人たちをとり上げてみようと思う。西欧社会で理性的真を疑うのは、中世においてはもとよりのこと、近世にいたってもそれは異端にも等しい所業であったから、そこに足を踏み入れようとした思想家を探すとなると、非主流に徹し、理性に反抗を試みた思想家ということになる。そこに浮かんでくるのがキルケゴール（1813～1855）とニーチェ（1844～1900）の二人である。

まず、キルケゴールである。彼によれば絶対的真に近づこうとするものは〝単独者〟でなければならない。〝単独者〟とは何か。〝単独者〟とは〝一般者〟に対置される言葉であって、人間存在の本質を見極めんとする者であり、人間の地平を超えて神の前に独り立つ者の謂である。キルケゴールは〝一般者〟を理性の名のもとに、ややもすれば多数派の思潮に同調し、迎合する者として、これに激しく反発した。なぜなら〝単独者〟としての一人の人間が、理性のみには尽くしきれない主体性を追いつづけることこそが、人間の本質と考えたからである。

こうして〝単独者〟は絶対的真を体現することになったのだが、それを実現するには人間がもっている人格的情感を超えた超自我的情感によるほかないのであって、したがって、その絶対的真は個別的の枠を外すことはできず、普遍的なものとはなり得ない。

つぎにニーチェである。彼は理性に対する全面的な挑戦から発して、理性的意味世界の完全な解体を目指した。彼はみずからをディオニソス（ローマ名はバッコス）になぞらえ、神、道徳、権力などあらゆる権威の価値をうち壊した。その後に生まれてくる価値は、理性を解体した後の荒野にあっても耐えられる絶対的価値でなくてはならない。ここでいわれている絶対的価値はこの論考にいう絶対的真にほぼ等しい。

それがすなわち無限の時間のなかでしか達成できない〝永劫回帰〟という肯定的思想であった。ニーチェにあってはすでに人格的情感を超えた〝超人的〟情感となっている。超人的情感によって得られる真価値は超越的でもあり、絶対的でもあり得ようが、それはけっして普遍的価値ではあり得ない。

この二人にみるように、苦渋に満ちた探索の末にやっと絶対的真を担うものを探り当ててみたところ、それらは単独者であったり、超人であったり、いずれも普遍性からは遠いものであった。これは絶対的真のありようが尋常ではないことを、如実に示しているといえよう。

東洋思想にみる絶対的真　一方、東洋思想ではどのように真と向き合ったか。仏教思想を例にとってみると、仏教には絶対者が存在しないという特徴があり、むしろ論理性が色濃く滲み出ているので、論理を超越した情感がどこにあらわれているかについては、かなり見解が分かれる。

しかし、どういう見解をとったとしても、絶対の相としてあらわれてくるものは〝空〟である。だが、空の思想の解釈も細部では論者によって多様であって、極端な場合には空であると観ずることも空であるとして、自己破壊に陥る場合もある。だが、人間が執着を離れ、執着から自由になることとして説かれる点では共通している。それが解脱であり、悟りであり、涅槃であろう。それを実現することが人間存在の本質であるともとれるし、逆にいえば、人間存在の本質は執着にあることを意味しているともいえよう。

ここで人は二通りの態度をとることができる。一つは、執着という本質に従順に生きることであり、もう一つは執着を捨て去る途を探ることである。執着を離れるには、現実にあるすべての世界がじつは偽妄であること、すなわち〝空〟であることを論理的に証明しなければならない。ところが、これはみずからの証明さえも偽妄であるということになるばかりか、〝空〟が実現されたとしても〝空〟そのものも偽妄であることを結論づけてしまうという自家撞着に陥る。

また、執着が人間の本質であるならば、それを捨て去ることは人間でなくなることになり、人間否定にもなりかねないとして、執着をそのままに受け入れるか、これを絶対者への帰依に昇華させるほかない。

いずれの途をとったとしても、これは論理的に一種のアポリア（回答不能問題）であり、パラドックスでもあって、そうならないためには〝空〟は論理を超越していなければならないし、〝空〟そのものをも超越しなければならない。こうして東洋思想においても、絶対的価値には到達できないままになっている。

絶対的真には限りなく接近できるが、到達はできない

ここまで美について、善について、そしていまは真について、その絶対的な存在を求めてきて、遂にそれを見いだすことができなかった。その経緯をもう一度ふり返ってみよう。

印象表象が直覚的段階にあるときは、情念のはたらきによって主観的な欲求が生まれ、そこにあらわ

れるものは、認識論的な真であった。そこで求められているのは真についての認識の整合性であった。印象表象が内省的段階に入ると、観念のはたらきによって客観的な規範が生まれ、そこにあらわれるものは、存在論的な真となった。そこで求められているのは真についての存在の確実性になった。

だが、そのいずれもが絶対的真にはたどり着けなかったではないか。それならあれほどの努力にもかかわらず感性が得たものは、探究の過程で生じた一時的な合意としての可謬的真に過ぎなかったのか。すでにパース（1839～1914）やハーバーマース（1929～　）はこの立場を鮮明にしている。だが、まだ悲観するにはあたるまい。なぜなら、絶対的真へは限りなく近づけるからであり、そこに可能性の期待がもてるからである。その可能性を表にして示しておいた（表Ⅲ・9）。

私たちが日々願っていることは、人間としての完成である。心のはたらきとしての感性の目標も、それ以外にはない。人間としての完成とは、真なるもの、善なるもの、美なるものを会得することであろう。この目標を目指して日夜努力することが感性のはたらきの究極の意義となる。だが、その道は極めて険しいことを覚悟しなくてはなるまい。

［真を規定する］

1　真は多義であり、そのあり方も多様である。だがすべてのかたちの真には限りなく近づけるが、絶対的な真に到達することはできない。

2　この諦念を否定せず、是認するところから、霊性への門が開かれる。

表Ⅲ・9　価値の絶対化への道程

美	・前印象表象の活動によって、儚さの美が発見される。 ・情感の想念から観念表象の活動へ移行する過程で、技巧の美が発見される。 ・観念表象が活動する領域で、精神の美が発見される。 ・絶対の美の存在は不確定。
善	・前印象表象の領域には善はあらわれない。それは意識の領域の問題である。 ・情感の想念から観念表象への移行の過程で、公共的善が発見される。 ・絶対の善の存在は不確定。
真	・絶対の真は目標にはなり得ても、そこへの到達が可能か否かは不確定。

感性世界の未来

感性はいかなる可能性をもつのか　感性世界の発展を、意味性と価値性の二つを指標としてみてきた。意味性と価値性を担ったのは感情原理と印象表象の二つであった。この二つの要素が相互依存の関係におかれたことによって、両者はともに発展することができた。

もし、印象表象が単独に動いたなら、それは単なる情感の浮遊にとどまり、行き場のない硬直したかたちに終始したであろう。そこに感情原理のはたらきが加わると、情感は志向性をあたえられて、その活動は意味をもち、具象性や緻密性までそなえることになった。

また、感情原理だけが単独に動いたなら、それは単なる志向性の暗示にとどまり、それを実行に移すだけの行動性は、もてなかったであろう。ここに印象表象が介在することによって、志向性は対象を見いだしてその活動は生気をあたえられ、活動性や情熱性をそなえることになった。

両者のあいだにはこのように持ちつ持たれつの関係がある。その関係は今なお発展をつづけており、それが感性の未来への展望の希望をあたえてくれる。

それにもかかわらず、美も、善も真も、それぞれが目指す目標に到達することができなかった。それはなぜなのか。感性世界がさらに深化を遂げていったなら、目標へ到達することができるのか。そのことを考えてみよう。

志向性と行動性からみた感性　印象表象と感情原理とは互いに力をあたえあうことによってともども活性化されていった。こうして生まれた感性は生命の息吹をそなえた志向性と行動性をもって、私たちのなかではたらきはじめる。

これが感性の歴史のはじまりである。感性のはたらきは、あるときには対象へ向けての共感となり、それが深まって対象との陶酔的な合体の域にも達していた。また、あるときには、対象に向けての観照となり、それが深まって神秘的な霊感の域にまでも達しようとした。

こうして完成への歩みをつづける感性は自然と一体化しようとし、絶対者へ帰依しようとするまでになっていた。しかし、そこにはもう一つ、感性を突き抜けた何ものかを加えねばならないであろうという予感があったことも、また確かである。絶対的価値にまで到達できなかったのは、その何ものかが欠けていたためであろう。しかし、いまはその何ものかがまだそのすがたを見せていない霊性ではないかと予感できるだけであって、そこへの一歩を踏み出すまでにはいたらない。これが志向性と行動性からみた感性の展望である。

多様性からみた感性　印象表象と感情原理の活動には、著しい多様性がみられる。まず、印象表象の活動をみると、退嬰的な弱さを示すに過ぎない慨嘆から、人間の本性を見据えることによって得られる幽玄寂静の感懐にいたるまで、浅くも、深くも、さまざまである。また、感情原理の活動では、単なる動物的な勘に過ぎない直感から、全人格のすべてを集中することによって得られる豁然大悟の境地にいたるまで、これまたさまざまである。ともに多様な感情原理と印象表象との協同によってつくられる感性世界は、それぞれの場合に応じて異なったかたちをあらわすことになった。

　だが、感性はその多様性のゆえに、ときによって混乱をもたらすことも避けられない。感性の怖さはここにある。感性はその多様性を駆使して積極的に目的に向かうこともあれば、逆に消極的な退歩に陥るばかりか、みずから後ずさりして深みにはまり、混迷に沈むことさえある。これが感性の怖さである。

　感性が積極、消極の両方向性をもったことが、感性の目的達成に対して大きな阻害因子になっており、双極性になった感性はみずからのうちに対立を醸し出し、そこを突き抜けてつぎの一歩を踏み出そうとする動きを止めてしまう。感性が絶対的美、絶対的善、絶対的真に到達できなかった理由は、感性自身のなかに、みずからの相対性を超克して、絶対性に向おうとする飛躍の動機を阻害する要因が含まれていたためであった。これが多様性からみた感性の展望である。

　感性のもつ志向性からも、またその多様性からも、感性の究極の目的はまだ遥か彼方に望めるのみで、そこへ到達する可能性は一向にみえてこない。そういう状況のもとで私たちに許されるのは、感性世界の限界を知り、その上で感性のかなたに望める霊性に賭けることしかなくなった。だが、私たちはこの感性世界に限りない愛おしみを感じており、この愛すべき感性世界に未来への希望を託さずにはいられない。この章を終えるにあたって、このことを強く感じている。

人名ノート

フランチェスコ・アッシジの（Francesco d'Assisi：1181/82～1226）

　イタリアのアッシジの裕福な商人の家に生まれ、青年時代は冒険を好んでいたが、ペルージア戦争を経験して回心し、その後は清貧に徹して生きた。1202年には同志とともにフランシスコ会を創立し、永年の病苦も十字架の神秘として受け止め、その徴としてアルウェルニア山上で聖痕を受けたといわれる。愛を媒介とする平和を目指し、自然を友とする教えを説いた。

ボナヴェントゥラ（**Bonaventura：1217頃～1274**）

　フランシスコ会の神学者。イタリアのトスカナ地方にあるバニョレアに生まれる。パリで学ぶが、後にはフランシスコ会の総長をつとめる。彼は被造物である人間の一生とは、愛によって神に近づくまで上昇していく精神の巡礼にほかならないと説いた。主著は『精神の神への歴程』（1259）で、四二歳ころの著作。

ホラティウス（**Quintus Horatius Flaccus：前65～前8**）

　古代ローマの詩人。南イタリアで解放奴隷の子として生まれたが、アテネのアカデメイアの学園に学んだ。カエサル暗殺後の内乱がギリシャに及ぶと、ローマにもどりブルートゥス陣営に加わったが、アントニウス軍に敗れて財産を没収される。その頃ウェルギリウスらと親交を結び、詩作をはじめる。後にはオクタヴィアヌス（後のアウグストゥス帝）の知遇を得て、桂冠詩人に選ばれるまでになる。彼の著した『詩論』は、近年まで作詩法の聖典とされた。

世阿弥（1363?～1443?）

能役者であった観阿弥の子で、大和猿楽では観世座の二代目太夫であった。この時期に能は飛躍的発展を遂げ、世人の愛好する芸能となったのは、観阿弥・世阿弥父子の力が大きい。世阿弥は幼少の頃から和歌に親しみ、連歌にも同座して、歌学などの古典の素養が身についており、中年以降は仏教とくに禅の思想に親しんだ。『風姿花伝』のように文学的にも高い水準にある著書を残すことになったのは、こういう背景があったればこそであろう。

山鹿素行（1622～1685）

江戸前期の兵学者・儒学者で、山鹿流兵学の祖となる。朱子学を修めたが、やがて憧憬主義的な立場に飽き足らず、さかのぼって古代の孟子、孔子の教えに就くべきことを主張した。その著書の一部がときの幕府の咎めを受けて、播磨赤穂に流摘の身となった。赤穂藩主の浅野長矩は門人の一人であった。忠臣蔵で吉良邸討ち入りに山鹿流の陣太鼓が出てくるのはこういう縁がある。

荻生徂徠（1666728～）

江戸中期の儒学者で、将軍綱吉の側近であった柳沢吉保に仕えた。綱吉の没後は藩士の身分のまま、江戸市中で自由な学者としての活動を許され、多くの門人を育てた。その塾は日本橋萱場町にあったので、〝茅〟（かや）と同音である〝蘐〟の文字をとり蘐園（けんえん）と名づけた。その額はいまも残る。徂徠は早くから中国の古典を精密に読むことを主張しつづけ、古文辞学とよばれる分野を確立した。これは後に本居宣長の国学思想にも影響をあたえたといわれる。

新渡戸稲造（1862～1933）

明治から昭和前期のキリスト教思想家、教育家。幕末に青森の開拓者として名高い伝（つとう）の孫として生まれ、札幌農学校でクラークの感化をうけ、内村鑑三とともに受洗した。アメリカに留学した後、クエーカーの信仰に出会ったとき、はじめてキリスト教と東洋思想との調和を見出せたと述懐している。内村の無教会主義とは異なり、直観主義に基礎をおいた東西思想の止揚を果したといえよう。彼は内なる神秘的直観を重視するが、それは現世離脱ではなく、人類の共感的平等観に基づく個々人の内的向上を目指している。

ブーバー（Martin Buber：1878～1965）

最近になって日本でもしばしばとり上げられ、論じられることの多い哲学者の一人である。ウイーンに生まれ、青年時代からユダヤ神秘主義（ハシディズム）の影響を強く受けたことが、後の哲学的活動にその跡を残している。主著は『我と汝』（1923）で、世界を〝我―汝〟と〝我―それ〟の対比で論じている。人間存在の根本には〝間（あいだ）性〟が主要な関係として存在し、そこでは愛がもっとも重要な役割を演ずると説く。彼はまことに預言者的な愛の哲学者である。

アドルノ（Theodor Wiesengrund Adorno:：1903～1969）

ドイツの哲学者、社会学者、美学者。フランクフルト学派といわれるが、広く二十世紀中葉のドイツ思想を代表する思想家といえよう。活動は多方面に亘り、業績の要約はむずかしいが、一貫しているのは学問の分業化を排し、真理と絶対者を追求することであり、しかもそれを概念としてあらわそうとする努力であった。

ドゥルーズ（Gilles Deleuse：1925～1995）

フランスの哲学者。パリに生まれパリ第八大学の教授となるが、退官後に惜しくも自裁して生涯を閉じた。彼の仕事を哲学史的にみれば、ベルクソンの〝生の哲学〟をさらに推し進めたことに意義がある。その特徴は〝無意識〟を〝欲望する機械〟として捉えている点にあり、そこに未見の概念を打ち立てることによって、新しい哲学を築こうとした。その未見の概念とは何であったか、ぜひ聞いてみたかった気がする。

サルトル（Jean-Paul Sartre：1905～1980）

フランスの哲学者、作家、評論家。無神論的実存主義を唱えたことで名高い。彼はフランスではじめて現象学を方法とする哲学を樹立した。彼によれば人間は自由そのものであるが、人間が目指す憧憬は遂に実現不可能であり、何の根拠もなく遺棄されている。「人間は無益な受難である」というのがその結論である。

ヤスパース（Karl Jaspers：1883～1969）

ドイツの哲学者で、現代の実存哲学を築いた一人。その一生は波乱に富んでいる。はじめハイデルベルク大学とミュンヘン大学で法学を学ぶが、後に医学に転じ、ハイデルベルク大学で精神科の臨床助手となる。精神医学にフッサールの現象学とディルタイの解釈学を導入し『精神病理学総論』(1913)を著して世の注目を集める。この後マックス・ウェーバーの死に際して、講壇哲学にとどまろうとするリッカートとの対立を契機として哲学を志すことになる。

このころナチスの台頭があり、ユダヤ系であったゲルトルード夫人との離婚を拒否したことから教授職を追われ、第二次世界大戦中は沈黙を余儀なくされた。だが、戦後も世の夫人への偏見がつづき、スイスに移住してバーゼル大学の教授となった。しばしば原子爆弾について語り、東西ドイツの統一にも言及した。主著として中期の『現代の精神的状況』（1931）、後期の『歴史の起源と目標』（1949）その他が挙げられよう。

キルケゴール（Søren Aabye Kierkegaard：1813～1855）

デンマークの哲学者。コペンハーゲン大学で神学と哲学を学ぶが、家族の不幸つづきに打ちひしがれ、生涯を通じて死の意識と憂愁の気分に囚われ続けた。実名で、あるいは偽名で多くの著書を出版している。なかでも『死に至る病』（1943）はよく知られている。人間の本性を理性に限定したことに反発し、自由な主体性の確立に真の人間らしさを求めた点に、強い共感を覚える。

ハーバーマース（Jürgen Habermas：1929～　）

ドイツの哲学者、社会学者。ハイデルベルク大学、フランクフルト大学教授を経て、1971年からマックス・プランク研究所所長となる（研究所の名は〝科学技術化された世界における生活条件の研究〟という長いものである）。研究は一貫して言論による合意の条件についてなされ、そのコミュニケーション論は一世を風靡した。著書に『認識と示唆』（1968）、『社会科学の理論』（1967）、『コミュニケーション行為の理論』（1981）などがある。

第Ⅲ部のまとめ

印象表象と感情原理という二つの要素のはたらきから、感性世界という大きな世界のあり方を明らかにすることを試みた。二つの要素のはたらきがそれぞれ分化して、相互に組み合わさると、一種の網目がつくられ、この網目で外界の事象を漏れなく掬いとろうとする。これで事象の示すあらゆる個別性と多様性に対応できるようになった。

これを具体的にみると、感情原理が感受、志向、洞察という三位相をあらわし、それに応じて印象表象が情感、意欲、憧憬という三想念に分化して網目をつくっている。感情原理の三位相が智・情・意をあらわし、印象表象の三想念が真・善・美を顕現させたとみるのも、網目を別の面からみたすがたであろう。

人は理性世界のほかになぜ感性世界をもつのか。それは感性世界が私たちに希望をもたらし、さらにその先に理想を望み見ることを許すからである。その可能性を下支えするものとして、感性世界では受容した印象の意味と、そこから導かれる価値の二つが重んじられる。この論考ではつねにこのことを念頭において探求が進められた。

感性世界、そこはかつて理性にとっての異界であったし、いまもそうであるかもしれない。かつては人がその異界のなかに生まれ、そして死んでいったのであった。しかし、理性がそれを暗黒として、ひたすら排除しようと努めるとともに、感性世界はしだいに衰退していったというのが感性世界の歴史である。

だが、それは理性の思い上がりというものであろう。理性は死について多くを語れないではないか。理性の語れないところこそが、いまは異界となってしまった感性世界なのではないか。私たちが死を乗り越えるには、いまでは異界となったかもしれない世界をもう一度をよび戻さねばならないようである。この論考がそのことを求めつづけ、さらにその向こうにある霊性の世界をも探ろうとするのはそのためである。

（第Ⅲ部　了）

Ⅳ　霊性、超越し止揚する心

ここでは理性と感性を超えるはたらきとしての霊性を考えようとしている。霊性という文字からして、人智を超えた超能力のようなものを想像されるかもしれないが、そういうことを考えているわけではない。また、悟りに類したことがらについて考えようとしているわけでもない。ここで目指しているのは、理性や感性の限界を知り、それを超える道があるか否かを探ろうとしているだけである。

理性と感性をなぜ超えねばならないのか。思い返してみれば、本来は一つであった心のはたらきが、心の内部で理性と感性に分かれてしまったために、双方のはたらきには欠落が生じていた。また、その理性と感性を考察しているあいだに、それぞれのはたらきに固執している限り達し得ない領域のあることが予感されていた。

そういうことであれば、いまここで私たちが目指さねばならぬ目標は明らかであろう。この論考でこれまで得られた新しい観点を加えることによって、いったんは分かれてしまった理性と感性のはたらきを、ふたたび結び合わせることが第一であり、そのことを通じて両者のはたらきを超えられるか否かを問い直してみることが第二であろう。そういう探索の結果、あらわれてくる新しい境地を霊性とよぼうとするのであって、霊性もまた心のはたらきの一つとして考えている。それ以上のことを考えているわけではない。

だが、その新しい境地とのあいだに、いままでとは地続きになっていない部分があって、その裂け目の向こう側へ渡るには一種の飛躍が必要になる。その飛躍をここでは超越とよんでいる。超越をなし遂げるのは、簡単なことではない。つぎには、いかにすれば超越は可能であるかが問題となる。

すでにみたとおり、理性の性格はその本質として外在的であり、そのはたらきの基盤をみずからの内部にではなく外部においている。これとは対照的に、感性の性格はその本質として内在的であり、そのはたらきの基盤を体系の内部にもっている。理性と感性がこれほどにも対蹠的な立場に立っているのであれば、その両者を超越するには、両者の安易な融合では達せられないことは明らかであろう。だが、その対立こそが超越の契機となるのではないか。なぜなら、対立のないところに、それを超越しようとする動機など生まれてはこないからである。理性と感性のあいだに見られる対立のあり方をみると、そこにはすでにその先にある超越のすがたが示現されているかにも思われる。それを解決の手がかりにしよう。

理性と感性のあいだにある矛盾と対立を同一化する方途があるとすれば、それはいかなるものか。また、それに必然的にともなうことになるが、その際に求められる超越はどうすれば達せられるのか。さらに、すべての矛盾や対立が同一化され、超越が達成されたとき、そこにあらわれてくる霊性のすがたは、どういうものになるのであろうか。この三つの課題をかかえて、霊性の考察に入っていこうと思う。

1　霊性へ向かう契機
理性と感性の彼方へ

霊性は超越領域ではたらく
理性と感性は超越への志向を内包する
三つの生命原理
無限の概念について

霊性は超越領域ではたらく

霊性探求の特殊性　霊性の考察に入ろうとすると、行く手にはこれまでと違った困難が立ちはだかる。困難の第一は探索の手立てが見つからないことである。理性や感性のあり方を問うたときには、それなりの手立てをもっていた。まず記憶がつくられ、その記憶から統覚が生まれるという手順を踏んで、理性や感性の領域ではたらく表象や操作原理があらわれてくる道程をたどることができた。

だが、こんどはこういう順序で霊性のあり方を問うことはできない。霊性は理性や感性のはたらきを超えたところではたらいているから、その霊性の世界ではたらく表象や操作原理を、理性や感性の世界のなかで探しても、見つかる見込みはない。ここで私たちは手詰まりになる。

しかし、そのままでは何もはじまらないので、ここではなぜ私たちは霊性の世界を求めずにいられないのか、霊性の世界とは理性や感性の世界とは、どこがどう違っているのかという疑問を端緒にして、話をはじめようと思う。

すでに何度もふれたことだが、理性と感性のはたらきの届かないところに、私たちにとっては重要な問題が隠されていることを察知していた。隠された問題のなかでもっとも大きかったのは、生と死についての疑問であった。私たちの生にどういう意味があるのか、そして死をどのように受け容れればよいのか、という問いである。この問いに対しては、理性の論理も、感性の情感も答えられなかった。

理性と感性ではどうしても解決ができなかったとき、私たちはその世界を超えた別の世界を求めようとする。その願望がいま霊性の世界というかたちで、そのすがたをあらわしている。その世界でならば、私たちの願望に応えてくれるかもしれないと期待するのだが、ことはそれほど簡単ではない。

霊性の世界は理性と感性の世界を超えたところに拓けているので、この世界とは平坦につながっていない。そのあいだには高い壁があって、その向こう側に達するには、この障碍を乗り越えねばならないし、乗り越えた先に何があるのかは誰も知るところでない。それを承知の上で、これから探索してみようというのである。

まずはその壁を乗り越えねばならない。その乗り越えの作業を超越とよんでいる。超越という言葉をここでは静的概念ではなく運動概念として扱っていく。どうしたら超越の運動が実現できるのか、それがつぎの問題になる。

超越についての思索の系譜　理性と感性のはたらきを超越するとはどういうことか。それについては昔から多くの思索がなされてきた。私たちの論議を進めるに先立って、先達の思索の跡をたどり、これを糧としていきたい。その流れを東洋思想、西欧思想の順に一瞥しておこう。

（i）東洋思潮　東洋の超越思想を代表するものとして、ここでは仏教における唯識思想と、日本で独自に発展した西田哲学の二つをとり上げることにした。

（a）唯識論における超越　唯識論はインドの僧である無著（アサンガ Asanga：395頃～470頃）と世親（ヴァスバンドゥ Vasubandhu：400頃～480頃）の兄弟によって、四世紀の頃に大成された思想である。唯識の立場では、外界の物質世界（これを色界とよぶ）を直接に認識することは、私たちの能力には不可能であるとされ、それが内界に写しとられた世界（これを識界とよぶ）を対象として、これを認識することだけが許される。

そこで、認識不可能な色界はさておき、認識可能な識界をとり上げて、これをいくつかの層にわけ、各々の層を一つずつ探っていくという方法をとった。こうして彼方にあって手の届かない色界に、間接的になりとも一歩でも近づいて、解脱の境地へ通ずる道を発見しようとするのだが、識界のあらゆる層をどれほど探ってみても色界には近づけず、解脱の境地への道は見出だせなかった。識界をどこまで掘り下げていっても、色界とは無縁のままに終わるしかないという探索の結果から、識界にあるすべての存在も、そのすべてのはたらきも、空であることを観ぜよというのが、唯識思想の最終結論になる。

この推論のどこに超越が隠れているのか。そこで、識界をどのように分けたかを見てみると、まず識界を三層に分ける。最基底をなす第一層は眼・耳・鼻・舌・身（げん・じ・び・ぜつ・しん）による五種の感覚作用と、それに加えて観念の操作能力としての意（い）を合わせた六識である。つぎの第二層は、この六識の活動を統べている自我の層であり、これをマナ識（manas）とよぶ。最後の第三層では、第一、第二層のすべての識が統合されて、根源的な識となっているのだが、それが自覚されることはない。唯識ではこれをアーラヤ識（ālaya-vijñāna）とよぶ。この層は心的活動のすべてを裏側で支えながら、過去から未来に亘って心のはたらきを根源で支配する。アーラヤ（ālaya）とは蔵を意味する語であるという。つまり、過去の一切の経験がここに蔵されているのであろう。

ふつうに考えれば五種の感覚（五感）とそれを統合する意識があればそれで完結しており、これでもはや十分ではないかと思われる。しかも、新しい識の層を加えたからといって、そこに解脱の道が見出せるわけではない。それなのになぜマナ識やアーラヤ識をつけ加えたのか。その真意は何であったのかを探ってみよう。

第一層をなす六識はこの論考に則していえば、表象とその操作原理のはたらきであろう。それが統一した一つの系としてはたらくからには、それをはたらかせている原因がなくてはならない。その原因は自我の活動以外にはなく、これをマナ識とよんだのではないか。ところが、そうなるとつぎにはそのマナ識をはたらかせているさらなる原因がなくてはならないことになり、ここで原因は無限の彼方にまで後退してしまう。この無限に連なる原因の総体を指してアーラヤ識と名づけたのであろう。

唯識の思想ではこの無限を包含しているアーラヤ識を、根源的なものとして位置づけ、その無限性を媒介としてマナ識からの断絶を図ったと思われる。つまり、唯識における超越への道は、マナ識の階層から、アーラヤ識の階層への飛躍において開かれることになる。飛躍の契機となったものを探っていくと、アーラヤ識が体現している〝無限〟に行き着く。唯識の思想に特異な点は〝無限〟なるがゆえに放棄するのではなく、これを契機として超越を実現させようとするところにある。

認識についての論議で、唯識思想にみられる独特な点は、すべての識は一刹那ごとに滅し（刹那滅とよぶ）、また生ずる存在とされ、根源的識であるアーラヤ識でさえも絶対的なものとはされていない点である。たとえ超越が実現したとしても、それは一刹那のできごとになっている。そういうことでは、いかなる識に頼ったとしても、世界の本質把握などできるはずもないのに、あえてそれを望もうとするところから、あらゆる迷妄が生まれると断じて、このことからもすべての識は空しいものと悟れと説く。すべての識を否定し尽くした後に、あらわれてくるのは〝無限〟であった。無限は掴みようもなく直ちに〝空〟に通じ、〝絶対的空〟にまで昇華していく。唯識にあってはこの絶対的空こそが超越の到達目標ということになる。この空はけっして空虚な空ではなく、万物を創出する能力を秘めた空なのであろう。唯識では生死の問題も、空の領域での問題となってくる。

生と死が空の領域での問題であるなら、そのどちらもが何ごとかを生み出す契機として存在していることになる。生と死がいったい何を生み出せるのか。これは霊性にとっての最大の問題であろう。いまはそれに答えるだけの準備がないので、後に機会を見てもう一度考えることにしたい。結局のところ、唯識においては生死の問題も含めて、超越というものを〝絶対的空〟に向かう〝無限の昇華運動〟として捉えていることを、確認しておくだけになった。

（b）西田哲学における超越　西田幾多郎（1870～1945）は西欧のさまざまの哲学者から吸収するところが多かったが、特にジェームズ（1842～1910）やベルクソン（1859～1941）の影響を強く受けたといわれる。この二人が中心的思想としていた〝純粋経験〟は、西田にも受け継がれ、西田はこれを禅の思想と融合させて独自の体系を築き上げた。西田は純粋経験からすべての精神活動がはじまると考えて、純粋経験の概念を彼の哲学の基本に据えた。

西田哲学では私たちの意識を三層に分かつ。ただし、この三層は先に述べた唯識の三層とは異なる。西田のいう意識の三層では、その最基層を純粋経験が占める。ここは思惟の及ばない領域であって、自覚はまだはたらかないから、主観と客観とは分かれておらず、自我さえも自覚されていない。つぎの第二層で思惟の活動がおこり、そのことによってはじめて自我が自覚される。ここで主観と客観は分離し、世界は主客の関係において認識されるようになる。これにともなって、自我と非我も分離し、その相互作用によって自我は高次化されていく。最後の第三層では自我の高次化がその極限まで進み、無限の高次化を求めようとするにいたる。極限まで高次化した自我がはたらく場所は、超越意識の場しかない。自我は超越意識の場で〝絶対的空〟を発見するが、そのとき超越は成就する。ここでも超越は一種の無限運動として捉えられている。

西田のいう意識の三層は、互いに断絶した階梯としての三層ではなく、すべての層に純粋経験が浸透して、その力を発揮しつづけるのを特徴とする。西田がこの力の源泉として純粋経験をおいたのはなぜか。それはデカルト（1596～1670）のいう〝われ惟う、ゆえにわれ在り〟(Cogito, ergo sum）という思想の枠を、抜け出たかったからではなかったか。デカルトの哲学はつねに〝コギト〟、つまり主観を基盤において展開していく。これは思索を進める際に強力な枠がかかっていることになる。

デカルトの主著である『方法序説』（1637）や『省察』（1641）をみても、彼の目は数学や光学のような現実の問題に向かうことが多く、自然を超えてその外に出ることはほとんどなかった。そのためでもあろうか、彼による神の存在証明をみると、自然の秩序を保証していることが存在の理由となっており、世界を超越しているはずの神さえも、自然の地平を離れることはない。

西田はおそらくこれに不満だったのであろう。彼はデカルトがいうところの主観と客観の対立を統合し、かつ昇華させたいと切望した。その手立てを模索した結果、対立の消滅が可能になるのは純粋経験においてしかないと悟ったとき、西田の哲学は純粋経験を基盤において展開しはじめる。そういう経緯があるために、自我が高次化されていった後にも、その基盤におかれていた純粋経験にもう一度立ち返って、自我をそこに据え直すことができたのではないか。

西田の思想に独特であるのは、この超越意識の領域では自我が自我自身をも超越しており、そこでは〝即非の論理〟がなり立つ特異な場所となることである。〝即非の論理〟とは、西田の親しい知友であった鈴木大拙の言葉で、〝AはAにあらず、ゆえにAなり〟と表現されることは先に述べた。Aとはたとえば山であり川であり、美であり善であり、生であり死である。

即非の論理にしたがうならば、「AはAである」という同一律や、「AはAでないものではない」という矛盾律を否定し去り、それでもなお残る「A」という命題を掲げようというのが、西田哲学における超越の究極の趣旨であろう。このとき自我もまた〝自我は自我にあらず、ゆえに自我なり〟というすがたをとることになる。

ここで生まれる自我は、すでに以前の自我ではなくなっており、禅の言葉で言うならば、小我を超えて大我になっている。人口に広く膾炙している〝絶対矛盾の自己同一〟の境地は、ここではじめて可能になったといえよう。

これは禅に特有の論理であって、超越意識という場においては、通常の論理の地平から飛躍して、これとは別個の論理が成立する。論理という言葉をつかったが、これはすでに論理とはいえず超論理、あるいは非論理とよぶべきかもしれない。この飛躍した場所ではたらく論理は、そのすべてが絶対空の名のもとにはたらく超越論理であり、ここが超越の領域となる。西田哲学で超越の契機となったものは、〝空〟の境地における通常論理の否定であり、それをもたらしたものは純粋経験という一種の混沌状態であった。これも一種の無限の性格を帯びている。

西田は生と死について特に論じているわけではないが、鈴木大拙との交友を考えれば、この問題について無関心であったはずはない。いままでの論議を延長すれば、〝生は生にあらず、ゆえに生なり〟であり、〝死は死にあらず、ゆえに死なり〟となろう。これは要するに生と死にこだわるな、ということであり、それを超越したところ、それは空にほかならないから、生死の問題も空にその解を求めよということになるのであろう。これは言葉ではいえても、それを身に体するとなれば話は別であって、生死は人にとってはつねに混迷のなかにあり、前にも話を先送りしたほどであって、そこからの超越は困難をきわめる。

（c）東洋思想の特徴　このように眺めてくると、先にみた唯識思想においても、いま問題にした西田哲学においても、超越意識への手がかりは絶対的な〝空〟である。これは言語による接近を拒んでいることを示しており、逆にいえば、言語によるあらゆる束縛を離脱した完全な自由において、超越への道が開かれているということであろう。

もう一つ明らかになったのは、超越という場所がどこかにあるのではなく、〝無〟あるいは〝空〟とよばれる境地に向かって、一歩ずつ歩みを進めていく無限のいとなみを、超越とみていることである。

超越を無限の運動として捉えている点では、この両者の主張は一致している。

ここには無、あるいは空という言葉、また無限という言葉がしばしば出てくる。無限についてはまだ問題が残っているので後の機会にまわすとして、いまは東洋思想と特に縁が深いと思われる無と空を、この論考ではどのように理解しているかを述べておこう。ただし、これはこの論考に独特の理解である。

超越が成就したときにはあらゆる存在は彼方に去り、すべては失われているであろう。それが無である。そこから歩み出そうとすると行く手には何もない。それが空である。留まれば無となり、進めば空となる。これは空を無の進行形と考えたことになる。どちらかが勝るということではなく、いずれにも特長があり、どちらもなくてはならない。また、東洋思想では無も空も虚無ではなく、何ものかを生み出すべき源泉と考えられていることもつけ加えておこう。

(ii) 西欧思潮　つづいて西欧思潮に移るが、全般的にみて西欧では超越の思想が深まる素地が乏しかったと思われる。ギリシャ・ローマ時代にはゼウス（ローマ神話ではユピテル）という全能の神が、世界に君臨していたし、キリスト教時代に入っては唯一無二の絶対神がその地位を占めていた。このように全能の絶対者がたえず君臨していたことが枷となって、自分たち自身の超越を考えることが難しかったのではないかと想像される。

(a) 近世までにみられる超越の概念　しかし、こういう状況のもとにありながらも、超越の概念についての若干の論議がなされてきたことは、特筆されてよいであろう。古くはトマス・アクイナス（1225頃～1274）によって、超越の概念は理性や感性によって把握できない領域にあるとされ、〝親和性認識〟と名づけられた。それは〝対象に向けての親和的な把握に発する認識〟の謂であろう。すなわち、親和性認識なるものが、心的な共鳴がなければおこらないという主張であろう。だが、何ものと共鳴するのか、何ものと親和性を築くのかが、ここでは明らかにされていない。おそらく彼にとっては親和性認識と言ったときに、神の存在が念頭から離れることはなかったと思われる。

こういう類の認識は、別の名前でもよばれる。ここではその詳細に立ち入らないが、たとえば、パスカル（1623～1664）のいう〝繊細の精神〟や、フランスの思想家マリタン（1882～1973）のいう〝美的認識〟もこれに通ずるかもしれない。また、ヘーゲル（1770～1831）のいう〝宗教的認識としての愛〟、あるいはオットー（1869～1937）のいう〝聖なるものへの憧憬〟などという表現とも一脈通ずるところがある。

だが、いまは近代に入ってからの超越の思想の流れに限ることにして、メルロ・ポンティ（1908～1961）、ベルクソン（1859～1941）、ショーペンハウアー（1788～1860）の三人の思想家をとり上げることにしよう。

（b）メルロ・ポンティにおける超越　彼はもともとあらゆる事象の始原を徹底して追及し、あらゆる事象の次元を貫く原理を、身体に基礎をおく現象学に求めようとしていたから、意識と自然との関係を理解するについても、単なる生理的あるいは心理的な原理に還元できない原初的な知覚が必須であると考え、これをキネステーゼ（Kinästhese）とよんだ。この言葉はフッサール（1859～1938）がキネーシス（運動）とアイステーシス（感覚）の二語を併せてつくった合成語であるが、メルロ・ポンティはこれを感情の意志的志向性の背後にあって、身体的（メルロ・ポンティの表現では前人称的）にはたらくものと受けとめた。これは理性や感性の域を超えて、霊性に入る戸口でのはたらきでもあろう。だが、それは戸口までてでしかなかった。

彼はまた知覚、言語、歴史などにあらわれる意味を、それ自身を超えた何ものかの象徴（シンボル）あるいは寓意（アレゴリー）であると考えていたから、意識についてもそれ自身を超えた何ものかを含意すると見ていた可能性がある。彼の主著の一つである『知覚の現象学』（1945）などをみると、超越意識との関連をわずかながら見出せる。だが、超越そのものについてのさらなる言及と洞察は、そこには見当たらず、そこに超越意識が確実に成立しているとは思えない。

（c）ベルクソンにおける超越　言語によって操られる概念の地平を遠く離れて、内界に深く沈潜したとき、はじめて生命活動そのものとしての自我があらわれる。これがベルクソンの中心思想である。言語や概念によって構成された自我は、動きのとれない固まった自我でしかなく、それを超越したところに生命力をもった本来の自我があるというのが彼の主張である。

彼によれば、本来の自我は一切の過去を保存しながらも、それが刻一刻と質を変化させていることから、過去でありながらその現在化になっており、また、新しい質の創造を含意していることから、未来へ伸びる力をも獲得する。さらに、これらの一切は自覚的体験を超えた無意識の領域へ統合されていくと考える。

このように本来の自我は、過去から未来へと持続されつづける自我であるとする考えから、彼はこれを〝純粋持続〟と名づけた。彼の哲学では、純粋持続のもつ〝創造性〟がエラン・ヴィタール（生の飛躍）へと跳躍し、さらにその〝包摂性〟はエラン・ダムール（愛の飛躍）へと飛躍していく。これがベルクソンのみた超越のすがたである。

ベルクソンのみる超越とは、絶えざる飛躍であり、ここには無限につづく昇華運動が見てとれよう。ここには〝生〟や〝愛〟という言葉が、超越の扉を開く鍵の言葉としてつかわれているのは興味深い。

(d)ショーペンハウアーにおける超越　この世界を動かしているものは〝生への盲目的意志〟であって、この意志は世界の根源にあって、そのはたらきはまったく合理性を欠いている。この考え方がショーペンハウアーのすべての主張の根底にある。この非合理的な意志から、世界のすべての事象が生み出されているとするならば、この世界には何らの目的も意味もなく、私たちはただ世界の根源にある盲目的意志を実現していくのみとなる。

彼によれば、私たちにあたえられた過酷な運命はそれにとどまらない。この盲目的意志が個々人に分けあたえられると、その意志をもった個人どうしが互いに盲目的に抗争しあうことになり、人々は救いから永遠に遠ざけられてしまう。ショーペンハウアーはここからさらに飛躍して、このことを認識した上で、無目的な世界の消滅をひたすら待つことが、人にあたえられた唯一の救いの道だとまで述べるにいたった。この道を歩みつづけることが、彼にとっての超越にあたると思われる。だが、このことによって、彼は極端な悲観主義者で、諦念の哲学者という烙印を押されてしまった。

ショーペンハウアーは誤解された哲学者といわれる。だが、彼の本意は世にいわれるような悲観でも諦念でもなく、むしろ盲目的意志に抵抗しつつ、非合理性を受容することによって、そこからの脱却を図ることにあったのではなかったか。

なぜなら、超越のはたらきの本質は、非合理のなかにしか発見されないのであって、非合理的な意志とは超越のあらわれの一つともみることもできるからである。非合理性はけっして厭うべきものでもなく、その解決を諦めるべきものでもないというのが、彼の言いたかった本音ではなかったか。だが、そこに超越の世界のすがたが見えてこないことに、もどかしい思いがするのは如何ともし難い。

(e) 西欧思潮の特徴　ここまで西欧の思想についてみてきたが、多くの哲学者が自覚されざる心の存在を指摘したことによって、一面では自分の心への信頼性を疑わせたゆえに、人に不安をあたえた一方で、他の面では心の奥深さを知ることによって、人に謙虚さを覚えさせた功績の大きさを忘れてはなるまい。だが、はじめにもふれたように、キリスト教という万能の神をいただく宗教のもとでは、その神の力を超える超越の思想は許されるべくもなかったのであろう。

このことはまた生死の問題とも関係がある。万能の神が人の生死を専断するとする立場からすると、たとえば唯識の思想におけるように、死生観を超越の問題と結びつけて考察する態度は生まれてこないであろう。西欧思想では超越は無限の概念とは関係づけられようが、超越が無や空の概念を生み出すことは遂におこらなかった。無と空の概念が東洋思想に独特であるのは、このあたりにその原因があるのではないか。

(iii) 東西思想の比較　最後に、超越についての東洋思想と西欧思想を通観しておこう。東洋と西欧のいずれにおいても、超越を昇華という運動として捉えている点で共通していることは、興味深く思われる。また、超越にいたる契機の源泉を、東洋では無と空にあるとして、無限はその陰におかれたが、西欧では超越の可能性を無限におき、無や空の概念は遂にあらわれなかったことも、興味を惹いた点である。だが、無や空にしても、無限にしても、それがなぜ昇華の運動をいざなうのか、それが超越を実現させる可能性を生み出すのかについての言及は、どちらにも見当たらなかった。この点についてはは後にもう一度とり上げて論じてみたい。

理性と感性は超越への志向を内包する

歴史的にみた超越のすがたは以上のようであった。これらの模索を参考にしながら、これから超越のすがたを求めていきたいと思う。すでに述べたように、理性と感性のはたらきがその極限に達したとき、そこにはみずからを超越せざるを得ない状況があらわれていた。ここではこのことを、これからの探索の手がかりにしたい。手がかりは三つある。

その第一は、理性と感性が〃無限〃を媒介として、そこからの超越を要請していることであり、第二には、理性と感性の一方に偏向した場合に、そのどちらもが破綻にいたることであり、第三には、理性と感性はどちらも孤立したままでは、はたらけないことである。

（i）理性と感性は無限を媒介として超越を要請する　まず、第一の点からみていこう。超越への契機が〃無限〃ということにあったと述べた。では、理性の感性のはたらきのどこに無限があらわれていたのであろうか。

理性と感性とはどちらもそのはたらきの基礎を記憶においている。理性では記憶のつくり出した事実表象と論理原理を駆使して、心的内界に法則性の世界をうち立てた。ところが、理性のはたらきが深化の極限に達したとき、法則性を支えていた論理原理の前提が、みずからの正当性の基盤を求めた途端に〃無限後退〃に陥り、正当性そのものが手からすり抜けてしまった。ここで理性はみずからの打ち立てた法則性を維持することが難しくなった。ここに無限後退のかたちで〃無限〃があらわれている。

一方、感性でも同じく記憶のつくり出した印象表象と感情原理を駆使して、心的内界に価値性の世界をうち立てた。ところが、感性のはたらきが深化の極限に達したとき、価値性を支えていた感情原理の基盤が〝無限螺旋〟というかたちの循環に陥り、その渦のなかに消えてしまった。ここで感性はみずからの打ち立てた価値性を維持することが難しくなる。ここには無限螺旋のかたちで〝無限〟があらわれている。

無限後退と無限螺旋とは、かたちこそ異なれ、いずれも無限のあらわれである。無限はすべてのものを破壊しかねない。こうして理性と感性は危機を迎えたのであった。だが、やがて明らかになるように、この〝無限〟の出現こそが超越への機縁となり、霊性が創出される動機となっていくはずである。

しかし、ここではまだ超越への動機が生まれたにとどまって、実現への道は見えていない。超越が実現されるには動機のみでは足りず、飛躍へ向けて背中を押すだけの衝動が必須の要件である。その衝動によって飛躍が果たされたとき、霊性がはたらくべき場としての〝超越領域〟があらわれてくるはずであるが、その衝動がどのようなかたちであたえられるかについては、つぎの章で明らかにされる。ここでは理性と感性のはたらきがその極限に達しただけでは、その機はまだ熟さなかったとだけ述べておく。

(ⅱ) 理性と感性の一方への偏向は破綻を招く　理性と感性がみずからの超越への契機を秘めていることは、そのいずれか一方に偏ったときに陥る運命からも見てとれる。そのいずれかの極端に趨った場合には、そこに生まれてくる思想は、論理の矛盾によってみずから破綻してしまうか、あるいは感情として受け入れ難いものとなるか、のいずれかである。

理性のみに偏った場合　理性への偏重が深刻な自家撞着を招いた例の一つとして、論理実証主義(logical positivism)の主張が挙げられよう。論理実証主義とは、イギリスで哲学者、思想家、かつ数学者として著名であったラッセル(1872～1970)とホワイトヘッド(1861～1947)の二人によって、また後にはその主張を継承したウィーン学団(Der Wiener Kreis)とよばれる集団に属する論者たちによって主張され、一時は一世を風靡する勢いがあった。

論理実証主義とは科学哲学上の一つの立場であって、科学においても数学と同じように、ごく少数のよく定義された概念と論理的公理から、すべての科学が導き出されるべきだと主張する。この立場では、ここに一つの命題があったとして、それが有意味な言明であるか、それとも無意味な言明であるかを検証できることが、すべてに優先して決定的に重要であって、もし検証できなかったなら、その命題は無意味として拒否され、排除されねばならないとする。

ところが、有意味か無意味かを弁別する方法は、どこにあるのかを探っていくと、究極的にはどこにも見つからない。そればかりか、論理実証主義はみずからの主張の正しさを、検証によって証明することができなかったために、自分の主張を否定しなければならないという自縄自縛の破目に陥ってしまった。これは論理という手続きの出発点には、無前提の命題がおかれていたはずであるにもかかわらず、そのことを見落としてしまったことに原因がある。

ラッセル自身は早くにそのことに気づいており、〝見知り〟とよばれる一種の〝情感〟の関与を考え、みずからの主張に修正を加えている。見知り〟(acquaintance)とは〝知る主体〟と〝知られる客体〟とのあいだに、経験を介さずともすでに成立している関係をいい、ここにはまだ真偽の別はないとされる。これがじつは無前提の命題であったのであり、しかもそれは感性のはたらきの一つであることに注目しておこう。

論理実証主義の提唱者であるラッセル自身によって、このことは指摘されていたにもかかわらず、主義の信奉者たちは、迂闊にもその大事な役割を担っている感性の存在を切り捨てて、理性のみを過信してしまったのが、決定的な破綻を招くことになった。これは論理実証主義だけの問題ではなく、論理を基盤にすえてはたらく理性全体にあてはまる運命であって、理性のみの偏重がもたらす結果を象徴しているといえよう。

感性のみに偏った場合　つぎに、感性に偏った場合の破綻についてみよう。ここではその例としてニーチェ（1844～1900）の主張をとり上げる。彼は〝すべての価値の転換〟（Umwertung aller Wert）という名目のもとに、つぎのように述べている。すなわち、西欧思想をこれまで支えてきたものは、一つにはプラトン主義に基づく理性観であり、もう一つはキリスト教の教義に基づく価値観であるとして、そのいずれもが誤りであるとニーチェは断言する。

まず、プラトンがイデアという仮構の世界を立て、それが仮構であるにもかかわらず、そこにつくられた形而上学的な真理に、最高の価値をあたえてしまった。したがって、イデアに由来する事実崇拝や、現代の科学信仰もまた虚構であるとニーチェは主張する。

ニーチェはつぎにキリスト教に矛先を向ける。キリスト教道徳では弱者への愛を説くが、これはみずからの行為によって反応することを拒まれている者たちが、その代償としてもっぱら想像上の復讐によってその埋め合わせをつけようとする怨恨に過ぎず、つまりは弱者の道徳であるとし、彼のいう超人のごとき強者の道徳へ一切を転換せよと迫る。

ニーチェの思想はいろいろな意味で問題にされることが多いが、この主張もその一つであろう。この論考ではいま感性への偏重について述べているので、この主張の後半部分がことに問題になる。ここでニーチェは〝善良さ〟をもって〝弱者が強者に報復しない無力さ〟とし、ついで〝謙虚さ〟をもって〝臆病な卑劣さ〟とし、さらには〝恭順さ〟をもって〝憎むべき相手に対する服従〟としている。これはみずからが怨恨（ルサンチマン）の呪縛に陥っていると見られるのではないか。心のはたらきのうちで、本来なら冷静さを受けもっていたはずであった理性の領域を、すっかり切り捨ててしまい、感性のみを無制限に暴走させてしまったという意味で、これは事実に即していない。

現にシェーラー（1874～1928）はニーチェの考えに反論して、彼が〝強者の道徳〟とよんだものは、生物世界で現実にはたらいている優勝劣敗、弱肉強食という法則性の段階にとどまるものであり、それを超えた精神世界には道徳性という段階のあることを見落としていると難じた。ニーチェのいう道徳が生物世界の水準に止まることを厳しく指弾している。これが感性に偏ってしまった智慧の結末であって、感性のみが暴走したとき、それまで心の世界がみずから積み重ねてきた貴重な蓄積をかなぐり捨てて、生物の世界に逆戻りしてしまった。

以上にみたとおり、理性と感性のうち、どちらか一方に偏ってしまうと、そのどちらもが自家撞着に陥って破綻をきたしてしまう。情感を排して論理至上主義に偏するのも誤りなら、逆に、理知を捨てて野性尊重主義に趨る態度も、また同様に誤りとしなければならない。理性と感性とは協調してはたらくことが必要であり、またそれが必然のなりゆきであることは、このあたりに一つの根拠が見出されよう。

（ⅲ）理性と感性はどちらも孤立できない　理性と感性がみずからのうちに統合への契機を秘めていることは、この両者を切り離してしまうと、どちらも単独ではなり立たなくなる事実からもみてとれる。理性と感性とはみずからの力によって、理性は法則性を、感性は価値性を、それぞれ生み出していながら、他方ではその極限にあらわれる無限を介して、せっかくの法則性と価値性を否定しかねない力を生み出すに至ったことは、すでにみたとおりである。

これには理由がある。それは理性と感性とがそれぞれのはたらきを単独にいとなんでいたのではなく、じつは気づかぬうちに相互補完の関係におかれていたということである。理性と感性はその見かけ上の対立にもかかわらず、どちらも単独では存在できず、孤立することのできない存在なのであった。この相互補完という実態を見失ったとき、理性と感性はおのずからその欠落を露呈するに至り、そのことをみずから自覚せざるを得なくなってくる。

ベーメ兄弟の主張　このことをはじめて指摘したのは、以前にも名を挙げたことのあるドイツの哲学者ベーメ兄弟（Gernot Böhme：1937～／Hartmut Böhme：1944～　）であった。彼らは理性が理性であるために〝理性にとっての他者〟が存在しなくてはならないと主張した。〝理性にとっての他者〟とは何かといえば、それは身体、空想、偶然、感情、無意識などであって、いずれも理性によっては受け入れがたいもの、そして理性に同化し得なかったものばかりである。

つまり、理性はみずからを脅かす非合理的なものを〝他者〟として排除し、みずからを安全地帯に囲い込むことによって、これまでは安泰な状態を確保してきた。だが、理性自身が安泰であったのは、その陰でみずからが排除してきたものたちによって支えられていたという思いがけない事実があったのである。ここで〝他者〟といわれているものは、そのほとんどが〝感性〟の要素であるか、それと深いかかわりをもっていることに気づかれるであろう。もし〝理性にとっての他者〟を〝感性〟と読み換えるならば、これまでは理性が感性を排除することによってなり立っていると思われていたが、じつは感性なくして理性はなり立たない存在であったということになる。

もう一方の感性についてはどうか。ベーメ兄弟は感性についてとくに論じてはいないが、感性にも理性と似た状況があると見てよいであろう。つまり、感性においてもそれが感性であるためには〝感性にとっての他者〟の存在を欠かすことができないということである。

感性にとっての他者とは、たとえば論理、法則、必然、秩序などであって、これらは合理的なるものの一切であり、感性によっては受け入れることが難しかったもの、そして同化できなかったものばかりである。そのほとんどすべてが、理性の要素として挙げられたものと一致する。こうしてみると、感性もまたみずからを脅かす他者である理性を排除しようとし、みずからを安全地帯に囲い込むことによってなり立っていたのであったが、じつはその陰には感性自らが排除してきた理性的なものたちが、感性そのものを支えていたということになろう。

アンリの主張　ほぼ同様のことをフランスの哲学者アンリ（1922〜2002）も述べている。ただ彼は理性と感性という言葉に代えて〝見えるもの〟と〝見えないもの〟という表現をつかい、この二つが共存するための条件を問題にし、その際に〝見えるもの〟の存在の基盤には、〝見えないもの〟の存在が伏在していることを、つぎのように述べている。

理性においては〝見えるもの〟を主な対象として、この対象を自己から引き離して観察し、その存在を把握し、かつ確認している。だが、対象の存在を確認するためには、確認する主体としての自己が、対象とは判然と区別されていなければならず、両者のあいだに一定の距離をおかねばならない。これが理性のはたらきの外在性ということである。主体たる自己から遠ざかり、そこから隔たることによって外在的な〝場〟が生まれ、また、そのことによって対象の存在確認がはじめて可能となるし、そこに主観から離れてしまった客観が確立されることにもなる。

対象の客観的な意味での存在確認はそれでよいとして、対象に向き合う主観の主体としての自己の存在確認のほうはどうなるのか。それがなければ、対象を主体的に把握したことにも、確認したことにもならないはずだが、そこには理性のはたらきは及び得ないし、また無力でもある。だが、理性に主体が見出されないといって済ますわけにはいかない。それを可能にするのは、アンリの言葉でいう〝根源的自己受容性〟であって、これが〝見えないもの〟の本質だという。

〝根源的自己受容性〟という言葉は、以前に感性に関連してとり上げたことがあるが、ここでふたたび霊性との関連で述べるならば、自己はもともと自己によって受容されており、その存在をあらためて確認する必要はないということであり、自己が生得的にもっているすべての感受性は、そのまま自己の本性として受容できるということであろう。

もしそうであるならば〝根源的自己受容性〟とは、この論考でこれまで論じてきた感性そのものであり、端的に言い換えれば、理性は感性のはたらきをともなって、はじめてみずからの主体を見いだすことができ、主体をもってはたらきはじめるということになる。なお、ここではアンリにしたがって〝自己〟の語を用いたが、それはこの論考で〝自我〟と表現しているものにあたることはいうまでもない。

理性がそういう状態であるとき、もう一方の感性での事情はどうなっているか。感性にあってはアンリのいう自己をも含めてすべての対象が、すでに心のなかにある。これが感性のはたらきの内在性ということである。ここでは主体としての自己が確認されており、それがそのまま外界に投射されるが、そのとき、この外界には理性も含まれていることが重要である。なぜなら、理性の外在性と感性の内在性との接点があるとすれば、それはここにしか見出されないからである。したがって、感性からの支えさえあれば、理性においてもみずからの主観の主体となるべき自己を確認できるはずであって、理性の主体を見いだすためには、感性のはたらきがなくてはならないということになる。

結局、〝見えるもの〟としての理性が、みずからのつくった外在的〝場〟において、対象の存在を主体的に確認できるためには、〝見えないもの〟としての感性が背景にあって、その抜くべからざる内在的〝場〟によって、理性のはたらきを支えねばならないということに尽きる。理性と感性とのあいだ、言い換えれば外在性と内在性とのあいだに、協調が求められる必然性がここに見出される。

ベーメ兄弟とアンリの思想から共通して汲みとれるのは、理性と感性とは互いに反撥し合いながらも、裏ではそのいずれもが他者を必要としていることである。それにもかかわらず、このことは陰に隠されてしまい、それぞれが同化し得るもののみを、みずからの領域としていた。こういう意味で、どちらも他者なしには存在できないものであって、これを裏返してみれば、それぞれが相互に他者の存在を密かに要請し合っている一種の対偶関係にあったことになる。

理性と感性とが協調の関係に入らねばならない必然性が、ここに顔をのぞかせており、統合に向けて歩み出すべき動機は、他からのはたらきかけを俟つまでもなく、理性と感性自身のなかにすでにあるところまでは熟していた。だが、それはまだ動機にとどまり、両者の統合を実現させるまでの力をもっていなかったことを、ここでも強調しておこう。

ここで足りなかったもの、動機を一押しして実現に向かわせるものは何なのか。それはおそらく一種の意志であり、悲願の域にまでも達する願望であろう。こういう状況のもとで、アンリはいままでとは違った新たな生命原理の創生を要請する。それがいかなる生命原理であるかについては、この論考にとって重要な問題となるので、項をあらためて述べたい。ここまでみてきた霊性へ向かう契機となることがらを、表にまとめておいた（表Ⅳ・1）。

三つの生命原理

理性と感性がはたらく心的世界から、霊性世界への超越が容易に実現できなかったのは、そのあいだに立ちはだかる超越の壁があったからである。この壁を超えさせるものがあるとすれば、それは何か。このことについて一つの手がかりを示したのは、ふたたびアンリ（1922～2002）である。

アンリの提唱する新しい生命原理　彼はここでも〝見えるもの〟と〝見えないもの〟という表現を用いて、理性と感性のあいだに協調が成立する必然性と、協調によって超越が実現する可能性を述べているのだが、さらにそれにつづいて、それが実現したときには、新たな生命が生まれ、その生命によってつくられる新たな世界があらわれるであろうという期待と希望にまで言及している。

彼はこう主張する。〝見えるもの〟としての理性と〝見えないもの〟としての感性のはたらきが相ともに並んで進んでいくとき、この両者は互いに支えあっていたのであり、そのことから思いもうけもし

表Ⅳ・1　霊性に向かう三つの契機

理性世界と感性世界に無限の出現	・理性世界では法則性を支えていた論理原理が、無限後退に陥った。 ・感性世界では価値性を支えていた感情原理が、無限循環に陥った。 ・こうして法則性と価値性の両者は、ともに維持が困難となる。
理性と感性への偏向が破綻を招く	・理性世界を支える論理原理の前提命題が失効し、心の世界は崩壊する。 ・感性世界を支える感情原理が暴走し、心の世界を破壊する。 ・理知を捨てて野性に奔ることも、情操を廃して事実崇拝に奔ることも、ともに誤りを犯している。
理性と感性はともに孤立できない	・理性が存続するためには〝理性にとっての他者〟が必要である。 ・感性が存続するためには〝感性にとっての他者〟が必要である。 ・理性も感性のいずれも、単独では存続できない。

なかった一つの大きな力が生まれていたのだ、と。

　その力とは何か。それをアンリ自身の言葉でいえば〝生きる力〟であり、〝生きる意志〟であるという。この言葉には説明がいるであろう。というのは、私たちはすでに生物的生命をもっており、また理性や感性をはたらかせるための心的生命も具えている。それに加えてさらに〝生きる力〟と〝生きる意志〟をあたえる新しい生命があらわれるというならば、その生命とはいったい何なのか。その点がアンリの言葉からはいささか汲みとりにくい恨みがある。おそらく、ここで言われている〝生きる〟とか、〝力〟とか、〝意志〟などという言葉には、ふつうつかわれる意味ではなく、もっと深い新しい意味が籠められていると思われる。そうでなければ、新たな生命だの、新しい世界だのが生まれてくるはずもないからである。

アンリのいう〝力〟や〝意志〟とは、おそらく一種の非合理の力、無合理の意志であり、彼のいう〝生きる力〟とは非合理を生き抜く力であり、無合理の意志とは超越の壁を越えようとする志向の意志を指しているのではないか。そしてアンリはこれを超越の領域を展開していく原理として捉えているのではないか。

もしそうであるならば、〝生きる〟とはいままでの生物的生命や心的生命を超えた新しい霊性的生命を生きることになるであろう。これをこの論考に引きつけて解釈するならば、理性と感性のはたらきが極限に達したとき、そこにあらわれる無限を媒介として〝空〟という非合理で無合理な境地が実現しているはずである。

この境地においては〝生きる力〟とか〝生きる意志〟という言葉が、これまでとは違った意味をもったとしても不思議ではない。その新しい意味とは霊性世界へ入っていくための霊性的生命力であり、霊性的意志にほかならない。〝霊性的生命力〟とか〝霊性的意志〟という抽象的な言葉で語っても、どこか遠いところの話になってしまい、そのすがたはさっぱり見えてこないが、じつは思いがけないかたちで私たちのごく身近にある。それが何であるかはつぎの章で明らかにされるはずである。

（1）生物的生命、心的生命、霊性的生命

三つの生命　ここで〝生きる〟という言葉を少し掘り下げて考えてみよう。生きるとは生命をもって存在するということに違いないが、その〝生命〟がここでの問題である。

当然のことながら、すべての生物は生命をもっており、それをここでは〝生物的生命〟とよんでいる。やがてある種の生物に心が生まれると、そこで理性や感性のはたらきがはじまり、いままでとは異なった生き方ができるようになってくる。この論考でいえば生物世界のなかに心の世界が開かれた時点である。この新しい生き方を支える活動を、生物的生命とは次元を異にする一つの新しい生命と見做して、この論考では心的生命と名づけた。

ところが、心的生命に対してさらに次元を異にする活動のかたちがあらわれる。先にアンリの言葉として述べたように、理性と感性のはたらきがその極限に達したとき、そこにあらわれる無限を媒介として、新しい生命を生み出すほどの力があらわれるという。ここで生まれた生命活動を、先の二つの生命よりさらに次元の高い霊性的生命の名でよぼうと思う。

これで生物的、心的、霊性的という三つの生命のかたちが生まれることになった。それぞれの生命はそれぞれが独自の生命であることを示す生命原理をもっている。それはどういう原理であるかを、つぎにみていこう。

生物的生命の原理　まず、生物的生命である。生物的生命の活動を規定する原理は、遺伝子による支配であって、じつはこれしかない。すべての生物は遺伝子の支配から逃れることはできない。生物体をなり立たせ、それを維持していくのは遺伝子の指令によっている。生物的生命にとって遺伝子の指令が

すべてである。それは生物にとって絶対であり、それが生物的生命の本質でもある。

生物的生命を維持するためにはエネルギーが必要であるが、その生物的エネルギーの実体は化学的エネルギーであって、これを代表するのがATP分子の燐酸高結合エネルギー（～P）である。ATPの生成はもっぱら遺伝子の活動によっている。これは生物的生命が遺伝子活動を基盤としてなり立っており、それを支えるエネルギーは化学エネルギーであることを示している。

また、生物的生命は特有の主体をもっている。それが生物的自己である。主体とはいいながら、その意識活動においては自発的な意識がはたらくのではなく、もっぱら生得的にあたえられた意識のみがはたらいている。生得的とは遺伝子支配が生み出した結果にほかならない。

以上にみてきたとおり、生物的生命の特徴の活動のすべては遺伝子支配のもとにあり、それを維持するエネルギーも、主体としてはたらく意識活動も、遺伝子支配の埒内にあり、その外には出られないことを示している。

心的生命の原理　つぎに、心的生命についてはどうか。生物体のなかに心のはたらきが生まれると、これまでとは違った生き方ができるようになる。この論考ではここで生物的生命に代わって心的生命が生まれたと考えて、心的生命の語をつかっている。このとき心的生命の活動を支配する原理もまた新しいものになっている。それが理性の生み出す論理と、感性の生み出す感情である。しかし、論理にしても、感情にしても、その活動は先天的にあたえられた統覚に依存しており、遺伝子支配から抜け出して、その埒外に出ることは難しい。

心的生命を維持するためのエネルギーも新しい顔を見せる。それが生物的生命では主役であったAT

Ｐに代表される化学エネルギーに代わって、心的生命では内界に発生してくる論理圧、もしくは感情圧というかたちであたえられることになる。論理圧や感情圧という言葉はこの論考に特有の造語であって、これを化学エネルギーのように測定することはできないが、心的内界では抗しがたい圧力として作用しており、一種のエネルギーと見做してよいであろう。いずれにせよ、心的生命を維持するエネルギーは、単なる化学エネルギーではなく、それとは一線を画している。

心的生命にも主体がある。それが生物的自己にかわってあらわれる心的自我である。〝自己〟と〝自我〟と言葉でも区別しているように、二つのはたらきは互いに異なっており、心的自我は生物的自己と拮抗して、新しい展開を模索しようとしている、そのあらわれの一つとして、意識活動においては生得的意識を一歩出た自覚的意識が対応してはたらくようになる。自覚的意識が遺伝子活動とどういう関係におかれるかは微妙であって断定はむずかしいが、一定の距離を置いているとだけはいえるであろう。

霊性的生命の原理　霊性的生命の活動の原理は何か。それは一つの意志であろう。意志と言っただけではまだ足りない。それは心的生命の原理から止揚された一種の天恵としてあたえられる意志である。このとき心のはたらきは遺伝子の支配から離れて、霊性的生命の支配のもとに入っていく可能性がある。これが新たな生命原理の誕生である。

霊性的生命の特性はつぎのようである。まず、霊性的生命の活動にもエネルギーが必要になるが、ここでは心的生命の活動エネルギーとなっていた論理圧や感情圧が、ここではさらに昇華して憧憬圧、もしくは希求圧というかたちとなってあたえられる。憧憬圧や希求圧という言葉も、この論考に特有の造語であるが、霊性的生命にとっては否みがたい願望となってはたらき、それが実現したときには至上の満足感と幸福感をもたらす。その願望の強さは測定することもできず、その性格を説明することさえも困難であるが、これも一種の力であるので、ここではあえてエネルギーと見做している。

霊性的生命も主体をもっている。霊性的生命を生きる主体は、心的自我を超越した超自我であり、これには超越意識が対応してはたらく。超自我については後に生物的自己、心的自我、霊性的超自我を対比して論議する機会があるので、それを俟つことにしてここには省く。

霊性的生命では天啓としてあたえられる意志や、それによって導かれる憧憬圧もしくは希求圧のはたらきには遺伝子支配が及ばない可能性を指摘できることは、特に重要である。遺伝子の支配から自由になるとは、生物的生命を放棄することであって、生命体にとってことは極めて重大である。これは生死を超越することであり、ここではそのことを指摘するにとどめておきたい。

霊性的生命においては、特定の宗教に入信しているか否かはまったく問題にならない。問題となるのはただ一つ、心を純粋にし、〝空〟にすることだけであろう。〝心を純粋にする〟とは心の流れを自然に保つ自由さであり、〝心を空にする〟とは心がすべてから解放され、非合理や矛盾をも受け入れる寛大さである。

三つの生命が出そろったので、それぞれの特徴を表に示しておいた。また、いろいろな言葉がつぎつぎに出てきて、いささか混乱気味になっているので、これも表にまとめてある。意識の名称などはいくぶん先取りして記してある（表Ⅳ・２、および表Ⅳ・３）。

表Ⅳ・2　三つの生命の特性

	生命を支えるエネルギーの種類	エネルギーの特徴	物性的に測定できるか
生物的生命	化学的結合エネルギーを主とする	物性的性格をもつ	物性的に測定可能
心的生命	倫理圧、感情圧のかたちではたらく	物性的から抽象的性格に変換される	抽象的であり、測定は不可能
霊的生命	憧憬圧、希求圧のかたちではたらく	心的エネルギーから止揚される	天啓のエネルギーであり、測定は不可能

（2）三つの生命原理と遺伝子支配

なぜ遺伝子支配を問題にするのか　生物的生命、心的生命，霊的生命と順番にならべてみると、いまも生命の原理を通じてみたように、同じ生命の名をもっていながら、それぞれの生命が目指しているものが、次第に移り変わってきていることに気づく。

まず、生物的生命の目的は自己の存続であり、それを阻む他者を排除するのに何のためらいもない。生物的生命が目指すのは弱肉強食、優勝劣敗の世界である。つぎに、心的生命の目的は理性と感性が導く調和であって、心の安寧が何よりも求められる。心的生命が目指すのは他者との闘争ではなく、ひたすら静謐なる世界である。最後に、霊性的生命の目的は超越であるから、すべての存在の彼方にある〝空〟

表Ⅳ・3　生命の三つのかたちと、それに対応する自己、自我、および意識

	生命のかたち	自己のかたち	意識のかたち
生物的生命による支配	生物的の名のとおりすべて遺伝子支配によって維持される。	生物的自己の段階。本能の反射的行動にあらわれ、きわめて自己中心的。	生得的意識のみをもつ。生得的な表象を生得的規律によって運用する。
心的生命による支配	心のはたらきとしての統覚に基づいてつくられた記憶を基礎においている。	一段階進んで、心的自我の段階。他者との関係がここで構築される。	自覚的意識を獲得。これは通常の意識に相当し、流動的だが常識の域を出ない。
霊性的生命による支配	新しい生命活動としての止揚原理のはたらきによって、ある時点で心的生命を超越。	超自我を獲得し、自我にして自我にあらざる超自我が現前する。これが霊的自我である。	超越意識に入る。ここでは、無限を媒介として、霊的自我のはたらく場が提供される。

への飛躍が求められる。霊性的生命が目指すのは〝空〟の世界である。

　これだけ目指すものが異なっているとすると、前の世界の生命の影響が、つぎの世界ではどこまで及んでいるかを確かめておかねばならないであろう。殊に心的生命と言い、霊性的生命と言っても、それらはすべて生物という生命体のなかに発現しているのであるから、生物的生命の力がそこにまで及んで当然のことに思われる。

生物的生命の特徴は生物体を支配する遺伝子のはたらきである。心的生命と霊性的生命のはたらきのなかに、遺伝子支配の有無を確かめてみたいと思うのは、こういう訳合いからである。それはきわめて難しいことになるであろうが、以下ではできる限りの努力を試みてみたいと思う。

遺伝子組成と霊性の発現　私たちヒトと類人猿のゴリラの遺伝子のＤＮＡ組成を比べてみると、その塩基配列はわずか数パーセントの違いしかない。そのことの反映でもあろうが、ゴリラの生態をみると、彼らが意外なほどに豊かな感情生活をもっていることはよく知られている。それでも、彼らがみずからの死について何ごとかを思い、救済者の存在を希求することを知っているかといえば、答えはおそらく否であろう。他方、よく言われるように原始の人類であるネアンデルタール人が、自分たちの家族や仲間たちを埋葬する際に、一束の花を添えたと思われる痕跡が見つかっている。死についての自覚をもてたのは、このあたりがはじまりであろうとされている。これは大きな違いと言わねばならない。

ヒトとゴリラのあいだに、これほどの違いを生み出したものは何なのか。考え方は二つある。一つは数パーセントだけ違った遺伝子のはたらきによるとする考えであり、もう一つは遺伝子とはかかわりなく、新しく生れてきた霊性的生命が、みずからのつくり出した霊性的世界で、そのことを可能にしたとする考え方である。

ところが、もし前者のように遺伝子のはたらきによってそれが可能になったとすれば、そのことが生物種としてのヒトに有利な結果をもたらさねばならない。なぜなら、遺伝子支配が最優先するのはつねにそれが優勝劣敗の生物世界で勝ち抜くことであり、これが進化法則の大前提であったはずだからである。しかし、死についての自覚は何ものももたらさなかったか、むしろ否定的な影響を及ぼした可能性が大きい。このことがヒトに生物世界での優位をもたらしたとはどうしても考えにくい。とするならば、後者のように、霊性的生命はみずからの力で、遺伝子のはたらきを超克することによって新たな霊的世界を築き、その世界のなかでは生物種としてのヒトに、何らの生物的な益ももたらさない死についての思索に向かわせたと考えるほうにおのずから傾いていかざるを得ない。

霊性世界の存在は一つの賭けである だが、霊性的生命のはたらきによって霊性世界が築かれたとする考えを立証することは、おそらくできないであろう。となれば、これは一つの賭けである。もし、霊性的生命のはたらきによらず、生物世界で遺伝子の進化によって、霊性世界が築かれたとすれば、霊性世界の出現も遺伝子進化の結果であって、霊性世界について考え、超越者について、あるいは絶対者について思考をめぐらすまでもなく、すべてが生物的必然に過ぎなくなり、話はそこで終わってしまう。それではもの足りないという心情が、霊性的生命の能力のほうに賽を振ったのであった。それが賭けという意味である。

私たちは生物的生命をもった一個の生命体であるが、その生命体のなかに生まれた心的生命を超えて、新たにもう一つの生命としての霊性的生命が呱々の声をあげたと考えようとしている。そしてこの新しい霊性的生命が、超越を目指して無限の運動をはじめようとしているとし、その遥か遠い先に霊性世界を望み見ようとする。

アンリの予言的言説に端を発して、いま一つの新しい霊性的生命力の世界の存在が、ここに浮かび上がってきた。これは私たちがいままで知らなかった新しい生命力であり、新しい世界の誕生と考えてもよかろう。それはどういう力であるのか、どういう世界が拓けるのか、と興味が湧いてくるが、その一方で多くの疑問も生まれてくる。だが、いまは疑問を疑問のままにしておき、ここでは霊性的生命が生物的生命や心的生命の単なる延長上に生まれてくるものではないことを指摘するに止めておきたい。ここまで述べてきたことを、表に示しておいた（表Ⅳ・４）。

遺伝子支配からの解放が意味するもの

生物的生命を超えるということが、遺伝子の支配から自由になることを意味しているならば、それは生物的生命を否定するにも等しく、生物としてよくなし得ると

表Ⅳ・４　心的世界と霊性的世界の比較

心的世界	霊性的世界
心的生命が支配する世界： 感性世界 　主として情念的原理に支配されるが、将来の展望として、物性的原理と協同しつつ、有機的生命を創出する期待がもてる。 理性世界 　主として物性的原理に支配されるが、将来の展望として、情念的原理と協同しつつ、有機的生命を創出する期待がもてる。	霊性的生命が支配する世界： 　新たな生命原理の創出が要請され、それが霊性世界の支配原理としてあらわれる。アンリのいう〝生命の力〟や〝意志の力〟は、この有機的生命の力を指す。 　この論考ではこの有機的生命を霊性的生命とよび、そのはたらきは遺伝子の支配から自由になったと考えている。

ころではない。なぜなら、遺伝子の支配から自由になることは、生命の基本的条件を放棄することであり、生命体でありながら生命体でなくなることを意味しているからである。

私たちがいま生きているのは、遺伝子のはたらきがあってこそ可能なのであって、遺伝子の支配の外におかれるとは、生物的生命からはずれることになってくるから、ことは甚だ重大である。霊性を得るためにはこういう矛盾を犯さなければならないのか。

超越意識といえども、それは生物体としての人間のなかに創出されるはずであるから、生物的生命を頼りにしていることは確かであるのに、その生物的生命をなり立たせている条件をあえて捨て去ろうとしている。超越領域にある霊性的生命と、非超越領域にある生物的生命とは、果たして両立し得るのか。先に遺伝子からの脱却は一つの賭けであると述べたのは、このことである。霊性の世界に入るには、この世に生きることをあきらめる必要があるのか。いや、そうではあるまい。それなら生物的生命から超越するには、何が要求されるのか。ここでの結論はつぎのようである。

生物的生命を捨て去るとは、生物的な死を意味しているのではなく、そこからの超克と昇華を図ることを意味している。言葉を換えれば、遺伝子に一方的に牛耳られている生物的生命から自由になり、そこに新たな生命の創出を希求することである。

これを禅の言葉では〝小我〟を離れて〝大我〟となったという。小我とは遺伝子支配のもとにある自我であり、大我とは遺伝子支配から自由になった自我である。ここで自我の変換と交代がおこっている。大我となった生命は自然のすべてと一体となっており、これを遺伝子支配からの自由ということの真の意味と捉えねばなるまい。ここには一つの死と一つの再生がある。これも禅の言葉でいえば〝大悟〟というのであろう。

つぎの章では霊性世界を構築する要素となるべき表象と、その操作原理についての考察に入るが、その際にもこれらの要素が生物的生命を支配する遺伝子のはたらきと、どうかかわるのかを、重要な鍵としてとり上げたいし、最後の章ではこうしてつくられた霊性世界のあり方を考察するはずであるが、そこでも遺伝子とのかかわりを忘れることはできないであろう。これからの探求に興味が湧いてきたが、一方ではいくらかの懼れも感じている。

無限の概念

無限には二つのかたちがある　これまでこの論考では〝無限〟という言葉をしばしばつかってきた。いくらか乱用の気味もあったかもしれない。その反省も含めて、ここで無限について少し考えておきたい。〝無限〟という言葉を野放図につかうことは、慎まねばならないのはいうまでもない。しかし、別の観点からすれば、無限という場は独特であって、いままであったすべての矛盾が解消され、さらに昇華に転じさせて、統一に向かう歩みを進める力を生み出す可能性のあることは否定できない。それは両刃の剣である。

だがその一方で、無限という言葉に一種の曖昧さがつきまとうことも、また事実である。無限についてはギリシャ時代から、中世、近世にいたるまで、激しい論議が絶えなかったのは、そのためであり、また安易に無限の概念をもちだして、ものごとを割り切ることへの危惧と警戒からでもあったろう。いま霊性に関連して無限を考察するにあたっても、この警告には耳を傾けねばなるまい。

現実無限と可能無限　無限という言葉の使い方に、はじめて一定の縛りをかけたのは、古くアリストテレス（前384～322）であった。彼はこれまで単に無限定（ト・アペイロン）を意味していた無限という概念を、現実無限と可能無限の二つの概念に分けて両者を峻別した。これは彼の形而上学の基本に現実態と可能態という対立概念がおかれていたことに対応する。

アリストテレスによれば、現実無限とは、一つの存在が端的にそれ自体で無限大ないし無限多として確定的に自存するものであり、もう一方の可能無限とは、一つの存在がある局面では有限でありながら、無際限に増大し得るものであるという。彼はこの世界にはそれ自体が無限大であるような現実無限の存在を否定して、この世界に存在するのは、より大きいものがつねにあるという可能無限のみであると述べている。

この世界には可能無限しかないとする考え方は、後世にも強い影響を及ぼした。たとえばカント（1724～1804）は無限について私たちがもち得る有意義な概念は、〝総合がけっして完結し得ないこと〟としての可能無限でしかないと断言した。ここにいう有意義な概念とは、理性によるとり扱いが可能であるということで、その意味で可能無限は理性の範疇内にあるが、現実無限は外に出てしまう。もしこの制限を超えて、たとえば、宇宙の時空的拡がりの総体といったものを、一個の完結した現実無限として捉えようとしても、理性はそのために何の手だても持ちあわせないことが露呈して、たちまち行き詰まってしまう。このことからも、現実無限なるものは理性の圏外におかれた存在であり、非理性的もしくは超理性的な概念と見做さざるを得ない。

この世界には可能無限しかないという考えには、初期のシェリング（1775～1854）やヘーゲル（1770

〜1831）などが強く反撥した。それは無限が神の概念と分かちがたく結びついているために、神という存在を一つの現実無限とする立場からの反撥であったろう。迂闊に神という存在のあり方を論議すれば、世間からの非難は眼に見えている。当時の思想のあり方からすれば、この反発は止むを得なかったといえよう。

こういう状況のもとにある西欧では、現実無限にあたる無限についての言及は数すくないが、ドイツの神秘思想家であるニコラウス・クザーヌス（1401〜1464）が「無限という状態においては、すべての相違は同一となり、あらゆる多は一となる」と述べたのが目を惹く。これがかれの言う反対の一致である。さらにこうもいう。「無限なるものを認識することは、人間の知性によってはできない」と。それを会得することが彼のいう知ある無知である。ここにあらわれた無限は現実無限にかなり近いのではないか。

現実無限と霊性的生命　歴史的にみれば、二つの無限のうちでは可能無限が圧倒的に優位を占めており、現実無限の旗色はすこぶる悪い。これに肩入れする思想家は、先のシェリングやヘーゲルなどを除けば、ほとんど見当たらないといってよい。だが、ここで現実無限にあえて意味をあたえてみたいと思う。そのわけはつぎのようである。

超越を運動概念として捉える限り、そこにあらわれる無限は可能無限であって、現実無限ではない。もし現実無限であればそれは確定的に自存しており、その無限はそこで完結してしまい、何らの運動も引きおこさないからである。可能無限であればこそ、見えざる目標に向かっての運動が導かれるとしたのが、ここまで述べてきた議論であった。このままでは現実無限の入る余地はない。

だが、少し見方を変えてみると、別の様相が浮かんでくる。というのは、もし超越がなし遂げられたならば、そこにあらわれてくる無限は現実無限になっているかもしれない、という可能性である。

理性と感性を二大潮流に喩えてみると、この流れが進んでいく先には、巨大な壁があって行く手を遮る。だが、理性と感性が内包する無限を媒介としてこの壁を乗り越え、そこに超越が実現する可能性のあることは以前にも述べた。超越が実現したときにあらわれるのは、非論理の領域であり、超論理の領域である。これはとりもなおさず無と空の境地であろう。ここに現実無限のすがたが見られるのではないか。

理性と感性の波が超越の壁に向かっているときには、その先に見えているものは〝可能無限〟であったかもしれない。だが、超越の壁を乗り越えたときにあらわれてくる無と空という状態は〝現実無限〟そのものではないか。もしそうであるならば、現実無限は架空のものではなく、無と空のなかでは実在していることになる。無と空とがあれほどに底知れぬ力と大きさをもつのは、その源泉に現実無限をもっていたからではないか。

私たちが無と空をみずからのうちに体現することが難しいのと同様に、現実無限の存在をそこに期待したからといって、それを目にすることもできず、ましてや体現することなど及びもつかない。だが、現実無限は確かに彼方に存在しており、そこへ向けて日々の精進をつづけているという考えは、私たちを勇気づけてくれるのではないか。それにしても、可能無限と現実無限、いずれの無限を考えるにしても、いささかの目眩（めまい）を感ぜざるを得ないというのが実感である。

人名ノート

デカルト（René Descartes：1596～1650）

近代思想の父とよばれ、注釈の必要もないほどの哲学者であり、数学者でもある。その業績はたきにわたり、算術と幾何学を統合した普遍数学を構想し、光の屈折の法則を発見し、自然を数学であらわす普遍的方策を述べ、主著『省察』では形而上学を論じた。その生涯を通じてみられるのは、懐疑主義との一貫した闘争である。

アンリ（Michel Henry：1922～2002）

フランスの哲学者で小説家でもある。ポール・ヴァレリー大学（モンペリエ第三大学）名誉教授。伝統的な存在論を〝見えるものの存在論〟と規定した上で、そこから一転して、その〝見えるもの〟を基礎づけている〝見えないもの〟に目を向けかえさせた。アンリの著書である『権限の本質』（1963）や『精神分析の系譜』（1985）などのなかで、彼は内在の理論に基づいて、現象的身体、労働、無意識を生き生きとした実在として把握することを試みている。

ヘーゲル（Georg Wilhelm Friedrich Hegel：1770～1831）

ドイツ観念論の思潮では、その頂点に立つといわれる。彼はカントの精神を継承し、その三批判書の内容を単一の原理にまとめることを目標とし、そこから一つの体系を展開することを試みた。それが成功したか否かについては、現在のところ議論が分かれている。現に彼の死後ヘーゲル学派は分裂してしまった。これは彼を貶める意味ではなく、そこから現代哲学の主要な動きがはじまったことを意味しており、そこに大きな意義がある。

ハイデガー（Martin Heidegger：1889～1976）

ドイツの哲学者。フライブルク大学でリッカート（1863～1936）のもとで学位を取得した。青年時代は病弱であったにもかかわらず、大学で講義をするかたわら軍務に服したりしている。マールブルク大学に転じた後、主著である『存在と時間』の執筆に着手し、フライブルク大学に復帰した後も執筆をつづけた。彼はそこでいまの人間のあり方はその本来的なすがたから逸脱し、自己を失っていることを憂え、不安や死を直視し、それを自覚することによって自己をとり戻し、未来へと先駆するべしと説いている。

1928年には総長に選出され、州の文教大臣の意向もあってナチスへの入党を勧誘されるが、党の職務と活動にはかかわらないという約束のもとに入党を受諾する。これが後々まで彼の履歴に問題を残した。これは哲学者、思想家としての生き方と、ときの政治的圧力との軋轢のあらわれの一つであり、同情すべき点も多々あるが、いずれにしてもハイデガーにとっては悲劇であったというほかない。

ショーペンハウアー（Arthur Schopenhauer：1788～1860）

ドイツの哲学者。ダンツィヒの豪商の家に生まれたが、プロイセンの支配を嫌った父についてハンブルクに移住し、フランス、イギリスにも長く滞在した。小説家であった母を通じてゲーテなどの文人と知己を得、フィヒテにも学ぶ。その頃に主著となる『意志と表象としての世界』（1819／44）を出版し、独自の哲学体系を発表したが、学会からはほとんど注目されなかった。後に『余禄と補遺』（1851）によって再発見され、非合理的主意主義とペシミズムを主張する思想家としてもてはやされたのは皮肉というほかない。だが、彼の哲学の本質はそこにあるのではなく、近年になってから彼のいう〝生命の力〟について再認識の機運が高まっている。

シェーラー（Max Scheler：1874～1928）

ミュンヘン生まれのドイツの哲学者。若い頃にフッサール（1859～1938）の影響を強く受けている。彼の哲学の特質は人間性の重視にあり、特に精神性に中心をおいて特異な論陣を張った。それまでは主観的なものとして哲学の考察の外におかれていた感情や情動に志向性を認め、これを価値の基準にして身体・自我・人格という階層を立てた。快価値・生命的価値・精神的価値・聖価値という階層も、この流れのなかにある。

2　斉一表象と止揚原理

霊性の活動を支える二つの要素

意識の階層
斉一表象と止揚原理
無限の昇華運動

意識の階層

意識には階層があり、階層のあいだには壁がある　理性や感性がはたらくふつうの意味での意識（通常意識）と、霊性がはたらく超越領域の意識（超越意識）とは、同じ意識の名がついていても階層を異にしており、階層のあいだには容易に越えられぬ壁がある。これまでの考察から、この階層の壁を越えるには、アンリのいう〝生きる力〟、この論考でいう〝新しい霊性的生命力〟に頼るしかないことを知った。

意識の階層がこういう意味をもっているなら、階層ということについてもっと知っておかねばならない。それはまた、階層のあいだにある壁についての理解を進めることにも通ずるであろう。新しい霊性の階層を考察するに先立って、階層についてまとめておこうとするのは、こういう訳合いからである。

私たちにとってもっとも身近な階層は、理性や感性がはたらく通常意識の階層であるが、意識の歴史をふり返れば、理性や感性があらわれる以前にも、心的内界では別の表象が活動していた。そこには別の意識の階層があったということである。これを〝原初の意識の階層〟とよぼう。

原初の意識は独特のなり立ちをもっていて、独自の活動がみられる。本能ならば生得的な表象が活動していたし、刷り込みならば出生後の最初の経験から得られた表象が活動していた。だが、それは意識としては自覚されない。それで〝意識以前の意識〟とよばれる。

これはこれで一つの閉じた系をつくっていて、特に不自由は感じないから、このままいくら待っても何の変化もおこらない。この階層にとどまっている生物は、いくらでも例を挙げることができるし、私たちのなかにもそれは残っている。

原初の階層から通常意識の階層へ移ることになったのは、一つの要因が介入したからである。それをきっかけにして移行が実現した。その要因とはほかならぬ統覚であった。統覚が介入したことによって原初の階層はいったん閉じられ、通常意識の階層が開かれる。こうして私たちに親しい通常意識が、いまここにある。

目を過去から未来の方向に向けてみると、理性や感性を超えたところでも、何らかの表象が動いていることは確かであって、これは〝通常意識を超越した意識〟（超越意識）の階層として捉えられる。だが、通常意識のままでは、いつまで待っても超越意識はあらわれてこない。それどころか、通常意識の階層とこの超越意識の階層のあいだには壁があって、そこ移るのを遮（さえぎ）っている。

この壁を越えて超越意識へ移るについては、移行を促す要因の介入が必要になる。先の原初の意識で移行の要因が統覚であったが、こんどの移行についての要因は何であろう。じつはそれが先にアンリによって提唱された〝新しい生命力〟であり、この論考でいう〝霊性的生命力〟なのである。

〝霊性的生命力〟は思いがけなくも〝憧憬の力〟というかたちをとってあらわれる。ここで憧憬についての説明をしたいところだが、いまは意識の階層が主題になっているので、それを中断することは避けて、後でまとめて説明したい。ここでは〝霊性的生命力〟という抽象的な言葉をあらわしていたものには、じつは憧憬という身近で親しい肉付けのあることだけ予告しておこう。

意識の階層を通観する

意識には階層があり、階層の切れ目を超えさせる要因があることをみてきた。それを通観してみると、階層を上っていくにつれて、原初の意識の階層では生物的生命が支配し、通常意識の階層では心的生命が支配し、超越意識の階層では霊性的生命が支配するというように、支配する生命のすがたが変わっていく。それはしだいに生物的生命から遠ざかっていくかのようにみえる。

これをもっと直接的にあらわす遺伝子の支配からみたならば、どうであろう。意識の階層の発展の流れのなかで、どこまで遺伝子の支配が及んでいるか、どこかに遺伝子支配を外れるところがあるか、ということである。意識の階層の全体を通観する際には、この点をしつこく追及していきたい。

これは難しい判断になるに違いないが、霊性のはたらきを考える上で、遺伝子支配があるのか、ないのか、はどうしても知っておきたい。それは霊性的生命が生物的生命の軛(くびき)から解き放たれるか否かを見きわめることになるからである。

これから意識の階層の全体像からみていくが、意識が発達していく過程をあらかじめ表にして示しておいた。これからの説明はそれに沿っていくかたちになる。以下の説明に記してある番号は、表中の番号と一致する(表Ⅳ・5)。

表Ⅳ・5　意識活動の階層

意識の種別	表象活動の特徴
（1）生得的意識 通常意識がはたらく以前の意識。 生物的生命が支配	・生得的表象が活動する。 ・単純反射、本能活動、条件反射、刷り込みなどがはたらく場。 ・遺伝子の支配下にある。
（2）通常意識に先行する意識 統覚が発現し、記憶と行動の固定的結合は解除される。 心的生命が支配	・統覚の活動は自覚されない。 ・生得的意識が閉じられた後、通常意識の活動がはじまるまで一瞬の間（ま）がある。 ・この間に〝何ごとかがおこった〟という感覚が瞬間的にあり、後から思惟によって自覚される。 ・表象の活動は粋経純験や純粋持続のかたちでなされる。 ・遺伝子の支配下にある
（3）通常意識 理性や感性が活動する場。 心的生命が支配	・理性的表象の活動はすべて遺伝子の支配下にある。 ・感性的表象の活動のなかで、一部の情念の動きは遺伝子からの超克を試みる。
（4）超越意識に先行する意識 憧憬の心情の出現。 半自覚的な状態に近い。 心的生命が支配	・通常意識が閉じ、理性と感性の活動は停止するが、無意識の状態とは一線を画する。 ・遺伝子支配の有無は微妙。
（5）超越意識 通常意識を超える意識で、無自覚。 霊性的生命が支配	・非合理的な表象が活動する。たとえば〝即非の論理〟などの非合理的論理が成り立つ。 ・遺伝子の支配は受けない。

（1）生得的意識：生得的な表象による活動で操作原理はもたず、もっぱら反射にたよっており、〝意識以前の意識〟として位置づけられる。生物に広くみられる本能行動や刷り込み行動は、反射行動の集積であって、ここではすでに生得的な表象が活動をはじめている。生得的な表象であるなら、これは当然ながら遺伝子の支配のもとにある。

（2）通常意識に先行する意識：生得的にあたえられた能力としての統覚がはたらく場であって、これが通常意識を支えることになるのだが、統覚のはたらきそれ自体は意識されない。統覚のはたらきはその由来からも知られるとおり遺伝子支配のもとにある。

その統覚に支えられて通常意識の階層が開かれるのだが、開かれる直前に〝何ごとかがおこった〟という感覚が入ってくる。それはごく短時間のうちに過ぎ去ってしまい、自覚されることはない。これを〝純粋経験〟(pure experience）とよんで通常意識とは区別して、自覚されない意識に数え入れたのは、以前にも名を挙げたアメリカの心理学者ジェームス（1842～1910）であった。

彼は言う。感官が刺激を受容した瞬間には、受容者側にはいかなる精神活動もはじまっておらず、知・情・意のはたらきは合一しており、主観と客観が分れることもなく、ただ〝何ごとかがおこったという意識〟だけがある、と。これが純粋経験である。

そこに思惟という活動が加わると、それまで未分であった意識は、受容した自我という主観と、自然界に生起している事象という客観に分離し、ここに自我の自覚が生まれる。この自覚される意識をもとにして、通常の経験がはじまるのだが、それ以前に未自覚の状態があったことは、ふつうには気づかれない。純粋経験は特殊な意識に属しており、その発現が遺伝子の支配を受けるか否かは微妙であって、ここではその判断を保留しておきたい。

（3）通常意識：〝自覚されない意識〟の層を通り抜けて〝自覚される意識に入っていく。経験された事象はここで意識に上ってくるようになる。この階層では思惟のいとなみがはじまり、理性や感性としての活動がはじまる。

理性と感性の活動については別に述べる機会があったので、ここにはくり返すまい。その活動のうちで理性的論理のはたらきは先験的統覚に由来することからも、遺伝子支配のもとにあると思われるが、感性的情念の動きは特異であって、ときに遺伝子支配からの逸脱を試みるかにみえることがある。これが感性の奔放性であって、その特徴については感性の項でいくらかふれる機会があった。

（4）超越意識に先行する意識：超越意識は当然ながら超越の領域にあり、通常の意識とは地つづきにはなっていない。超越の領域に入るには一種の天恵があたえられねばならないが、座して待つだけでは天恵はあたえられない。

その壁を崩して地つづきにしてくれるのは、憧憬の力である。ここにいう憧憬とは単なる軽薄な憧れとはまったく無縁の心情であることは、項をあらためて述べるつもりだが、それは極端に個人的な心情であって、その人にしかあたえられていない。〝ただ憧れを知るもののみ〟という表現はこの心情のためにあるかのようである。

（5）超越意識：これは通常意識を超越した特異な意識である。ここでは通常の論理が否定され、即非の論理の名でよばれる非論理が通用する。なかでも特異と思われるのは、超越意識が普通の意識を超越するとともに、遺伝子の支配からも自由になろうとする動きをみせる点である。

遺伝子のはたらきは生命活動の根源にあるので、そこから自由になろうとすることは、生命との絶縁を意味するのかと訝しく思われるであろう。超越意識といえども、それは心のはたらきの一つであるからには、当然のことにそれは生物的活動の一つであり、生物的生命の力と深くかかわっているはずであるのに、これを超越することが果たしてできるのか。あえて説明を試みるならつぎのようになろう。

霊性が現前するならば、それはいま問題にしている超越意識の階層においてである。超越意識は〝自覚された意識〟の範疇を文字どおり超越した次元に属しているために、〝意識を意識する〟ことはむしろ邪魔になるので、ここには統覚がはたらかない。したがって、みずからのはたらきは自覚されないが、それは単なる無意識とは異なる。さらに、ここでは自我の意識も超越されており、〝自我ならざる自我〟（超自我）にまで昇華されているはずである。

このような状況においては、理性の要素である事実表象と論理原理も、感性の要素である印象表象と感情原理も、ともにそのはたらきを失っている。このとき、人は理性と感性による世界の把握をいったん放棄し、これまで述べてきた通常の意味での統覚とは別に、それを超えてすべての束縛から自由になった未知の統合能力へ向かおうとする。その統合能力がこの論考でいう霊性的生命力である。

この力のはたらく場はすでに超越の領域になっており、霊性的生命の活動の場になっている。そういう場においては、生物的生命のはたらきもその力を失っているとはみられないであろうか。それに代わってあらわれた霊性的生命力のもとでは、先に述べた即非の論理などの非論理が通用し、非合理にも見える生物的生命の否定すらも許容されるのではないか。

斉一表象と止揚原理

（1）憧憬ということ

憧憬一般について　憧憬とは単なる憧れではない。話をあまり拡げるのは差し控えたいが、これから憧憬のはたらきを通常意識から超越意識への階層の橋渡し役としてとり上げようとしているので、憧憬のはたらきがもっている予想を超える広汎なはたらきについて述べておきたい。

以前には感性に関連して〝快〟の感情が、ふつうに思われているより深い意味合いをもっていると述べたことがあった。同じようなことが霊性に関連して〝憧憬〟の心情についても言うことができる。〝憧憬〟もまたふつうに思われているよりも、さらに深い意味合いをもっている。

ここにいう憧憬は世にいう憧れとはまったく無縁の心情であって、そこには深い畏敬と崇敬の念が籠められている。表面的には感情の一種であるかのごとき見かけをもっているが、その本質はまったく異なる。それは喜怒哀楽のいずれとも縁がないことからも類推できるであろう。それは人の全身体と全精神を鷲掴みにして揺り動かす激烈な衝動である。

これまで抽象的に霊性的生命とか霊性的意志とよんできたものは、具体的には憧憬の心情のあらわれであった。この二つはじつは同じものである。あるときには霊性的生命力のかたちであらわれ、あるときには憧憬のすがたをとってあらわれる。そのはたらきはあるときには穏和であるが、あるときには激烈なものになる。それに囚われた人の心は他者の容喙しがたいものとなる。〝ただ憧れを知るもののみ〟という言葉は、このことを言っている。

これまでは穏やかな憧憬についてしか話す折がなかったが、激しい例をあげるなら、人を魅せて聖なる世界へ連れ去ることさえもある。それが宗教の始祖とよばれる人が経験したといわれる召命であろう。憧憬とは優しい顔をしているが、恐ろしいものでもあった。

これまで憧憬について語った哲学者、思想家はあまりいない。それはおそらく語りようもないからであろう。オットー（1869〜1937）がその著書『聖なるもの』（1918）のなかでヌミノースとして言及しているものは、憧憬の力と一脈通ずるところがある。

憧憬は表象操作原理のかたちをとってはたらく　斉一表象と止揚原理の話をするのに、なぜ憧憬の心情について語るのかと思われるかもしれないが、じつは両者は深い関係にある。どちらも通常の意識のはたらきから独立している。

憧憬という心情は理性にも感性にも属さず、それらのはたらきを超越して独立しているから、理性や感性の属する通常意識の階層から離れて、これを独立に扱うことができる。そのあらわれとして通常の意識の階層を超えて、超越意識の階層への橋渡しとしてはたらき、階層の移行を促すことである。

したがって、憧憬のはたらきも二段構えとなる。第一段は通常意識の階層のなかで、理性と感性がその発展の極限に達したことを機として、そこにあらわれる無限を媒介として両者を統合することであり、第二段では超越意識の階層のなかで、新たなはたらきをはじめるという段階に進む。

このとき通常意識の階層は閉じられ、超越意識の階層が開かれている。超越意識の階層が成立すると、この階層のなかで憧憬のはたらきは、そのまま表象操作原理としてはたらけるようになる。それがいま扱おうとしている止揚原理である。操作原理がはたらけば当然ながら表象が生成されることになり、それが斉一表象である。ここでは止揚原理と斉一表象の二つが、すでに通常意識の階層を超えて超越意識の階層のなかではたらいている。

このことを具体的に見直してみると、憧憬の力は霊性的生命力から派生しているために、新生した止揚原理と斉一表象とは、霊性世界が求めていた〝無〟と〝空〟の境地へ誘（いざな）っていくことができるはずである。これが新生の止揚原理と斉一表に期待される役割である。

止揚原理のあり方は多様である

憧憬のはたらきがそのまま止揚原理のはたらきに移行すると述べたが、こういう段取りでことが進むとなると、霊性がどこか遠いところにあって、近づきがたいものであるというイメージではなく、一定の条件さえ具えれば、すべての人がその人なりの霊性に到達できるのではないかと思われる。

じつはそのとおりであって、憧憬の心情が十分に熟しさえすれば、霊性はたちまちその人に現前する。そうなると霊性のあり方は一つではなく、個人によってさまざまのかたちの霊性があってよいことになる。したがって、ここで設定された表象や操作原理のあり方は、憧憬のあり方次第ということになり、当然ながらまちまちになるであろう。霊性世界を支配するはずの表象や操作原理のあり方がそれでよいのか。

この論考での答えはこうである。すでに私たちは理性と感性の限界を知ったとき、これまでの拠りどころをいったん捨て去っている。このとき人は完全な自由を得ているはずであり、すべての人が同じ地平に立っている。このとき霊性はすべての人に平等に開かれてあり、特定の能力もつ人だけのものではなくなっているはずである。それならば、霊性に人さまざまのあり方があってよいのではないか。さらにまた、努力のなされ方如何によって、霊性のあり方がさまざまであってもよいのではないか。とすれば、ある人の到達し得た境地がいかなるものであれ、それがそのままその人なりの霊性になる。

霊性のあり方がこのように個人的、個性的という意味で変動的であるためには、霊性世界を支配する表象と操作原理もまた変動的でなくてはならない。こうして止揚原理と斉一表象のあり方は、それを動かす人の運用に任せられることになった。

止揚原理と斉一表象という名称について　何の断りもなしに、止揚原理とか斉一表象の名をつかってきたが、ここで名前の由来を明かしておこう。命名には霊性が目指す目標への限りない憧憬の気持ちと、そこに到達するまでの困難な歩みに耐える決意を籠めた。

まず表象操作原理の名称を定めた。超越意識の領域では、これまで理性と感性のあいだにあった矛盾も、一つ高い次元で止揚されているとして、原理には止揚原理の名をあたえることにした。〝止揚〟（しよう：aufheben）の語は弁証法で高い次元での統一をあらわす用語を借りたものである。

つぎに、この原理のもとにつくられる表象はいくつかのはたらきをあらわしながら、全体としては霊性的生命力のもとで、斉（ひと）しく同一の目標に向かうものとして、斉一表象の名をあたえた。〝斉一〟（せいいつ：einstimmen）の語は器楽の合奏の際に、さまざまの楽器を一定の標準音に調音する操作から借用している。

（2）止揚原理

止揚原理を規定する　止揚原理には二つの役割があり、そのために原理のはたらき方は二段構えになる。まず、止揚原理を規定しておいてから、各々の階梯について詳しく述べるとしよう。

［止揚原理］

第一の階梯では、理性と感性がその発展の極限でもたらす可能無限を媒介として、〝無〟の境地へいざなう。その境地においては、理性と感性の統合が可能になる。

第二の階梯では〝無〟を契機としてあらわれる現実無限の力を借りて〝空〟の境地へといざなう。その境地においてはすべての表象から超越することが可能になる。

原理の第一段階では、理性や感性を含めて在来の意識のすべてを包摂するという役割を果たし、第二段階ではこの包摂された意識を文字どおり止揚して、〝無〟と〝空〟の境地にまで到達させるという使命を果たすことが記されている。一つずつ考えていこう。

止揚原理にあらわれる二つの階梯　通常意識の階層にもどって考えてみよう。理性と感性のはたらきがその極限に達したとき、そこにあらわれてきた無限は現実無限ではなく可能無限であった。

可能無限とは現在のあり方が有限の状態に止まっていても、それをどこまでも限りなく拡げていける無限であって、可能性を含んだ無限ということである。この可能性にいざなわれ、理性と感性は超越の実現を求めて、いつ果てるとも知れぬ無限への道を歩んでいくが、理性と感性それ自体がいつまでも歩みつづけることを許さなかった。理性と感性それ自体が解決を求めて、超越の実現を促すからである。

だが、この促しは超越へ向かう動機にはなり得ても、超越を実現させるだけの力にはならない。やはりそれだけでは超越の壁は崩せなかった。それを崩して超越の領域に入ることを許すことになったのは、憧憬の力であった。憧憬の力が、ここで止揚原理とかたちをとってはたらきはじめる。そのはたらきは憧憬のもつ二つの力を反映して、二つの階梯に分かれる。階梯ごとに説明していこう。

第一の階梯では理性と感性ではたらく操作原理が統合される　霊性的生命力がもたらした可能無限によって、非合理と無合理がまかり通る〝無〟の場がもたらされ、つづいてその特異な場に憧憬の力が体現された止揚原理が出現する。

そこでは理性を支配していた論理原理がその力を失い、〝理性的事実〟は、もはや冷たい存在ではなくなり、温かさを帯びた意味をもちはじめる。また、感性を支配していた感情原理もその力を失い、〝感性的情念〟は、もはや奔放自在な存在ではなくなり、制御され秩序をもちはじめる。こうして〝理性的事実〟と〝感性的情念〟とは合体し、理性と感性の統合が成立する。これが止揚原理の第一の階梯で果たされる結末である。

第二の階梯ですべてが消滅して空観に達する　止揚原理の第二階梯は、霊性のはたらきにとって決定的に重要である。というのは、この階梯の移行する際に、無限のかたちが可能無限から現実無限に変貌するからである。現実無限では可能性としての無限ではなく、目の前にある現実がそっくりそのまま無限になっているから、これは〝空〟にほかならない。

〝空〟の境地においては、いままで築いてきたすべてのものが消滅する。理性や感性が消滅し、止揚原理や斉一表象も消滅するから、霊性そのものも消滅する。だが、止揚原理は〝空〟を理想として示しはするが、示すのみであって、これを人に体得させることはできない。ただ〝空〟のみである。これが第二の階で果たされた結末である。

止揚原理はすべてを消滅させてしまった。それではいったい何を求め、何を目指しているのか。斉一表象が果たす役割もみた上で、考えてみなくてはならない。

（3）斉一表象

斉一表象にあらわれる二つの階梯　斉一表象のはたらきも止揚原理に対応して二段構えになる。ここでもまず斉一表象を規定しておいてから各々の階梯について述べていくが、すでに止揚原理で述べたことをくり返すことになる。

［斉一表象］

斉一表象とはその第一の階梯で理性における事実表象と、感性における印象表象とが集約され、統合された一つの表象としてあらわれる。

さらに第二の階梯では、止揚原理によって体現された空観に対応すべく、心的内界に〝無〟と〝空〟の境地を実現させ、そこですべての表象が消失する。

第一の階梯では理性と感性ではたらく表象が集約される　集約の階梯には可能無限がかかわっているが、それは止揚原理の統合の段階に可能無限がかかわったことにちょうど対応している。

理性と感性が発展を遂げた究極の段階で、片方は無限後退に、もう片方は無限螺旋にとりつかれた。どこまで進んでも際限がない。これらの無限はいずれも可能無限であったが、この切羽つまった状況のもとにあって、両者は止揚原理の援けを借りて、無論理、非合理の状態に入った。非合理のゆえに理性の事実表象と感性の印象表象との集約が可能となり、そこに代わってあらわれるのが斉一表象である。

斉一表象もまた可能無限の力を借りて、その第一階梯でみずからの役割を果たしている。

第二の階梯ですべての表象が消失し、〝空〟が現前する

つぎの表象消失の階梯への移行は、先の止揚原理での第二階梯への移行とともに、霊性にとっては決定的に重要である。理性における事実表象と、感性における印象表象には、無限が内包されていたが、その無限は可能無限であった。ここで止揚原理の援けを借りることによって、可能無限は変貌して現実無限にかたちを変える。

現実無限はこれまで理性と感性を束縛していた制約を、すべて無効とする媒介者となる。ここで〝空〟が実現されると、斉一表象まで消失してしまう。斉一表象のはたらきがその究極の段階にいたって、斉一表象そのものの消失という事態を迎えることになった。これが第二の階梯での結末である。

止揚原理と斉一表象は何を目指すのか

理性と感性の統合まではよかったが、すべてが〝空〟となって消滅するにいたっては、目標が突然消え失せた感がある。止揚原理と斉一表象はいったい何を求めて、すべてを消滅させてしまったのか。生そのものを否定するニヒリズムに堕してしまったのか。

先にも述べたように、仏教では生身の身体を煩悩と苦痛の棲み処と考えていたから、煩悩から脱するには死をもってするほかなく、死を涅槃として待望するに至ったし、キリスト教では死を復活の前提のもとに捉えているから、死は消滅ではなく生の変容として考えられるようになった。いずれも現在の生を否定的に捉え、死をむしろ願望する傾きのあることは否定できない。

しかし、この論考で問題にしている〝無〟や〝空〟は、この考え方をとらない。〝無〟も〝空〟も無限の〝有〟を包含しており、そうであるためには現在の生を充実したものにするほかに途はないと考えるからである。この境地にあっては生もなく、死もない。即非の論法をもってするなら、生は生にあら

ず、ゆえに生なり。死は死にあらず、ゆえに死なり、ということである。こういうことをどれほど書き連ねてみても、所詮、それは言葉の遊戯にしかならないであろう。

さらに述べてみたいこともあるが、それは最後の章にゆずる。止揚原理と斉一表象のはたらきを、表にしてまとめてある（表Ⅳ・６）。

止揚原理と斉一表象のはたらきに関連して　止揚原理と斉一表象について述べ終わったので、ここで

表Ⅳ・６　霊性にあらわれる表象と操作原理の特性

斉一表象のはたらきによって現前される事態	集約の実現	理性、感性の制約は無効となる。（心的生命による）	無と空の現前	無限と対峙して斉一表象は超越され、消失する。（霊性的生命による）
止揚原理のはたらきによって現前される事態	統合の実現	生物的生命を超越する。（心的生命による）	無と空の現前	無限と対峙して止揚原理は超越され、消失する。（霊性的生命による）
両者の反応によって現前する事態	理性と感性の合一	主観と客観の統合が実現する。（心的生命による）	無と空の体得	超越の境地に至り、ありのままに受容される。（霊性的生命による）

二つのことをつけ加えておきたい。一つは直観ということであり、もう一つは空観ということである。

（ｉ）直観力について　止揚原理は一種の直観の力を発揮しているが、この直観は以前にみた直覚的様態の直覚とは異なる。先にみた直覚は感覚に基づいて結論に到達するが、直観は思索を極めた末に、すべてを透徹してものごとをその奥底まで見抜くことである。止揚原理は事象を統合するだけでなく、直観する能力でもある。止揚原理はこのように直観のはたらきをあらわす力をもっている。

直観という言葉がもつ一種超能力的な響きが災いして、この能力をどことなく胡散臭いものと感じさせていることは否めないし、これを信じがたいと考えた思想家は数多い。理性に重きをおいたカントも、直観に信頼をおくことをためらった一人であった。そのためか彼は知的直観を認めていない。

直観という語の胡散臭さには原因がある。直観とはある対象の本質がそのようであって、別のようではないことを了解することであるが、了解が成立するにはそれに先行して一定の条件が満たされていなくてはならない。なぜならば、まったく不可解な対象はそもそも了解の対象にはならないからである。了解のプロセスがはじまるためには、了解される対象が限られており、了解の可能性が暗黙のうちになり立っていなければならないということである。だが、これでは了解に先立って無意識のうちに、了解が成立していることになり、了解の可能性があるもののみを、了解しているに過ぎなくなる。

ハイデガー（1889～1976）はこれを〝了解の先行構造〟と名づけて不服であった、また、ヴィトゲンシュタイン（1889～1951）は同じことを、〝了解はみずからがその規約をつくり出すことによってなり立つ〟と表現して切り捨てている。この論考では止揚原理に関連して、直観について縷々述べてきたが、これらの異議申し立てに対して、十分に謙虚でありたいと思う。

（ⅱ）空観について　空観をもつことは生命体にとってどういう意味があるのか。ここであらためて考えておきたい。生命体にとって生命を滅却することがそもそも可能であるのか。すべての生命体は核酸という自己触媒体をその起源にもっており、それはやがて遺伝子のかたちをとって生命体の活動を支配し統括していった。そのためにあらゆる生物は、遺伝子に抗うことができない。このことはすでに問題として挙げ、一応の解決をも述べた。それにもかかわらず、ここでその疑問をふたたびとり上げねばならない理由がある。

もし、すべてを〝無〟と〝空〟にしたならば、生命の束縛からは自由になり、生死の葛藤からも解放されるであろう。それが実現されたとするならば、それはあらゆる生命体にとっては一種の至福の状態であるかもしれない。多くの宗教者がさまざまな表現を用いて言いあらわそうとした境地は、あるいはこれであったろうか。

空観ということその極限では止揚原理も斉一表象も超越することであり、これはただごとでは済まないのであって、それをはたらかせている生物的生命や心的生命をも超越することになる。これは容易に実現できるものではない。そのためであろうか、人はその生を終えて死を迎えた瞬間に、やっとこの境地に達すると考えられた。仏教では死を〝涅槃〟とよんでこれを一つの理想としたし、キリスト教では〝変容〟とよんで、通常の生命活動と区別したのは、このゆえではなかったか。

霊性世界とはある意味では恐ろしい世界である。深い修養を積んだ暁には、たとえ死が身体の崩壊ではあっても、心にとっては完全な理想の実現の瞬間と考えられるかもしれないが、そういうことにまでこの論考は踏み込むことができない。

これで理性、感性、霊性の三つの領域における表象とその操作原理が一応出揃った。ここで心のはたらきの全体像を表に示しておいた（表Ⅳ・7）。

無限の昇華運動

動的概念としての超越　私たちにとっての超越とは、そこに到達することの不可能を知りながら、それを志向することである。止揚原理と斉一表象のはたらきも、目標はそこにあった。だが、これではいつまでたっても目標に到達することはできない。

なぜなら、もし到達したなら、その瞬間にそこはもはや目的地ではなくなってしまうからである。こうしてつねに到達の向う側を志向しつづけねばならないとすると、超越とは静的な概念ではなく、運動

表Ⅳ・7　理性、感性、霊性ではたらく表象と操作原理

	表象、その階梯と役割			操作原理、その様相と階梯		
理性	事実表象	階梯なし	存在・概念・命題	論理原理	階梯なし	存否・相関・集約
感性	印象表象	情念階梯 観念階梯	感応・情意・感動 関心・閃き・理想	感情原理	直覚階梯 内観階梯	習熟・熟練・熟達 察知・推断・洞察
霊性	斉一表象	心的階梯 霊的階梯	表象の集約 無表象の実現	止揚原理	心的階梯 霊的階梯	理性と感性の統合 無と空の体現

をあらわす動的な概念として捉え直さねばならない。

超越ということは静的な存在として言いあらわせず、動的な運動としてしか言いあらわせなくなった。超越とはすでに存在するものについての存在概念ではなく、存在の彼方へと志向する運動概念であった。そうであるならば、何ごとかに到達したとしても、そこはすでに到達点ではあり得ず、さらにその先へと運動をつづけなければならない。これは際限のない話である。努力しても無駄に終わるだけではないか。

しかし、考え直してみれば、超越とはその際限のない道を一歩ずつ歩んでいくことであるなら、その一歩ずつが超越であり、一歩ごとに超越を果たしていることになろう。日々の一歩が超越であるならば、日ごとの精進は無駄ではなく、意味をもったものとなる。それが止揚原理と斉一表象が私たちに教えてくれたことであった。

超越がもたらすもの

日々の精進の賜物（たまもの）である超越は、私たちに何をもたらすのであろうか。そこには大きな啓示から小さな暗示までさまざまのものがありそうにみえる。

学問や芸術の探求に際してあらわれる一種の霊感には、この種の超越意識がかかわっている可能性がある。もちろん、その底層には意識の集中が極限に達して得られる直観が、きわめて先鋭化したかたちではたらいていることは疑えないが、これも啓示の一種ではあろう。

超越意識のはたらきには恐ろしい面もある。たとえば、ユングのいう元型が、超越意識を介してヌミノース的な力を獲得したとき、それがもつ圧倒的な力は人間を破壊する力になりかねない。これは私たちが心のなかに、自分でも知らないような暗闇をもっていることを示している。

こういう面も含めて考えると、超越は私たちに幸せをもたらすとして安閑としているわけにはいかなくなる。超越には二つの意味がある。一つは対象に向けて意識を集中すること（瞑想 meditatio）で、あり、もう一つはある意味での聖なる領域に浸りきること（観照 contemplatio）である。これはそのまま霊性についても当てはまる。

霊性の境地は思惟の対象とされることを拒否するという意味で、〝絶・対者〟とよんだ人がある。宮本久雄（1945～　）である。彼は霊性を対者とはなしえないものと見做した。生きていることの意味を問うても、死に対する不安を訴えても、解決など望むべくもないことを、このように表現したのであった。

霊性はその非社会的な性格のゆえに、近代では無益かつ非生産であるとして否定的に位置づけられることが多かった。しかし、この機械文明と管理社会が過度に発展したなかでは、人間性を回復するために必須であるとして見直されねばならないであろう。霊性が必要とされるのは、まさに現代においてである。

人名ノート

ヴィトゲンシュタイン（Ludwig Josef Johann Wittgenstein：1889～1951）
オーストリアの哲学者。ベルリン工科大学から研究のためマンチェスター大学に移ったが、彼の関心は数学と数学基礎論にあり、ケンブリッジ大学でラッセルのもとで学ぶようになった。第一次大戦に志願兵として参加したことが人生観を変え、復員後は言語哲学の完成につとめた。ウイーン学団の人たちとも交流があり、大きな影響をあたえている。

無著（むじゃく、アサンガ：395頃～470頃）
インドの仏教思想家。唯識思想の大成者。ガンダーラ地方プルシャプラの人。バラモンの家に生まれ三兄弟の長子。次弟は世親である。著書に『摂大乗論』、『瑜伽師地論』などがある。彼に先立つ部派仏教の瑜伽行派の思想を受けつぎ、それを基礎において人間の深層に発する言語活動を分析し、組織立てたところに、彼の果たした大きな役割がある。ついでながら、奈良興福寺の北円堂にある弥勒佛坐像の脇侍としておかれている無着像は運慶の作で、ならんで立つ世親像とともに鎌倉時代の写実主義彫刻の傑作として親しまれている。

世親（せしん、ヴァスバンドゥ：400頃～480頃）
無着の弟である。はじめ小乗仏教の一派である説一切有部に出家したが、後に兄の無着によって大乗仏教に転じ、唯識思想の確立に尽くした。彼の一生については不明な点が多いが、『阿毘達磨倶捨論』を著したことは確実といわれる。この書は部派仏教の中心をなす世界観や仏教哲学の諸思想を、巧みにまとめた綱要書であり、いまでもインド、中国、日本で広く読まれている。大乗に転じた後は、『唯識二十論』や『唯識三十頌』を著し、唯識の思想を精密にかつ明確に示した法相宗の中心経典の一つになっている。

西田幾多郎（1870～1945）

石川県に生まれる。京都大学教授。西田哲学を築きあげた近代日本の哲学者。『善の研究』（1911）では知情意を合一し、主客未分の〝純粋経験〟の概念を提起した。この書物は当時の知識人に愛読され、いまも話題にされることが多い。その後、『自覚における直観と反省』（1917）で自覚の立場に転じ、そこでは場所の概念を重視するにいたった。その一連の思想を述べるとなれば、別に数冊の書物を書かねばならないであろう。

西田が『善の研究』のなかで述べた「絶対矛盾の自己同一」という文言は、かつての旧制の高等学校の文科学生にとっては、それこそ魔法の言葉であり、当時は全寮制であったから、寮のなかでは経文のように日夜唱えられていたから、理科の学生であった筆者の耳にもこびり付いており、その頃から西田哲学を含めて哲学の魅力に惹かれていった。

トマス・アクイナス（Thomas Aquinas：1225頃～1274）

イタリアのスコラ哲学最大の哲学者とされる。多くの著作があるが、晩年に未完に終わった『神学大全』（1266～1274）にみられる〝恩寵は自然を完成する〟という思想は、彼の生涯を一貫して流れている。神あっての自然であり、神学あっての哲学であるというのが彼の立場である。それは哲学を〝神学の侍女〟と位置づけたことからも見てとれよう。

パスカル（Blaise Pascal：1623～1664）

フランスの科学者、宗教家であり、思想家でもある。早熟の天才で活動は多方面に亘るが、残された仕事の大半は断片的で未完成である。まず、科学者としては、十六歳で『円錐曲線試論』を発表した後、計算機を試作し、真空の存在を証明する実験を考案し、パスカルの原理を発見し、確率論を開発し、サイクロイドの求積問題を解決するなど、その業績は枚挙にいとまがない。

つぎに、宗教家としては、父と二人の姉妹とともにサン・シランの感化を受けて回心し、ジャンセニムスに接近する。いくつかの変遷を経た後、ポール・ロワイヤルの同調者となり、キリスト教擁護の著述に没頭するが未完に終わり、死後になって『パンセ』として出版される。

思想家としては、近代ヨーロッパ哲学に対する批判を唱えつづけ、逆説的言動に終始した。合理主義や人間中心主義が根拠を欠いていることを述べたり、科学をあざけることが哲学することだと述べたりした。ある意味ではパスカルにおいて哲学の脱構築がはじまっているともみられる。

マリタン（Jacques Maritain：1882～1973）

フランスのカトリック哲学者。ベルクソンによって哲学に目ざめ、レオン・フロアによってカトリックに入信した。ハイデルベルク大学で生物学を修めた後、トマス・アクイナスの哲学に出会い、新しいトマス的形而上学の樹立を志した。主著は『認識の諸段階』（1932）で、経験科学、自然哲学、神秘神学に亘る知の体系が述べられている。

オットー（Rudolf Otto：1869～1937）

ドイツの神学者・宗教学者。ゲッティンゲン大学、マールブルク大学などで教鞭をとる。ルター神学から出発するが、インド宗教の研究から示唆を得て、比較宗教学、宗教現象学に転じた。主著は『聖なるもの』（1917）で、そのなかにある「聖なるものは人を魅すると同時に、人を戦慄させる」と述べた文言が有名である。

メルロ・ポンティ（Maurice Merleau-Ponty：1908～1961）

フランスの哲学者。パリ大学教授、コレージュ・ド・フランス教授などを歴任する。著書に『行動の構造』（1942）、『知覚の現象学』（1945）など多数がある。そこでは原初的な知覚的経験との接触が図られており、頭脳的理性と身体的感性のはざまにある事象（彼自身の表現はこれとはやや異なるが）についての現象学的な考察がなされている。ここから間主観性、間身体性という概念が生まれてきた。

宮本久雄（1945～　）

ドミニコ会の神学者、哲学者。東京大学哲学科を卒業後、カナダのオンタリオ州立神学大学を経てフランスのパリ第四大学で学んだ。他者と存在について古くはヘブライ時代から中世では教父時代にいたる思索についての研究で学位を取得した。現在は東京大学名誉教授であられ、上智大学、東京純心大学でも教鞭をとられている。

フッサール（Edmund Husserl：1859～1938）

フッサールは以前にもシェーラーに関連してその名を挙げたし、いまはまたハイデガーに関連してその名が出てきた。そのほかにもフッサールからの思想的な影響を受けた思想家は数知れない。現象学の創始者としてのフッサールについて、ここでひとことふれておかねばなるまい。

現在はチェコ共和国に入っているが、当時はオーストリア帝国の中部にあるプロスニッツ（プロスチョフ）のユダヤ系の旧家に生まれ、ライプチッヒ大学で数学、物理学、天文学、哲学を学んだ。後にベルリン大学に移り、数学者ヴァイアシュトラースの助手となった。兵役を終えて後に哲学者ブレンターノに師事したことが、フッサールの運命を大きく変えた。ゲッティンゲン大学に赴任してからも数学への関心はもち続けるが、ほとんどの時間を現象学の発展にささげた。フライブルク大学に移ってからも精力的に仕事を続け、国際的に評価が高まるが、ナチスが政権を得た後は教授名簿から除名されるなど、ユダヤ出身なるがゆえに多くの迫害を受けた。

著書『イデーンⅠ』（1913）（イデーンとは哲学的諸構想の意）では、対象から経験的な諸要素をとり除き、意識のはたらきをもいったん超越した向う側にある世界が、それにもかかわらず意識の志向性によって意味が賦与される仕組みを構成してみせた。これは現象学的還元とよばれる方法であるが、理解することも難しく、まして体得するのはもっと難しい。そのゆえにかえって人を惹きつけて止まないのであろう。

3　霊性のつくる世界

無限と対決する智慧

未知の霊性世界をいかに探るか
霊性は〝空〟の世界を目指す
いかに生きるかという問い
不条理には意味がある

未知の霊性世界をいかに探るか

世界を構築することが、その世界を理解することに通ずる　霊性は未知の世界である。それにもかかわらず、この未知の世界では斉一表象と止揚原理という二つの要素がはたらくものと仮定して、その結果を推定してきた。これはあくまでも仮定であった。ここではその推定された結果をもとにして、霊性世界を構築しようとしている。これは仮定に仮定を重ね、推定に推定を重ねることになり、そういう企てに果たして意味があるかは当然の疑問になる。霊性世界に対する憧憬と希求の心がこれを望んだというだけでは答えにならない。

それには〝理解する〟とは何をすることであったか、〝考える〟とは何をすることであったかを、もう一度思い出さねばならない。それはこうである。〝考える〟とは一つの前提のもとに、そこから導かれる帰結を求めることであり、〝理解する〟とはその世界にあらわれる錯綜した事実を、一つの体系にまとめることであった。このように〝考える〟ことと〝理解する〟ことは、つねに対をなして理解を進めるはたらきを担っている。

霊性世界に話をもどせば、ここでは斉一表象と止揚原理という仮定された要素のはたらきから推定された帰結が、論を立てるための前提になっている。ここに前提とそれから導かれる帰結という二つのことがらが揃っており、これが〝考える〟ための要件を満たしている。つぎに、この前提に基づいて霊性世界を構築するのは、錯綜した事実を一つの体系に纏めることにあたる。これが〝理解する〟ための要件を満たしたことになっている。これ以外に未知の世界についての考えを進めて、それを理解する手立ては見つからないのではないか。

理性と感性の世界を理解する際にもこの手法によっていたのであったが、霊性の世界の場合には、これと大きく異なったところがある。というのは、理性や感性の場合には記憶ということを根底に据えて表象や操作原理を導き、二つの世界を〝考える〟ことができたし、そこから構築という手立てにまで進んで、二つの世界を〝理解する〟ことができた。だが、霊性の場合にはそれができない。記憶を根底に据えて霊性を考えることができないからである。

霊性世界にあらわれる斉一表象と止揚原理とは、二つながら記憶から生じたものではなく、霊性世界に対する憧憬と希求から設定されたものであった。これは霊性世界の理解において一つの弱点であることは認めざるを得ない。記憶という確固とした基盤からではなく、憧憬と希求という漠然とした基盤から設定された表象や原理を基礎において、世界を構築しようとするのだから、構築の方法にも、構築の結果にも、理性や感性とは違ったところが必ずや出てくるであろう。それが理性世界や感性世界の理解ではみられなかった霊性世界の理解における弱みである。そのことは承知の上であえてそれを試みようとしている。

それはそれとして、その議論に入る前に、理性と感性とがそれぞれの世界をいかに構築し、理解したかを、ここで遡ってもう一度整理しておきたい。というのは、どこが霊性世界の理解と違うかをみておくのも、霊性世界を理解することに弱点のあることを知りながら、あえてそれに挑もうとする上での、一助となるかもしれないからである。

(a) 理性は世界をどのように理解したか　まず、理性による理解はどうであったか。理性がこの世界に対して問うたのは、この世界が〝いかにあるか〟であった。この問いに対する答えとして、世界の全体に生起している〝事象〟が、理性世界においては〝事実〟として捉えられ、それが〝概念〟のかたちに統合され、さらに〝命題〟がつくられた。この一連の構築の過程を通じてはたらいているのは法則性であり、理性はその〝法則性〟によって、世界を理解する。このとき、外界の〝事象〟のすべてが〝事実〟として捉えられてはいないことを。ここでも確認しておこう。

このとき理性自身は世界の内にではなく、世界の外に立ってこれを客観的に眺めている。それはつぎつぎに生起する事象の流れに押し流されることなく、そこに普遍的な秩序を見出そうとする態度であって、そこでは多様で個別的な事象から、共通の要素だけが事実として抽象され、共通ならざる要素は捨象されていく。この操作を担っているのが、事実表象と論理原理であった。そこでは事実表象によって把握し得る事象と、論理原理に馴染む事象のみが捉えられ、それ以外の事象は切り捨てられていった。

だが、切り捨てられたことによって、事実のかたちをとって残された部分は、論理化と抽象化がいっそう容易になり、つぎつぎに言語化されていった。さらに、その言語を用いることによって、世界の事象は言語であらわされた概念と命題のかたちに具体化され、その結果として言語で示すことのできる法則性があらわれたのであった。こうして得られた法則性は、どれほど抽象化の度合いを進めても、そこに矛盾を生ずる懼れはない。なぜなら言語化され事実のかたちになったものは、すでに法則性のもとに統合されているからである。

こうして抽象化はつぎからつぎへと進められ、法則性の包括度はしだいに大きくなっていった。そして包括度がもっとも高まったとき、法則性は〝理性的真〟のかたちをとって結実する。理性が世界は〝いかにあるか〟を問うたとき、それに対して得られる回答は〝理性的真〟であった。

だが、大局的に見れば、〝理性的真〟は〝部分的真〟ではあっても、〝全体的真〟でもなく、〝絶対的真〟でもない。自然の事象のうちで言語化もできず、抽象化もされなかった部分が捨象されているのが、その原因である。言語化されず、抽象化されなかったことがらが除かれているならば、世界で生起している事象の全体からみたときには、その一部分しか法則化されていないはずであり、そこには必ずや漏れたものがある。こうして包括度の高い概念ほど、個別の事象が見失われやすくなっているにもかかわらず、理性自身はそのことをしばしば忘れている。

事実表象と論理原理によって言語化されなかったものとは何か。そこには個別的なもの、有限でないもの、絶対の領域に属するもの、などが含まれる。世界のすべてを理解しようとするとき、これらは後によみがえって不服、不満の叫び声をあげることになる。

（b）感性は世界をどのように理解したか

つぎに感性による理解はどうであったか。感性がこの世界に対して問うたのは、この世界が〝いかなる意味をもつか〟であった。この問いに対する答えとして、この世界で生起する〝事象〟は、まず〝印象〟として捉えられ、それが種々の〝情感〟のかたちに分化した後に、その多種多様な情感が集まって〝想念〟がつくられる。この一連の過程を通じてはたらいているのが、それぞれの事象に対応する価値性であり、感性はこの〝価値性〟によって世界を受容する。ここでも外界の〝事象〟のすべてが〝印象〟として捉えられるわけではないことに留意しておこう。

このとき感性自身は世界の外からではなく、内に入って内から主観的に眺めている。そこでは個別の事象をそのままに観照し、その意味を捉えようとする態度において、先の理性の場合と大きく異なっており、抽象や捨象はほとんどおこなわれない。これは個別の事象を抜きにしては、印象がなり立たないためである。その上、印象は言語化の操作とは馴染みにくいところがあるので、理性におけるような包括度は問題とされず、ここで問題にされるのは個々の事象から受ける印象が深いか浅いか、つまり印象の〝深浅度〟だけとなる。ここで印象に深浅度の差異をあたえる役割を担うのが、印象表象と感情原理であった。そこでは印象表象に刻印され得る事象と、感情原理に馴染む事象とが、ここでは掬い取られ、印象として刻印されなかったものは捨てられていく。これが事象の一部しか印象として捉えられなかった理由である。

印象表象に対して感情原理がはたらくと、そこにはさまざまの深浅度の位相をもった想念がつくられる。そこでもっとも深い位相にある想念は、やがて〝感性的美〟と〝感性的善〟、さらには〝感性的真〟のかたちに結実していく。感性が世界は〝いかなる意味をもつか〟を問うたとき、得られる回答は感性的な〝美〟と〝善〟と〝真〟であった。この三者はもっとも広く深い意味での〝感性的真〟のすがたであるが、これも〝部分的真〟であって〝絶対的真〟ではない。

そのことは感性のみに頼る限り世界のすべてを理解できないことからもみてとれよう。なぜ、理解できないのかといえば、感性のもつ主観性が、普遍性とは相容れないからであり、世界は個人の個別の想念のみではそのすべてを捉えきれないからである。印象の深浅による位階がつくられたとき、そこから失われたものは何であったか。それは個別化されたことによって、かえって掬いとることが難しくなった世界の普遍的性格であろう。感性のみによっては、やはり世界のすべては理解できない。こうして理性と感性による理解は、どちらもその足らざるところを露わにすることになった。

（c）霊性は世界をどのように把握しようとするのか　理性は〝世界がいかにあるか〟を問い、感性は〝世界がいかなる意味をもつか〟を問うてきた。それは人間の智慧にあたえられた本来の目的からすれば、至極当然の問いかけであったといえよう。それを問うことによって、生物としてのヒトはこの世界を生き抜いていくことができた。だが、人間は智慧をそこにとどまらせることなく、そこからさらに一歩踏み出して、世界の本質を直接に知りたいと望むようになった。その願望が〝世界はなぜあるのか〟という問いとなってあらわれる。

だが、これは人間にあたえられた智慧にとって、少なくともそのままのかたちでは、問うことを許されない問いであった。なぜなら、世界の側からすれば、人間は世界のなかに創出された〝被創出者〟であるに過ぎず、被創出者たる人間が、その創出者なる世界の本質を知ることは不可能だからである。

こういう考え方からすれば、被創出者である人間のなかにつくられた心は、二重の被創出物にほかならず、二重の被創出物である心が、その創出者としての人間の本質を知ろうとしても、知り得ないはずであるし、その心によって創出された理性や感性は三重の被創出物にあたるから、理性や感性によって、根元の創出者である世界の本質を知り得なかったのは、当然のことであったというべきであろう。

話を霊性に戻せば、霊性もまた被創出物たることを免れないので、霊性によっても世界の本質を知ることは叶わないはずである。それにもかかわらず、霊性は〝世界はなぜあるか〟を問おうとする。もしそのことに固執するならば、霊性としてのいとなみは、けっして到達できない無限の彼方にある目標に向かって、いつまでも歩みつづけるほかなくなる。ここで霊性は無限との対決を強いられることになった。ここにあらわれた無限は、二種の無限のうちで可能無限である。霊性が可能無限の彼方に望み見る究極の目標は〝絶対的真〟であろう。それはまた絶対的真を体現した〝絶対者〟にも重なってくる。

このいとなみを徒労に終わらせない道はただ一つ、〝世界はなぜあるのか〟という問いを〝世界をいかに生きるか〟という問いにすがたを変えることであろう。このときには世界を外からにせよ、内からにせよ、眺めているだけでは済まなくなる。それに代わって、みずからを世界のなかに投入し、みずからを主体として、意志の力によって実践の道を歩むことが要請される。

だが、いまもみたとおりこの実践の道は無限につづく道である。こうして私たちは無限をどこまでも追いつづけることを強いられるが、その行きつく先には〝空〟の世界があり、そこで無限は可能無限から現実無限に変わるはずであるのだが、私たちにはそれを目にすることは許されていない。とすれば、これもまた徒労に似た生き方といえようが、その生き方をつづけるなかで、霊性は世界の本質をいくらかでも理解しようとしている。

結局のところ、霊性に期待すべきものは、はじめに思っていたような完全無欠の悟りの境地などではなかった。求められていたのは、いかに生きるかという問いを、日々に問いつづける意志の力であった。それが霊性とは切っても切れない関係にある超越という行為の本質なのであろう。超越とは今日の状態にとどまることなく、新たな明日へと飛躍することである。超越とは静謐なだけの境涯のなかで得られるものではなく、終わることなき激しい運動のなかで獲得すべきものであった。

絶対者を目指して生きる超越者

こういう目で見ると、いままでのことがすっかり違って見えてくる。霊性ということは、すべてを見抜く能力などではなかった。それはある状態をつねに乗り越えようとする意志として捉え直さねばならない。同様に超越ということについても、現在にとどまることなく、そこからさらに飛躍しつづける生き方として捉え直さねばならないであろう。霊性とは彼岸をつねに憧憬の目で望みつつ、そこへ到達しようとする運動である。超越と同じく霊性もまた運動概念なのであった。

　霊性をこのように昇華しつづける運動として捉えるならば、霊性のはたらきからある一つの結果を得たとしても、その結果は直ちに原因に変貌して、つぎの結果を生み出そうとし、それがふたたび原因に変貌するという連鎖がはじまる。つねに彼岸を志向し、現状を超えることを目指しておこなわれる運動には、到達すべき最終の目標とすべき地点が存在しない。その終わることなき無限の〝運動〟が、みずからを乗り越えるもの、超越するもの、すなわち超越者としてそのすがたをあらわし、また無限の彼方にあって到達し得ない〝目標〟が、絶対なるものとしての絶対的真、すなわち絶対者としてそのすがたをあらわしてくる。

人はいうまでもなく有限の存在である。理性においてはそれが世界の真の実在を知り得なかった失望にあらわれ、感性においてはそれが死の不可思議さを解決し得なかった絶望にあらわれた。有限の人間にとって有限の彼方にある無限は、超越しようにも超越し得ない存在であり、渇仰と帰依の対象とするほかなくなる。

しかし、無限という状態にけっして到達できないのであれば、人はそこへ向かって歩みつづけるしかない。到達し得ない対象とはあらゆる相対的存在を拒否する絶対なるもの、すなわち〝絶対者〟にほかならない。また、そこに向かって歩みつづけるものはつねにみずからを乗り越えるもの、すなわち〝超越者〟にほかならない。絶対者を希求しつづける超越者（みずからを超越していくもの）となることが、人にあたえられた唯一の希望であり慰安でもある。

〝超越者〟と〝絶対者〟という二つの言葉をつかってきたが、その用法はこの論考に特有であることに注意してほしい。すなわち、超越者という言葉を〝超越をつづける者〟の意に用い、〝絶対者〟という言葉を超越の彼方にあって手の届かない存在の意に用いている。言い換えれば、霊性世界において超越者とは目的を追求する主体であり、絶対者とは目標となっている客体である。これはふつうの用法とは異なっている。

もっとも思想界においても〝超越者〟と〝絶対者〟という言葉のつかい方は、いくらか混乱しているようにみえる。たとえば、ヤスパース（1883～1969）にあっては、超越者という言葉はそれ自身が超越をなし遂げたものを指しており、彼は神という言葉を用いることを避けて、超越者の語を用いている。また、シェリング（1775～1854）は超越という言葉を〝有限を限りなく超越する無差別者〟のように用いており、ここでは超越が一つのはたらきであり、彼が無差別者とよんだものが絶対者であり、すなわち神である。さらに、ヘーゲル（1770～1831）にあっては、絶対者とは〝あらゆる有限者を包み込んだ無限者〟である。ここでは有限者を包み込む運動が超越なのであろう。これは有限にかかわりをもつものは、それ自身も有限者になるとして、有限と無限の差別のない同一者を絶対者としての神とみていることになる。

いずれの場合をみても、この二つのあり方は人間の属性とは考えられず、それを超えた存在を指し示していると思われる。だが、やがて明らかになるように、この論考では〝絶対者〟の語を、現実の人間には手の届かない存在として扱うが、他方〝超越者〟の語は現実の人間でもとり得る一つのかたちとして捉えている。

ともあれ、私たちには世界の根底にあって世界を秩序づけている根源的な根本原理を、それを何とよぼうとも知ることはできない。それにもかかわらず、私たちは日々を生きて行かねばならないとすれば、何を頼りに生きていけばよいのか。これまで長々とその問いを問いつづけてきて、いま辿り着いた結論はつぎのようである。すなわち、行く先に何があるかはわからないとしても、いまある状態を超えていくことだけが私たちに許されており、またその力が霊性のかたちで賦与されている。

超越とは現在からの絶えざる超越であり、無限の超越である。これに挑もうとする者は、一つの超越を果たした瞬間にさらにつぎの超越を試みねばならない。その超越をみずから体現しようとするものが超越者である。これは永遠に一個の修行者として存在することを意味していよう。これがこの論考での超越者の解釈である。

他方、無限それ自体を体現し、それ自身で独立して存在するものが絶対者である。絶対者とは究極の地点への到達者であって、超越者たる人間にとっては永遠の目標であるが、およそ人間の到達し得るところではない。これがこの論考における絶対者の解釈である。到達することのない対象という意味で、宮本久雄（1945～　）はこれを対者であることを超絶した存在、すなわち〝絶・対者〟とよんでいる。

霊性は〝空〟の世界を目指す

この宇宙のすべての存在は流転する

霊性はこの世界について、それが〝なぜあるか〟をそのままのかたちで問うことができず、ただ〝いかに生きるか〟を問うことが許されるのみとなった。この問いには果てしがない。答えに達したかと思えば、その先になお問いがある。問いを問いつづけるとは、無限との対決に他ならない。

無限との対決がいったんはじまると、止まるところを知らない永久運動となる。その対決とそこからはじまる永久運動こそが、じつは霊性の本質なのであった。真の実在、あるいは絶対なるものを希求するのが霊性であったにもかかわらず、その希望があたえられながら、その究極であたえられるものが空であるのは不条理である。霊性世界を覆うものはこの不条理であった。だが、不条理は霊性の世界に限ったことではない。この世界、この宇宙は、すべてが不条理である。物質世界がそうであり、生物の世界がそうであり、心の世界もそうである。

まず、物質世界をみよう。この宇宙が三十五億年の昔にはじまったとき、そこに存在したのは水素原子とわずかのヘリウム原子のみであった。それが核融合と核分裂をくり返して、いまのように多種類の原子が生成されたが、それは現在という断面で見た限りのことであって、遠い未来にはすべての原子がもっとも安定な原子核をもった鉄原子に収斂していくといわれるから、いつかは鉄の原子ばかりの世界となる。このように物質世界は流転する。なぜこういう不条理な世界が存在しているのかは、誰もしらない。

生物世界も同じである。生命のはたらきが核酸分子としていったんはじまると、そこに止まることはできず、細胞へ、個体へ、社会へ、とつねに新たな生命のかたちを模索しつづけねばならなかった。その行く末は誰にもわからないが、現在あるようなかたちの生命が維持できるのは、周囲の環境に存在する元素の組成が、現在のようであるからであって、もし、それがいくらかでも変化したならば、けっして維持できない。いわんや、鉄原子ばかりの世界での生命など考えられない。生物世界もまた流転する。これも不条理である。

最後に、心の世界ではどうか。心の世界の運命については、これまでふれたとおりで、理性も、感性も、さらには霊性までもが、超越につぐ超越をくり返して止まるところをしらない。その果ては誰にもわからない。心の世界もまた流転する。これもまた不条理である。

三つの世界を通観してみると、心の世界を支えているものは生命であったし、生物世界を支えているものは物質世界であった。だが、すべての世界が同じ運命を共有して〝空〟に向かって流れていく。ヘラクレイトスの言といわれる「万物は流転する」（パンタ・レイ：panta rhei）とは、このことを言うのであろう。

〝空〟の世界は神話の世界である

真の実在、あるいは絶対なるものを求めて、超越を繰り返していっ次の途中で超越運動の途次に、その先にあるものは空であった。それにもかかわらず、私たちはこの無益にもみえる超越運動の途次に、思いがけない喜びを感得することができる。それはこういうことであろう。超越が必要とされるのは、それ以前に存在していたものが、そのままでは超えがたい矛盾に逢着したときであろう。そのとき対象はいったん否定されて、ひとまずの超越が達成されるが、そこにふたたび矛盾があらわれて、またもやこれを否定しなければならなくなる。かくして超越は際限もなくくり返されることになるが、そのくり返しの間に暫しの安らぎがあたえられる瞬間がある。

このように過渡的で一時的でしかない安らぎが、神話となってあらわれる。神話においては、不可解で不可知な対象に対して何らかの解釈をあたえることによって、その対象とのあいだの融和をはかろうとする。不可解で不可知な対象を、そのままにおいてはどうにも落ち着けないからであろう。神話は現代にも生きており、超絶的認識としての聖なるものは、現代における神話と見做される。

この認識はときに〝喜び〟となり、あるいは〝恐れ〟となる。理性や感性における認識では、それらは感覚的認識にとどまり、つねに自覚され、意識のなかで処理できていたが、霊性にあっては魂を揺るがすほどの〝悦び〟となり、〝畏れ〟となる。これらの認識はもはや通常の意識のなかで自覚されることも、処理されることも不可能になり、そこに一種の混乱状態が発生する。だが、それは一種の陶酔感をともなった混乱であろう。

（a）聖と俗の混淆　混乱状態の一つのあらわれは、聖と俗の区別がつかなくなることであろう。霊性は聖の領域に属し、理性や感性は俗の領域に属すると、ひとまずはみてよいであろう。これは領域の上下をいうのではなく、あり方の違いを指している。

俗の領域では、表象はそれぞれ論理や感情という原理で処理されるが、聖の領域ではこれとは異なり、表象をあつかう原理は止揚原理というかたちをとった一種の直観となる。論理原理や感情原理にあっては、そのはたらきが世界の現実から離れることは少ないが、直観をともなう止揚原理ではときとして現実から離れることがある。こうなると聖と俗の領域の区別がつかなくなり、極端な場合には両者が合致してしまう可能性がある。

これはある意味でたいへん恐ろしいことであろう。聖の空間とは禁忌と畏怖の情感が支配する領域である。オットー（1869～1937）は聖とは〝魅すると同時に戦慄させるもの〟と述べている。現実が見失われてそこから離れてしまったとき、人の行動はすべての制約から放たれて無秩序になるか、心の奥底に潜んでいた無意識が活動をはじめる。その無意識の一つにユング（1875～1961）のいう元型がある。ユングは人間の心のなかに潜む元型が、密かに人の心を支配していると述べたが、直観のはたらく領域でそれが私たちに何をもたらすかについては、まだ知らないでいることが多すぎる。

超越の領域に入ろうとするなら、みずからの霊的能力をそれに耐えるだけの水準にまで高めておかなくてはならない。超越の境地に入るにはそれだけの覚悟がいる。霊性が危険の領域であることは、前にもふれたが、漫然とそこに入れば何も得られないどころか、破滅をよび込むだけのことにもなろう。これは筆者みずからに向けての戒めでもある。

（b）霊性のあり方には個人差がある　霊性にいたる道に横たわる超越が、こういうものなら、それはきわめて個人的な心的体験から発するものとなるであろうし、しかも、それは心の深層での体験に基づくものとなろう。超越の結果としてあらわれる霊性もまた個人によってさまざまになるに違いない。

だが、その多様さにもかかわらず、すべてを背後から支えているものが一つある。それがこれまで何度も述べてきた心的生命を超えた霊的生命の力である。霊性のすがたに個人ごとの差異があっても、霊的生命を生きるという一点において霊性は万人に共有されるものとなる。

これまではその共有点に着目して、霊性についての考察を進めてきたのだが、個人による差異ということにも無視できない点がある。それは個々人の主観と恣意によって、超越をいかようにも解釈できることになり、そこに生まれる霊性は一種の危険地帯に、さらに強い言葉でいえば迷妄の領域にもなりかねないということである。霊性の名のもとにこの誤りを犯した思想や宗教は、歴史をみれば枚挙にいとまがないほどである。

さらに、理性や感性の世界では記憶や統覚を介して、外界に実在する事象とのあいだに、一応の対応関係をもっていたが、超越を経てあらわれてくる霊性の世界は、文字通り超越の領域であって、現実世界の事象とは無縁になっており、超越の解釈しだいでは、そこに恣意の介入する余地が十分にあり、独断を許す原因にもなりかねない。

このことについてドイツの思想家ヤコービ（1743～1819）が鋭い指摘をしている。彼は理性と感性という二つのはたらきを二元論として捉え、その相違点をただ〝信ずる〟という一点で結びあわせ、二元論を克服しようと試みた。だが、人間のすべての認識を〝信ずる〟という主観のみで一元化したとき、その認識はただ啓示に基づくものとなり、そこには何らの根拠も、何らの論証も不要になってしまう。これは容易に迷信や無神論に堕する危険性があるとして、彼はみずからの主張に対して、みずから警鐘を鳴らしつづけた。これは霊性を考えるにあたって、忘れてはならぬ視点である。

〝いかに生きるか〟という問い

霊性が問いかける二つの問い

超越とは矛盾に逢着したとき、その矛盾からの超越であり、それはまた現状からの超越であると述べた。有限の私たちが具体的に向き合わねばならぬ矛盾は、無限という手に負えないものであり、それが一つには無と空というかたちであらわれ、二つには生と死というかたちであらわれている。霊性はこれらの矛盾をいかに超越しようとするのか。

（1）無と空をどうみるか

まず〝無〟である。人間がみずからの能力をいかほど研ぎ澄ませても、世界の本質の理解は無限の彼方にあって、そこに達することはできない。そのことを見きわめて、歩みをとめてそこに立ち止まったとき、そこに〝無〟があらわれる。〝無〟に関しては宋の無門慧開（むもんえかい）による「無門関」や圜悟克勤（えんごこくごん）による「碧巌録」をはじめとする禅の公案などを介して、多くの解釈がおこなわれているが、ここでは〝無〟をあえてこのように理解しようと思う。先に霊性の要素の一つである斉一表象の階梯について記したとき、その最終階梯で〝無〟に向けて表象が消失するとしたのは、無のあり方をこのように理解して述べたのであった。

この解釈では、無とは無限が私たちに対して加える一種の圧力をあらわしている。無の前に立つことは一見すれば虚無に通じ、一切を否定するに等しいかにも見えるが、じつはそうではない。無とは稔り多き一つの場であって、そこからの圧力が、すべての存在を生み出していると達観することによって、そこを心の安住の場とすることができる。つまり、消極的無や判断停止としての無為の対極に、そこからもっとも遠い状態にある積極的な無がある。こういう意味での無は、悟りの一つの境地といえよう。ただし、この悟りは静的な悟りとなる。静的な悟りにおける無を体現するものは、やはり絶対者である。

したがって、ここでいう絶対者は、つねに静的存在でありつづける。

つぎに〝空〟である。人間が無限に相対したとき、あえて〝一歩前に出た〟ならば、そこに〝空〟があらわれる。〝空〟に関しては大乗仏教で中観派の始祖であるナーガールジュナ（龍樹：150頃～250頃）や、それを承けた智顗（ちぎ：538～597）による解釈をはじめ、さまざまの理解のされ方があるが、ここでは〝空〟をこのように理解しようと思う。霊性の要素としての止揚原理がその最終の階梯に至ったとき、〝空〟に向けて止揚原理が消失するとしたのは、空のあり方をこのように理解して述べている。

この解釈にしたがうと、空の前に立つことは不安の場に置かれるかにみえるが、じつはそうではない。無に向かってつねに歩を進めるという自覚のもとに、心は安住の場を見出すことができる。こういう意味での空も、また悟りの一つの境地であろう。そして、この悟りは動的の悟りとなる。動的な悟りにおいても、空からの脱却を体現するものはやはり超越者である。したがって、ここでいう超越者はつねに動的存在でありつづける。

このように、有限の人間が無限なるものに向き合ったとき、無限をどう捉えるかによって、無の境地に入るか、空の境地に入るかの分かれ目があらわれる。もし、そこで立ち止まるならば〝無〟は人と対峙する絶対者となって立ちあらわれ、他方、無限に向かって歩むならば〝空〟は人がみずからを超越者として歩みを進めることを扶ける。

無の立場では否定を介して究極に到達しようとし、空の立場では肯定を介して究極に到達しようとする。そのいずれが勝るとも言いがたい。いずれも究極の境地に通じている道であり、同じく人間の真摯な営みだからである。ここで重要なことが一つある。それは無限なるものに向き合うことなく生を終えたなら、無とも空とも無縁に終わるだけになり、そこからの脱却も超越も望めない。これは空しい一生というべきであろう。

（2）生と死をどうみるか　私たちは生と死に対して、それもなかんずく死に対して、限りない畏怖を感ずる。それは生も死も私たちの存在にとっての甚だしい矛盾だからである。

生は生物にとっての矛盾と不条理に満ちている。なぜなら、何とも知れぬ原因からこの世に生を享けながら、何とも知れぬ原因によってまたこの世から消滅するからである。しかも、生と死は対になっているのに、生の歓びを感ずることはあっても、死は歓びどころか厭わしきものとして無視されてしまうのが常である。そこでは生物に生きんとする願望だけがあたえられていて、死なんとする願望はあたえられていない。これが生についての不条理である。

死もまた矛盾と不条理に満ちている。心をもつことになった人間は、みずからが望みもしない死が、いつかは必ずや襲いかかるであろうという運命を知ってしまった。それなのに、心の側に死に対処すべき手立ては用意されていない。これは不条理である。その心のはたらきさえも生命の終末とともに、否応なしの終焉を迎える。すべては不条理の連続である。これが畏怖されずにいられようか。

さらに言えば、生物はみずから死を経験することはできない。生きている限りそこに死はなく、死が出現したときにはすでに生きていないから、死を知ることはできない。私たちはただ他者の死を通じて、死をみることしかできない。ここから生まれるものは死についての憶測のみであって、そこでは論理も感情も無力である。どこにも死を真に解決する方途を見出すことはできない。これが死についての不条理である。

人間の歴史を通じて、およそ死に対して何の用意ももたない文化は存在しなかったといわれる。人は必ず死すべき運命にあり、すべての人は例外なく死を迎える。死に直面したとき、人はなすすべもなく途方に暮れるばかりであった。

やがて人は死に抵抗するのではなく、死と和解することを模索しはじめた。和解の方法として、死後の世界を信ずるなどの神話的な説明によって、死を受容できるかたちに変容するのはその一つであった。また、無常ならざるもの、悠久なるものへの渇仰と帰依によって、死の恐怖から自由になろうとしたのも、和解のもう一つの方法であった。だが、これらの模索や、そこから導かれたいくつかの方策は、万人を納得させ、根元的な解決をあたえたであろうか。あえて言うならば、答えはおそらく否であろう。その原因はさまざまである。

キリスト教世界においては黙示録が示す最後の審判という考え方に囚われて、そこから抜け出すことが難しく、死の意味についての考究は、ほとんど発展することがなかった。他方、仏教世界においては、それが尊敬された祖師の言説であったときには、そこから抜け出すことが憚られ、自由な思想を展開することは難しかった。

世界宗教といわれるキリスト教にしても、あるいは仏教にしても、宗教の役割としては人に問題を突きつけるよりも、安心立命を授けることに重きをおいている限り、これは当然の結果であったろう。だが、生も死も本来は各個人の心の問題であって、たまたまある特定の言説が、ある個人の心を打ち、共感を覚えたとしても、それはその個人限りのことでなくてはなるまい。

もともと生や死という現象があらわれているのは個人においてであるし、それをどう思うかについても個人の問題であって、他者のあずかり知らぬことのはずであった。集団心理のもとに集団行動がとられるのは逸脱も甚だしいというべきであろう。こういう現象が蔓延するなかにあって、哲学は生死の問題の原点にたち返って、思索を重ねていく責務がある。

（3）霊性によって生と死に向き合う　私たちはこれまで理性と感性のはたらきを考察し、さらに進んでは霊性のはたらきを考察しつつある。ここで一転して、ここまでの考察の結末を踏まえて、生と死についてこの論考に独自の考え方を述べておきたい。

いま生きていても、やがては死すべき存在であることを、人間は知ってしまった。これは人間以外の生物にはなかった状態である。生も死も謎に満ちている。ここで〝死とは何か〟、またそこから反転して〝生とは何か〟という人間だけに特有の問いが、突きつけられることになった。そこではいかなる感傷も無力であり、それを超えた感情が要請される。それがここまでみてきた内省原理に基づく観照的な感懐である。その感懐が祈りのかたちをとり、救いとして報われる。

生も死も個別的であるだけに、ここではたらく観照的感情はまったく個人の人格に依拠したものとならざるを得ない。人格とは日々を生きていく際に抱く心構えが、各人のなかで一つの体制をかたちづくり、個人の志向や行動を決定する原則となったものという意味である。したがって、人格に基づく感情とは死の運命を自覚した個人が、その人の人格のすべてを賭けて、生とは何か、死とは何かを問い、いかに生くべきかを求める感情であろう。このときすでに自我は超越されている。その意味でそれは超自我的感情でもある。理性や感性の領域でこの問題の解決を見ることは、おそらく望めないであろう。それは感性を超えて、やがて霊性の領域へ私たちを導いていく。

個々人がその人格のすべてを賭けて求めるとは、それぞれの自我が独自につくり上げていくものであるから、そこに普遍性を見出すことはむずかしくなる。これはある意味では望ましいことであるが、一方で困難をともなう。経験によって人格的感情のあり方が変わってくるからである。そこに普遍性や一般妥当性を求めることはできないばかりか、一個人の自我のなかでさえ、矛盾や不条理さえもみられることになる。

まず生についてである。生物的生命とは現象であった。現象である限り、それは不滅ではあり得ない。この世界ではおこった現象は、後に何らかの痕跡を残すにしても、現象そのものは必ず消滅する運命にある。そのゆえに、生命には終末がある。これが生命としての死である。このことは受け入れざるを得ない。人が死を迎えたとき、その人の生命がどこかに運ばれて、そこで生きながらえるという考え方は、人の願望としてはもっともではあろうが、およそ不可能事としなければなるまい。

生命は現象であり、その現象を生み出している素材は物質である。生命という現象が消え去った後に残るものは素材としての物質であり、それしかあり得ない。物質はまた有為転変の末に地上のどこかで有機体をつくり、別のかたちの生命をつくるかもしれないが、それはすでに失われてしまった生命とは関係のない新たな命である。これをしも輪廻とよべるならそうでもあろうが、一般に信じられているいわゆる輪廻転生とは、まったく違った現象である。生命の出現はそのこととしての一度限りの現象であって、くり返されることはない。一度限りであるがゆえにこそ生命は一つの栄光であり、尊いのではないか。

つぎに心についてである。生物的生命のなかに生まれる心も現象であった。そして生物的生命が一度限りの現象であったとすれば、そのなかにあらわれる心もまた同じく現象であろう。心が現象である限り、そのはたらきに終末のあることは避けることができない。心がどこかに移されて、そこからこの現世を見つめているというような考えは、願望としては当然のことであるとしても、それは不可能事である。

心をつくっている素材はかたちをもたぬ表象であって、その表象はかたちをもたぬ記憶と深いかかわりがあった。素材としての表象と記憶とは生命体がつくり上げた神経系という体系のなかでの現象である。したがって、母体としての生命体が死を迎えたとき、そこにあった表象も記憶もすべて失われる。生物的生命の死とともに、心が消滅するのはこうして必然のことになる。これが現象としての心の死である。これは心にとって冷酷無残な結論であるかにみえる。

ところが、ここでいままでと違ったことがおこる。いまは亡き人の心そのものは、このとき確かに消滅したに違いないが、亡くなった人についての記憶が、その人の肉親なり親しかった知己なりの心のなかに残っていれば、その記憶を素材として、新たな心がつくり出されることに、何の妨げもないはずである。つまり、いまは亡き人が偲ばれている限り、その人を偲ぶ人の心のなかに、亡き人の心はいつまでも存続していると考えてよいであろう。

生命が物質というかたちをもったものが素材になっているのに対して、心は表象というかたちをもたないものが素材になっているために、生物的現象である生命では復活がまったく不可能であるのに、心的現象である心ではやや独特のかたちにおいてではあるが、復活が可能になっていることを思うと、心が無形の有機体であったことがまた別の意味をもってくる。心は無形であるがゆえに永世であり得るという考えは、私たちに不思議な感懐をあたえてくれる。

このように心的生命という現象は生物的生命とはやや事情が異なっており、何度でも生まれかわることができるといえよう。かつて親しかった人、愛した人を真摯に追憶するとき、その人たちの心は生きている私たちの心のなかに甦ってくる。

このようにみてくると、平素に交わされているごくふつうの何気ない会話の大事さが身に沁みてくる。なぜなら、こういう会話のなかの言葉が、長いあいだに積もり積もってできた堆積を素材として、甦える心がつくられるからである。

このような心の甦りは、近しい人たちのあいだに限ったことではない。大きく言えば、時空を超えてなり立つことにも留意しておこう。遠い国で遠い昔に生き、いまは故人となってしまった思想家たちの心が、その人たちの著作を介していまの世の私たちに甦るのはこういう場合である。

思想の甦りは思想家たちの著作を読むことによってしか果たされない。いまを生きる私たちが心の拠りどころを見失いそうになったとき、かつて読書といういとなみのなかで蓄積された思想の数々が、立ちあらわれて扶けてくれるのはこういうときである。読書ということの大事さがしみじみと思われる。

文章は人の心を後世に伝えることのできる唯一の媒体であろう。これは過去の思想家たちの著作についてばかりではない。いまを生きて書き遺されていく文章の大事さが、あらためて思われる。中国の古典に「文章は経国の大業、不朽の盛事」（典論）とあるのは、このことを言っているのではないか。この意味で過去の人にとっても、いまの人にとっても、心のはたらきの一つである思索と、それを書きあらわす文章とは、まことに不朽の存在なのであった。

不条理には意味がある

この宇宙は不条理に満ちている　結局のところ、生物的生命や心的生命について考えてきた生や死の問題も、その人なりに納得しておくほかないのであって、それは残念ながら単なる自己満足でしかならないかもしれない。神というものがもしあるなら、それは非情な存在でしかないとさえ思われる。なぜなら、私たちを散々に懊悩させた挙句に、すべての人に不条理な終焉を迎えさせるからである。ただ一つの恩恵は、この不条理のゆえに、私たちは超越ということを知り、それが終わることのない彼方まで私たちを導いてくれることくらいである。私たちはこのように不条理な運動のなかを生き、不滅の運動のなかにみずからの終末を迎えるほかない。

生物的生命と心的生命を抱えている私たちだけが、こういう不条理に耐えねばならぬのかと思うと、じつはそうではなく、この宇宙にあるすべての存在、もしかすると宇宙そのものまでが、同じく不条理な運命を担っていたのであった。この宇宙のすべての存在には、はじまりと終末がある。まず宇宙そのものがそうであった。

宇宙は量子論的真空という一種の無にはじまり、水素とヘリウムという原子がつくられ，物質のはじまりとなった。その物質がまた同じような運命をたどる。やがて星の進化とともに水素やヘリウムよりも重い元素があらわれてくるが、ついには鉄というもっとも安定した原子核をもった原子のみからなる宇宙になり果てるという。そういう宇宙のなかに創られた生物的生命の運命もまた同じ運命をたどるほかない。いわんや心的生命においてをやである。宇宙にも物質にも生命にも心にもはじまりと終末があった。

宇宙がなぜこういうはじまり方をしたのかは、誰も知らないし、どのような終わり方をするのかについても誰も知るところがない。どのようなかたちにせよ、私たちは不条理の周辺を回るばかりで、その不条理の核心に入ってはいかれない。こうして私たちはそこから脱するべく、超越を求めて歩みつづけることとしか許されていない。

不条理は超越へ向かう意志を生み出す　理性、感性、霊性という三者の関係から、こういう不条理を見直してみると、また別の見方ができる。まず、理性はその基盤をなす論理の根本前提が見あたらないという場面で、外在的な矛盾をきたした。つづいて、感性はその基盤をなす感情が循環に陥ったという場面で、内在的な矛盾をきたした。どちらも無限を回避することができずに矛盾に陥り、立往生するほかなかった。

だが、霊性は私たちに超越という無限の昇華運動をつづけることを教えてくれた。無限を矛盾としてではなく、運動の足がかりとした。そのことによって理性の外在性に由来する普遍の追及をやめ、感性の内在性に由来する閉鎖性の殻を破ることができた。こうして理性的〝概念〟と感性的〝想念〟は、霊性的〝意志〟において超越されることになった。ここでここまでみてきた理性、感性、霊性の三者を比較して、それを表にまとめておこう（表Ⅳ・８）。

不条理を克服するべくはたらいているのは、最終的には意志であった。それは生命的意志でも心的意志でもなく霊的意志である。霊的意志によって人は実践的になれる。霊的意志は私たち一人ひとりのうちに存在し、その意志によってその人についての原理が打ち立てられ、その人の生き方を決定していく。だが、霊的意志は人ごとに異なるゆえに、人の数だけ原理があることになり、原理は十人十色、百人百

表Ⅳ・8　理性、感性、霊性のはたらきの比較

	基本原理	目標	体系	傾向	価値
理性	論理原理 外在的。	事実、概念 いかにあるか。	合理的 概念から命題への階梯を上る。	法則性 普遍化に向かう。	物性的価値 物理的秩序の確立。
感性	感情原理 内在的。	意味、想念 いかなる意味をもつか。	非合理的 想念から憧憬への階梯を上る。	価値性 個別化に向かう。	心情的価値 希望の達成と心的満足の獲得。
霊性	止揚原理 外在性と内在性の相互補完。	超越、信念 いかに生きるか。	超越的 理念と憧憬を合一させる。	啓示性 普遍性と個別性を超越する。	霊的価値 無と空の境地へ向けての運動。

様となる。

仮にも原理ともよばれるものが、各人各様というようなことでよいのか、という疑問が湧くのは当然であろう。ところが、霊性はそれを許容するのである。許容したその上で、多様な原理のもとに、これまでまったく受け身にあたえられていた世界が、すべてみずからが創出する世界として捉え直される。

それはつぎのようなかたちで実現される。この意志が自然の移りゆきに向けられたとき、私たちはそ

こに自然の法則性を創出する。これがいままで理性とよび習わしてきたものにあたるが、それを唯物的法則として捉えるのが唯一の捉え方とはいえなくなり、そこに霊的意志がはたらいたならば、法則性は一転して世界に潤いをあたえるものに変容する。

また、自然や生物をも含めた森羅万象に向けられたとき、私たちはそこに事象の価値性を創出する。これがいままで感性とよび習わしてきたものにあたるが、ここでもそれを情緒的に捉えるのが唯一の捉え方とはいえなくなり、そこに意志がはたらけば、価値性もまた一転して生命を育むものに変容する。ここにいたって仏教でいう山川草木　悉有仏性という言葉が、いっそう重く聞こえてくるではないか。

このように意志が外界の事象をいかに捉えるかは、まったく主体の自由になったが、その主体は外部からあたえられるものではないし、事象の捉え方もみずからが創出しているものである以上、その結果については、主体みずからが責任を負わねばならない。意志がかかわったことによって変わったのはこの一点である。

理性と感性がこのように変容するのであれば、その両者が統合され、超克された霊性のあり方の多様さはまた格別のものになる。その霊性によって個人の人格がかたちづくられ、その人の生き方がきめられていくとなると、人格の多様さ、したがって人の生きかたの多様さは、ほとんど想像を絶するものとなろう。

しかもそれは固定的なものではない。人はつねに成長しつづけ、見えない何ものかを目指して進んでいるからである。その進みつつある何ものかを超越者とよぶならば、超越者のあり方もまた多様になる。そして、その超越の一つずつの段階が、その人にとってはその時点での発展の極限であり、絶頂の位置を占めることになる。こうして個人の人格とその生きかたとは、つねに発展しつつ変動してやまない。これが理性と感性のはまり込んでいた陥穽から脱却してあらわれてきた霊性という世界のすがたである。

不条理を生きる

私たちの心が、成長のどの時点においても完成されたものでなく、つねに発展の余地を残していることを思うと、未来の心のあり方についての可能性は、無限に拡がっていく。

霊性に人智を超えた能力を期待することはできないが、霊性があらわれるには理性と感性とが深化の極限に達していることが要請されていたし、そこに無限に由来する無と空とが内包されていたから、霊性はおのずから超越の領域との結びつきができている。

人はその超越の領域に存在する絶対者に対して憧れを抱き、それを目標に歩みつづける。〝いかに生きるか〟という問いには、〝絶対者を目指して歩む〟という答えが返ってくる。有限の身である私たちが、無限なるものに向き合ったときになし得る唯一のことは、無限の道を見いだしてその道を歩みつづける以外にあるまい。

この無益かもしれない努力を続けて、私たちはこれからも生きていくであろう。それだけが私たちには許されていることであって、その先は〝神のみぞ知る〟ことであり、私たちは知ることはない。それが無ということであり、空ということでもある。私たちにできることは、心のはたらきを心自身によって見つめることであり、そのことによって心の世界には新しい息吹きが生まれるかもしれない。それが私たちに許されている唯一の途であろう。

霊性世界の展望

遥かなる旅路の果てに　ふり返ってみれば、霊性が生まれてくるまでには長い道のりがあった。はじめに量子論的〝無〟があった。そこに物質と反物質があらわれ、やがて物質のみの世界となる。その物質分子のなかに遺伝子という高分子がつくられ、それがたまたま自己複製能をもったことを端緒として、その遺伝子を永続させるための仕組みとしての生物が生まれてきた。さらに、その生物のなかで神経細胞の集団が、記憶という機能をもったことを端緒として、その記憶を加工して生物の生存に利するべく心があらわれた。そしてその心のはたらきになかに霊性があらわれたのであった。

長い道のりの途次にあらわれたすべての存在は、宇宙のあり方やその歴史からみれば、絶えず変化して已まないものであり、けっして不易のものではなかった。物質にすら終末がある。生物はもちろん不滅ではないし、心にいたってはその人一代限りの存在であろう。

すべてが終わった後に残るものもまた無であり空であろう。それにもかかわらず、いま現在を見れば、疑いもなく日月星辰は荘厳であり、生命は美しく、心は素晴らしい。この矛盾を観ずるのは霊性であり、その矛盾の理由を問いつづけるのもまた霊性であって、私たちはこうして生きていくほかない。

無と空の境地がもたらす最大のものは、それがもはや生物のもっている遺伝子の支配が及ばない境地であることである。生物がもつ生命は遺伝子の支配のもとにあり、その指令は生物体にとっては抗うことのできないものであった。だが、霊性の世界にあらわれた次元にある有機的生命は、その遺伝子の支配の外にある。

霊性の世界に入るにはいったん生物的な生命を捨てねばならないかと危惧したのであったが、じつはそうではなかった。新たに生まれてきた霊性的生命は、生物的生命を維持したまま、それを超越したところで自由に羽ばたき、みずからの力を発揮することによって、霊性の世界を構築していくのであった。

このように霊的生命は生物的生命と共存できるが、もはやその支配に屈することはなくなった。霊性は人間の望み得る限りの究極的な至高の境地といえるであろう。至高の境地と記したが、それを具体的に記述する力は筆者にはないのを遺憾に思う。

いま霊性の考察を終えようとするにあたって、残念ながら〝霊性がつくる世界〟をはっきりと示すことができなかった。また、話の進め方には随所に飛躍が目立つのも気がかりである。それどころか、多くの問題を混迷のなかに打ち捨てたままにしてしまった。いかにも思考が浅かったこと、また筆力のなかったことを、つくづくと思い知らされる結果になった。

長い遍歴の旅をつづけてきたが、いつの日か書きあらためることができたらという望みを捨てずに、これからの生をおくっていきたい。これが筆者にとっての祈りであり、救いである。

人名ノート

ヘーゲル（Georg Wilhelm Friedrich Hegel：1770～1831）

ヘーゲルの哲学はドイツ観念論哲学の頂点をなすといわれる。イェーナ大学、ニュルンベルク大学を経てベルリン大学で教鞭をとった。彼の哲学は『エンチクロペディー』（1830年の三版まである）に集約されている。エンチクロペディーという言葉はギリシャ語で円環をなす教育の意であるが、この書物の論理学、自然哲学、精神哲学の全三部は一巡りするともとに戻り、文字どおり円環をなしている。著書は数多いが、先の『エンチクロペディー』のほかに『精神現象学』、『歴史哲学』、『宗教哲学』、『美学』などがある。

その一生は波乱に富み、イェーナ時代には下宿のブルクハルト夫人が庶子のルートヴィッヒを生んだことがあってイェーナを去り、バンベルクからニュルンベルクに移るなどしたし、そのニュルンベルクでは二十歳のマリー・トゥヘルと結婚して「僕は地上の目的を達した」と述べて，みずからの人生を謳歌している。だが、最晩年にいたって彼女がコレラに罹って逝去すると、その翌年には妹が自殺するという悲劇にあっている。そういう波乱万丈のなかでこれだけの著作ができたのは、超人的というほかない。

龍樹（150頃～250頃：ナーガールジュナ）

南インドのバラモン出身で、シャータバーハナ王朝と何らかの関係があったということくらいしか伝わっていない。大乗仏教では最初の本格的な論師といわれる。その著作『中論』で空性を論じたことが、後世に大きな影響を及ぼした。このことから後には中観派の祖とされるにいたった。『中論』のほか『大知度論』、『十住毘婆沙論』など多くの著作が龍樹の作に帰せられるが、著作の年代が四、五世紀から八、九世紀にわたり、一人だけですべてを著したとするには無理がある。おそらく龍樹とよばれる複数の人物が存在したのであろう。

智顗（538～597：ちぎ）

中国南北朝の梁、陳、隋時代にかけての仏教者。天台宗の大成者で天台大師と尊称される。生涯を通じて一貫しているのは、行を重視する実践仏教の立場を堅持し、空観に徹して実体論的な思考を拒否したことである。行についていえば、従来の禅法を止観の行のもとに体系づけたことにあらわれており、空観についていえば、全仏教を法華経のもとに統合し、三諦（空・仮・中）円融の説を立てたことにあらわれている。

若年の頃に受けた中国の北の仏教の特徴と、壮年になってから受けた南方仏教の特徴とをあわせた独自のかたちを追求して、智顗は浙江省にある天台山に隠棲し、十一年のあいだ修行に専念した。よく引かれる『摩訶止観』は智顗の著作であるが、そのほかに『法華玄義』、『法華文句』があり、天台三大部と称される。

ヤコービ（Friedrich Heinrich Jacobi：1743～1819）

デュッセルドルフの実業家の家庭に生まれ、一時は家業を継いだが、後に官職に就いた。生涯講壇には立たず、ゲーテ、レッシング、メンデルスゾーンなど多くの思想家や哲学者と交誼を結んだ。これらの友人がスピノザ主義に関心をもっていたことから、彼らとのあいだに論争がおこり、その顛末が著書『スピノザ書翰』（1785）に収められて、世にスピノザ思想を広く知らしめる契機となった。人間の認識のすべては根拠も論証も必要としない啓示と信仰に由来すると主張した。また、理性と感性という二元論を、論理や感情によってではなく、「信ずる」というただ一点で結びつけ、両者の対立を克服しようとした。これは直観ということへの信頼といえよう。

ヘラクレイトス（Herakleitos：前500年頃）

小アジアのエペソスに王家の子として生まれる。高邁にして傲岸であり、ホメロス、ヘシオドス、ピュタゴラス、クセノファネスといった詩人や哲学者を痛罵した。

彼の著作に『ペリ・フュセイオース』（自然について）があり、そのなかで宇宙は互いに相反するもので満たされており、あらゆるものはその争覇から生まれるとした。「戦いは万物の父」であるが、同時に「そこに見出すことのできる反発的調和が、世界を支配するロゴスである」とも述べている。この著作は散逸して、いまは断片しか残されていない。後には隠棲して孤高の一生を送ったといわれる。傲岸で狷介な性格と、難解で晦渋な著作のゆえに「暗き人」、「謎をかける人」とよばれた。

第Ⅳ部のまとめ

はじめに量子論的真空という一種の無があった。そこに物質と反物質があらわれ、やがて物質のみが優位を占める物質世界となる。そこに高分子の核酸が自己複製の能力を発揮して、遺伝子としてのはたらきをもったことを端緒として生物世界が開かれた。やがてその生物世界のなかに神経細胞の集団がつくられ、そこに記憶という機能があらわれる。その記憶のはたらきは生物の生存を利するべく、心という存在を許すにいたる。これが心の世界の発祥である。

それらの世界はいずれも絶えず変転してやまないものであり、不易のものではない。物質世界ですら長い目で見れば、元素の組成は変わっている。そしてやがては物質世界にも終末がくる。生物世界はもちろんのこと終末がやってくるであろう。心の世界に至っては人間一代限りのものである。始まったものには終わりがあるのは当然のことかもしれない。

すべての終末の後には、ふたたび無に戻っていくのであろうか。それにもかかわらず、いま見えている物質世界は見事であり、すべての生命は美しく、人の心は素晴らしい。この矛盾を観ずるのは霊性であり、その矛盾の理由を問いつづけるのもまた霊性である。私たちはこうして霊性を求めて生きていくほかない。

だが、霊性世界は厳しい世界である。私たちが頼りにしてきた理性や感性の世界を無にするかもしれないからである。そのあとに残されるものは無と空である。無と空はじつは自由ということでもあるのが、救いとなるかもしれない。理性における法則性、感性における価値性は、霊性世界において〝無〟という場におかれることによってその力を失い、それにつづいて〝空〟という場におかれるとによって、生物的生命の束縛から解放され、全き自由をもった霊的生命を獲得するからである。この境地にあっては聖の領域にある霊性と、俗の領域にある理性や感性が合致する。私たちが霊性を希求するのは、この境地を得たいがためである。

（第Ⅳ部　了）

あとがき

生物学に身を投じて過ごしてきたものが、何を思ってこのような文章を書き遺そうとしたのか、ひとこと書き記しておきたい。

生物学のなかでも発生学という分野に携わった者には、何ごとでもそのはじまりを確かめなくては気がすまないという気質が植えつけられるようで、あるときに心についてその疑問が湧いたのがことのおこりであった。それが〝心とは何か〟、〝心はいかにして生まれてきたか〟という問いとなり、これに先立ついくつかの著作に没頭する原動力ともなった。

いまはそれに加えて、いくつかの気にかかるできごとが、新たにこの論考を書かせる動機となったことも、あわせて記しておかねばなるまい。それは人間がみずからの智慧の扱い方を誤って、進んではならぬ方に向かっているにもかかわらず、さらに悪いことには、それに気づかずにいることである。これは心のあるべきあり方を考えてきたものにとっては、見過ごすことができなかった。

その一つは生物工学の名のもとに人間の遺伝子を弄びだし、それが生命の尊厳を損なうかもしれない危険に考慮をはらっていないことである。いまの技術をもってすれば、ちょうど蟻の社会にみるように、人の一集団を兵隊蟻にすることは可能であろう。ふつうの人間を集めてつくった軍隊は、兵隊蟻となった軍団に立ち向かうことはできない。そういう企ては良識ある人間がするはずがないとは言い切れない。また、国際規約で禁じれはそれでよいと考えるのも甘すぎよう。なぜなら、多くの人が良識をもっているときに、その裏をかいて良識にそむいた行動に出る者が後を絶たないではないか。しかも、そういう者の方が勝ちを占めることのあるのは、現に悪徳のはびこっている現実をみれば、結末は火を見るよりも明らかであろう。

もう一つは認知科学が人工頭脳の利点に目を奪われるあまり、その力が人間を滅ぼすかもしれない危険を軽く見過ぎていることである。ふつうの人間は一時の心の迷いはあっても、その本来の性質からすれば善悪の見極めをつけることはできよう。だが、人の能力に勝る人工知能がいったん悪の行動をとると決めたならば、それは止めようがなく到底太刀打ちはできない。世界は悪の人工知能に征服されるに任せるほかなくなる。人工知能の電源を切ればよいなどという姑息な手段は、もはや通用しない、それは人工知能にはとうにお見通しになっているからである。

人間はすでに原子力という怪物を世に出してしまった。使用済みの燃料の処理には、数百万、数千万年という歳月を要し、これはすでに人間の能力を超えている。その愚をまたもや性懲りもなく、生物工学や人工知能でくり返すのか。

かつて人は火をつかうことの危険を恐れながらも、これを制御するすべを知った。また、ニトログリセリンの性質を知ってダイナマイトをつくり出したが、その力を辛うじて良識で制御し得ている。だから原子力についても制御することは可能であろうと考えるのはあまりにも甘いのではないか。人は善人ばかりではない。もしそれがテロリストの手にかかれば、地球全体の環境はどうなるかは、思い半ばに過ぎるというものであろう。

これまでさまざまの生物がみずからの長所を原因として滅び去っていった。人は恐竜がその身体の大きさのゆえに、食物の乏しさから滅びていったと歴史に書き記しているが、それと同じように、人類につづく未来の生物は、人間は智慧のはたらきを長所としたゆえに、みずからを滅びていったと書き記すことになるのではないかを懼れる。天が落ちはしないかと懼れたという古代中国の杞国の人の憂いを、嗤ってばかりはいられない。人は理性や感性が語りかけることに、もっと耳を傾けねばならないし、霊性の導いていく彼方を、もっと虚心に見つめねばならないのではないか。

書いているうちに問題がつぎからつぎにあらわれてきて、考えが一つにまとまらず、月日は過ぎていくばかりで、どこかでいったんは節目をつけねばと思ったのがこの論考となった。しかし、考えの行き届かないところがまだ随所にあるし、こなれていない造語が多用されているのが気になって、いまだにとりあえずの感は拭えない。筆者の齢が許すならば、この習作的に終わった論考の改訂を果たす日のあることを夢見つつ、筆を擱いた。

著者

著者略歴

1925年　山口県萩市出身　大阪府豊能郡豊中村（当時、現　豊中市）に生まれる

1950年　山口高等学校理科（旧制）卒業

1953年　東京大学理学部動物学科（旧制）卒業

その後　東京大学理学部助手、
お茶の水女子大学理学部助教授、
西独（当時）マックス・プランク医学研究所研究員、
東京大学理学部教授、
東京大学理学部付属臨海実験所所長、
埼玉医科大学医学部教授を経て

現在　東京大学名誉教授、埼玉医科大学名誉教授

著書抜粋

『細胞のコミュニケーション』1993年　裳華房

『生命からのメッセージ』1995年　東京大学出版会

『心は遺伝子を超えるか』1996年　東京大学出版会

『心の起源』（中公新書）2002年　中央公論新社

など

心、この未知なるもの　―智慧の未来―

2024（令和６）年10月５日　初版発行

著　　者　木下 清一郎

発行・発売　株式会社 三省堂書店／創英社
〒101-0051　東京都千代田区神田神保町 1-1
TEL：03-3291-2295　FAX：03-3292-7687

印刷・製本　株式会社 丸井工文社

ISBN 978-4-87923-267-0　C0010
落丁・乱丁本はお取替えいたします。
定価はカバーに表示されています。